国家出版基金项目
NATIONAL PUBLICATION FOUNDATION

高校主题出版
GAOXIAO ZHUTI CHUBAN

"一带一路"系列丛书

"一带一路"国别概览

塞浦路斯

李向阳　总主编
李绍先　主　编

何志龙　编著　　赵亚力　审定

大连海事大学出版社

图书在版编目(CIP)数据

塞浦路斯 / 何志龙编著. — 大连：大连海事大学
出版社, 2019.12
　("一带一路"国别概览 / 李向阳总主编)
　国家出版基金项目
　ISBN 978-7-5632-3904-7

　Ⅰ.①塞… Ⅱ.①何… Ⅲ.①塞浦路斯－概况 Ⅳ.
①K937.5

中国版本图书馆CIP数据核字(2019)第295370号

大连海事大学出版社出版

地址：大连市凌海路1号　邮编：116026　电话：0411-84728394　传真：0411-84727996
http://press.dlmu.edu.cn　E-mail:dmupress@dlmu.edu.cn

大连海大印刷有限公司印装　　　　　　　　　　大连海事大学出版社发行

2019年12月第1版　　　　　　　　　　　　2019年12月第1次印刷
幅面尺寸：155 mm×235 mm　　　　　　　　　印数：1～3000册
印张：15.5　　　　　　　　　　　　　　　　字数：233千

出版人：余锡荣　　　　　　　　　　　　　　项目策划：徐华东
责任编辑：杨　洋　　　　　　　　　　　　　责任校对：刘长影
　　　　　　装帧设计：孟　冀　解瑶瑶　张爱妮

ISBN 978-7-5632-3904-7　　　　　　　　　　　　定价：74.00元

"一带一路"国别概览

丛书编委会

▶ **主　任**　李向阳

▶ **副主任**　徐华东　李绍先　郑清典　李英健

▶ **委　员**　李珍刚　姜振军　张淑兰
　　　　　　尚宇红　黄民兴　唐志超
　　　　　　滕成达　林晓阳　杨　淼

总序

　　2013 年秋，国家主席习近平在哈萨克斯坦和印度尼西亚出访期间，先后提出共建"丝绸之路经济带"和"21 世纪海上丝绸之路"的倡议，倡导共商、共建、共享理念，得到国际社会广泛关注和积极响应。"一带一路"倡议旨在积极发展与沿线国家的经济合作伙伴关系，共同打造政治互信、经济融合、文化包容的利益共同体、命运共同体和责任共同体。

　　"一带一路"倡议源自中国，更属于世界，它面向全球、陆海兼具、目的明确、路径清晰、参与方众、反响热烈。五年间，"一带一路"倡议从理念转化为行动，从愿景转变为现实，在顶层设计、政策沟通、设施联通、贸易畅通、资金融通、民心相通等方面都取得了显著的成果，为实现世界共同发展繁荣注入推动力量、增添不竭动力。目前，我国已与 100 多个国家和国际组织签署了共建"一带一路"合作文件。共建"一带一路"倡议及其核心理念被纳入联合国、二十国集团、亚太经合组织、上合组织等重要国际组织成果文件。

　　"一带一路"沿线国家地理地貌、风俗人情、经济发展、投资环境各不相同，极有必要对其进行系统的介绍和分析。此外，目前针对"一带一路"沿线国家的研究仍不够深入，缺少系统、整体的研究资料。大连海事大学出版社组织策划的"'一带一路'国别概览"丛书（首批 65 卷）适逢"一带一路"倡议提出五年后下一个阶段深入推进的需要之时，也填补了国内系统地介绍"一带一路"沿线国家国情的学术专著的空白，获得了国家出版基金项目资助，并入选教育部全国高校出版社主题出版选题。

　　"'一带一路'国别概览"丛书（首批 65 卷）联合中国社会科学院、北京大学、山东大学、宁夏大学、广西民族大学、上海对外经贸大学、黑龙江大学等多家高校及研究机构编写，并组织驻"一带一路"沿线 65 个国家的前大使对相关书稿进行审定。本套丛书不仅涵盖了各国地理、简史、政治、军事、文化、社会、外交、经济等方面的内容，突出了各国与丝绸之路或海上丝绸之路的历史渊源，力争为读者提供全景式的国情介绍，还从"一带一路"政策出发，引用实际案例详细阐述了中国与各国贸易情况及各国的投资环境，旨在为"一带一路"的推进提供强大的智力支持，加快科技成果转化，促进合作人才培养，帮助我国"走出去"的企业有效地防控风险，从而全方位地助推"一带一路"建设。

"'一带一路'国别概览"丛书（首批65卷）的顺利出版得益于大连海事大学出版社的精心策划和组织，也凝聚着百余位相关领域专家学者的心血，在此深表感谢。

国家主席习近平曾深情地说："'一带一路'建设承载着我们对美好生活的向往，将把每个国家、每个百姓的梦想凝结为共同愿望，让理想变为现实，让人民幸福安康。"我们也希望本套丛书可以为"一带一路"建设架起一座沟通的桥梁，推动"一带一路"倡议在沿线国家向更深远和平稳的方向发展。

"'一带一路'国别概览"丛书编委会

2018年6月

前言

　　大概在2015年，李绍先先生打来电话，说他在宁夏大学阿拉伯研究院组织编写一套"'一带一路'国别概览"，希望我能够担任《塞浦路斯》卷的编写工作。当时我手头事情较多，特别是需要抓紧时间完成自己主持的国家社科基金课题。但对于有关塞浦路斯的著作，我还是颇有兴趣的，从我的博士学位论文，到撰写《中东国家通史·塞浦路斯卷》；从发表一系列内容涉及塞浦路斯古代至近现代及当代问题的学术论文，到撰写《列国志·塞浦路斯》。此外，2011—2012年在英国访学期间，我已收集到有关塞浦路斯的大量文献资料，对塞浦路斯的研究已颇具情感。鉴于上述原因，我最终欣然应诺此事。时间如梭，在完成国家社科基金项目后，我便集中精力完成此项任务。

　　塞浦路斯是位于东部地中海的蕞尔岛国，毗邻欧亚非三大洲，素有地中海"金钥匙"之称，面积仅9 251平方千米。极其重要的战略地位远远超过了其领土和人口所承载的价值，也给这个小岛带来了诸多不幸，使其自古成为强国必争之地，相继经历古希腊殖民、亚述帝国和古埃及统治、波斯帝国占领、亚历山大大帝作为东征之基地、托勒密王朝与安提俄克王朝的激烈争夺和占领、罗马共和国和罗马帝国的统治、阿拉伯帝国的袭扰、拜占庭帝国的统治、英"狮心王"理查的占领、法兰克人鲁西格南王朝的统治、威尼斯的统治、奥斯曼帝国的征服和统治、英国的占领和统治，留下了众多的历史遗迹。塞浦路斯不愧为人类文明交往的活化石。

　　塞浦路斯是地中海第三大岛，是一亿多年前东地中海底盘破裂熔岩喷发而形成的。暴露于地表的熔岩含有丰富的矿物质，特别是铜。早在青铜器时代塞浦路斯已经开采和冶炼铜，并运往埃及、叙利亚、土耳其和希腊等地，"来自塞浦路斯的铜"便成了塞浦路斯的代名词，故而其被称为"铜之岛"。

塞浦路斯森林密布，风景如画，山麓丘陵中依稀可见古代寺院的残垣断壁，更增添了她的神秘和灵气，古今文人墨客多有赞誉。达·芬奇在其《笔记》中曾写道："此处山色秀丽，招惹得漂泊的舟子来到这百花交织的万绿丛中偷闲小憩。熏风拂荡，使岛上及其四周海面充满了馥郁的气息。"古希腊史诗作家荷马、悲剧作家欧里庇德斯、英国首相狄斯雷利以及在英国统治时期担任过塞浦路斯政治和公共关系处处长的英国作家劳伦斯·达雷尔，都曾描写过塞浦路斯之美。古罗马名将恺撒，为了取悦埃及艳后克里奥帕特拉，还曾将塞浦路斯赠予她。华特·迪斯尼正是在塞浦路斯北部群山之中得到灵感，创作了家喻户晓的电影《白雪公主》。法国象征主义诗歌代表兰波，在巴黎公社失败后悲观失望，也曾来到塞浦路斯的特罗多斯山区寻求宁静。希腊传说中的爱神阿佛洛狄忒的出生地，就在塞浦路斯南部帕福斯海岸的波涛之中，因而塞浦路斯又被誉为"爱神之岛"。

　　塞浦路斯与圣城耶路撒冷近在咫尺，使徒巴纳巴斯和使徒保罗亲自前往塞浦路斯传播基督教，并建立了塞浦路斯基督教直属使徒教会，这所教会是世界上建立最早的基督教教会之一。塞浦路斯还涌现出如圣斯布里敦、圣特里菲利奥斯、圣菲伦、圣提康等诸多著名圣徒，多次代表塞浦路斯教会参加普世教会会议，他们的虔诚为当时基督教界人士所称道，塞浦路斯故获"圣徒之岛"的美名。

　　塞浦路斯虽为小小岛国，且距离中国遥远，但不论陆上丝绸之路还是海上丝绸之路，到达地中海东岸后，只要是通往欧洲之路其中都包括途经塞浦路斯，中国古典文献对塞浦路斯也有提及。唐代名相张说（667—730年）在其笔记小说《梁四公记》中写道："西至西海，海中有岛，方二百里。岛上有大林，林皆宝树。中有万余家。其人皆巧，能造宝器，所谓拂林国也。"文中所言"岛"，可能就是指塞浦路斯岛，是拜占庭帝国的属地，中国古典文献中称拜占庭帝国为"拂林国"。另外，塞浦路斯曾有中国古代瓷器出土，中国的养蚕技术也传入了塞浦路斯，而且在13世纪末塞浦路斯是巴黎丝绸的三大供给地之一。法国历史文献还记载了15世纪塞浦路斯的鲁西格南王朝豪华宫廷，向西方传播中国唐朝服饰、圆锥形女式高帽和尖长的翘头鞋。实际上，塞浦路斯也是连接意大利向地中海航路与土耳其和叙利亚的古代陆上丝绸之路的衔接点。

塞浦路斯在"一带一路"建设中地位独特。第一，塞浦路斯具有东西方交往的桥梁作用。塞浦路斯毗邻欧亚非三大洲，居古希腊文明、古埃及文明、古波斯文明、古罗马文明，以及两河流域文明、古叙利亚文明交汇处，在犹太文化、基督教文化、伊斯兰教文化辐射圈，东西方文化在此交汇，诸多文化遗存至今依稀可见。古代东西方交往桥梁地位在当代更是大放异彩，塞浦路斯作为中东国家，不仅与阿拉伯国家有着良好关系，而且与以色列甚至伊朗保持密切互动，这在中东国家中可谓独一无二。故而中东国家把塞浦路斯作为进入欧洲的桥梁，而欧洲国家则把发展与中东国家金融贸易关系的总部设在塞浦路斯。同时值得注意的是，塞浦路斯不仅高度重视与美国的关系，而且与苏联（俄罗斯）关系特别，这似乎在全世界也不多见。第二，塞浦路斯作为欧盟成员国的特殊地位。严格从地理上讲，塞浦路斯是亚洲国家，但因其自古以来与欧洲的密切关系及其主要民族的欧洲文化特征，1960年独立伊始即成为欧洲委员会成员国，并于2004年成为欧盟成员国，是亚洲国家中唯一的欧盟成员国，也是中东地区唯一的欧盟成员国。第三，塞浦路斯的航运优势地位。塞浦路斯拥有天然良港和完善的现代海运管理体制，是世界第十一大海运国、欧盟第三大海运国，几乎所有国家都有悬挂塞浦路斯国旗的船只。第四，塞浦路斯与中国的长期友好往来。塞浦路斯和中国，虽然相距甚远，国土面积大小悬殊，制度有别，但自1971年12月建交以来，在和平共处五项原则基础上，高层互访频繁，两国关系稳定发展，政治上相互尊重主权独立和领土完整，经济上贸易往来频繁，投资不断增加，文化上交流广泛密切，两国是全天候的好朋友。简言之，在"一带一路"建设中，塞浦路斯可谓享有"四两拨千斤"之独特地位。

　　塞浦路斯对"一带一路"倡议给予积极响应。塞浦路斯总统阿纳斯塔夏季斯表示，塞浦路斯积极参与支持'一带一路'倡议，可以作为"一带一路"海上贸易路线的经停点，帮助推进海上丝绸之路的发展。塞浦路斯中国商业协会主席潘尼科斯·考里斯在接受采访时认为，塞浦路斯可以成为中国通向欧盟、俄罗斯、中东和北非市场的桥梁，为中国"一带一路"倡议做出贡献。塞浦路斯欧洲大学校长古里亚莫斯在接受新华社记者采访时强调，塞浦路斯迫切希望能够成为"一带一路"建设的积极参与者。塞政府以实际行动积极参与支持"一带一路"倡议，塞浦路斯已成为亚投行创始成员国，而且塞商界和教育文化界也积极参与"一带一路"倡议。中塞在"一带一路"建设中已经取得一系列实质性合作成效。

国之交在于民相亲，"唯以心相交，方成其久远"。"一带一路"倡议实现"五通"，只有"民心相通"，两国友好交往才能"久远"。客观地讲，我们对塞浦路斯了解不多，甚至可以说知之甚少，写作本书的目的正在于让国人了解这个遥远的岛国。因本套书"概览"之特点，选取塞浦路斯的地理、简史、政治、军事、文化、社会、外交、经济、对外经济关系、同中国关系等十个方面，进行系统全面的介绍，力求反映塞浦路斯的全貌。其显著特点是基础知识性强，涉猎内容广泛，信息量大，数据新颖。对于有争议的历史事件和敏感的政治问题，只行客观陈述，不做观点评析。塞浦路斯作为现代民族国家的特殊性在于，1974年土耳其入侵后形成南北分治的局面，1983年11月土耳其人宣布成立"北塞浦路斯土耳其共和国"，联合国安理会通过决议要求土耳其人当局撤销独立决定，并号召其所有成员国拒绝承认。中国作为联合国常任理事国，恪守联合国决议。本书在体例上把塞浦路斯作为整体叙述，内容均涉及土耳其人区，根据需要或设专节，或设专目，或有专段陈之，以达内容系统完整之目的。

本书内容庞杂，不当甚至错误之处难免，望读者海涵斧正。

编　者

2019年9月

目录

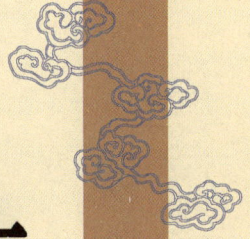

上

篇

第一章 地理

第一节　地理位置与气候

一、地理位置

塞浦路斯位于北纬34°33′~35°34′、东经32°16′~34°37′，国土面积为9 251平方千米，其中，陆地面积9 241平方千米，水域面积10平方千米。塞浦路斯四周临海，海岸线全长782千米[①]，四周海域12海里，大陆架200海里，包含35个小岛[②]。塞浦路斯地处地中海东部，毗邻欧亚非三大洲，扼东西方交通要冲，素有地中海"金钥匙"之称。它东临叙利亚海岸90千米，西至希腊罗得岛360千米，南到苏伊士运河439千米，北距土耳其安纳托利亚海岸仅60千米，是地中海中仅次于西西里岛和撒丁岛的第三大岛。

二、气候

塞浦路斯的气候属典型的亚热带地中海式气候，在气温、降雨和天气方面有明显的季节性特征。5月中旬至9月中旬是炎热干燥的夏季，11月中旬至次年3月中旬是多雨、潮湿、天气变化无常的冬季，夏季和冬季之

---

① 有称648千米，参见 Geography of Cyprus: Area and boundaries, see https://en.wikipedia.org/wiki/Geography_of_Cyprus,2018-03-20.

② List of Cyprus islets- Wikipedia,https://en.wikipedia.org/wiki/List_of_Cyprus_islets，2018-04-20.

间是短暂的秋季和春季。

在夏季，主要受来自东南亚上空的强大陆低气压扩散形成的弱低压槽的影响，塞浦路斯的气温普遍较高。在冬季，欧亚大陆与北非低压带之间有自西向东穿越地中海频繁变化的弱低气压流，造成最大年降雨量，每年12月至次年2月的平均降水量大约是年均降水量500毫米的60%。降水量顺着西南风向增加，从450毫米增加到特罗多斯（Troodos）山脉的约1 100毫米，而下风向的北部和东部的降水量明显减少，中央平原和岛的东南部地区的降水量分别仅为300毫米和400毫米。在沿着岛的最北端自西向东延伸160千米的凯里尼亚山脉的狭窄山脊，降水量有所增加，在海拔千米之上的山脊降水量可达550毫米。秋季和冬季的降雨提供了农业灌溉和自来水的供给。在低地地区和北部地带很少下雪，但在冬季通常在海拔超过千米的地区出现降雪，时间一般从12月的第一周至次年的4月中旬。积雪一般不会持久，但在最寒冷的季节，特别是在特罗多斯山的北部山坡上，也会出现相当深的积雪。

夏季气温较高，每年7—8月，中央平原和特罗多斯山区的日平均气温分别在29 ℃和22 ℃，而平均最高气温分别达到36 ℃和27 ℃。冬季不冷，中央平原与海拔较高的特罗多斯山区1月份的日平均气温分别为10 ℃和3 ℃，平均最低气温分别为5 ℃和0 ℃。相对空气湿度，冬季平均为60%～80%，夏季平均为40%～60%，中午会更低些。大雾天气很少见，能见度一般都很好。一年四季阳光充足，特别是4—9月，日平均光照时间长达11个小时。塞岛上的风一般轻微柔和，风向多变。大风偶有发生，但强风很少出现，只有在沿海地区和海拔较高地区才可能有强风光顾。

第二节　地势地貌

塞浦路斯地形犹如一张铺开的鹿皮，西南端的皮特拉托罗米岛颇像鹿头，而东北部的卡尔帕斯半岛顶端的安德烈亚斯角酷似鹿尾。全岛东西最长处约241千米，南北最宽处约97千米，最窄处仅37千米。塞浦路斯的地形具体可分为三大部分：西南部的特罗多斯山脉，是塞浦路斯最大的山脉，延绵 3 200 平方千米，约占塞浦路斯面积的 1/3，其最高峰奥林波斯山海拔 1 951 米。北部的凯里尼亚山脉相对较低，但山势陡峭，最高峰基帕里索武诺山海拔 1 024 米，山脉沿北部海岸自西向东山势趋缓绵延 160 千米，构成了卡尔帕斯半岛的主脊。特罗多斯山和凯里尼亚山之间的东部和南部地区，是肥沃的美索利亚平原（"美索利亚"希腊语意为"山岳之间"）或称中央平原。虽然叫作平原，但地势并不十分平坦，而是由低山丘陵组成，面积约为 2 057 平方千米，是塞浦路斯的主要农业区。沿海地区几乎被峡谷所包围，北部沿海是褶皱状的凯里尼亚峡谷，南部是拉纳卡峡谷和利马索尔峡谷，西部是帕福斯峡谷和克里索克乌峡谷，东部则是法马古斯塔峡谷。

第三节　地质

三叠纪以前，东地中海的底盘在火山压力下破裂，熔融的岩石和熔岩喷发，形成了特罗多斯山脉和凯里尼亚山脉。中部特罗多斯一带山地的熔岩以极大的力量喷出，把聚集在海床的沉积层摇落下去，剩下来的少许沉积物被风雨从最高的山顶上冲刷下来，使含有丰富矿物质的火成岩暴露于地表。这些矿物质有铜、黄铁矿、石棉、黄金等，曾在相当一段时期内成为塞浦路斯的财富。形成凯里尼亚山脉的力量相对较小，保留了山顶上的石灰岩，山的侧翼则是白垩。此后随着地壳运动，陆地逐渐上升，形成了狭窄的海岸阶地和广阔的中部低地区，岛屿四周的海域也相对地变浅。

塞浦路斯的地表面积大约 1/4 是由火成岩的露头、白垩、泥灰岩和砂岩构成的。火成岩的露头由安山岩和枕状熔岩以及深层的蛇纹岩组成的。岛的其余部分是较新的沉积岩，主要是石灰岩，特别是凯里尼亚山脉的赫拉里昂石灰岩。白垩主要是达利群，在凯里尼亚山脉的南边形成了一条达利群宽带，从西北部向南通向拉纳卡。泥灰岩和砂岩带从莫尔富经过中央低地延伸到法马古斯塔。陆地形成的次序造成了中央地块、凯里尼亚山脉、卡尔帕斯半岛、白垩高原、中央低地等许多不同的地形区。

第四节　　水文

塞浦路斯境内有26条河流[①]，但均为季节性河流。冬季，在特罗多斯山脉形成多条河流，流向不同的方向。雅利斯河和派季埃奥斯河向东流经美索利亚平原，进入法马古斯塔湾。塞尔拉亨斯河流向西北的莫尔富平原。夏季干旱少雨，岛上所有的河流全都干涸[②]。故此，塞浦路斯先后修建了15座水库和水坝[③]。

塞浦路斯有2个大咸水湖，其中拉纳卡附近的咸水湖最大，面积约为3.4平方千米，盛产食盐。冬季海水经由地下渗到湖内，水深达2米左右，到春季渗水停止，而且湖水逐渐蒸发，湖底地面上留下厚厚的盐层，每年可产食盐3 500吨。

第五节　　自然带与自然资源

受典型的亚热带地中海式气候影响，塞浦路斯的自然带主要呈现为亚热带常绿硬叶林带。特罗多斯山脉是由熔融火成岩构成的岩体，而凯里尼亚山脉则是从平原演变的一条狭窄的石灰岩山脊，其最东端的延伸部分演变成了卡帕半岛上的一系列山麓丘陵，形成了塞浦路斯独特的自然资源。

塞浦路斯曾经拥有丰富的矿藏，其中黄铜矿颇具价值，因此，塞浦路斯素有"铜之岛"之称。铜是塞浦路斯最重要的矿藏和国际贸易商品，早在青铜器时代就已经开始开采，已近枯竭，现仅有斯考里奥蒂萨（Skiriotissa）铜矿厂。

---

① List of rivers of Cyprus - Wikipedia,https://en.wikipedia.org/wiki/List_of_rivers_of_Cyprus，2018-04-20.

② Library of Congress Country Studies: Cyprus, http://lcweb2.loc.gov/cgi-bin/query/r?frd/cstdy:@field(DOCID+cy0031),2007-12-05.

③ List of dams and reservoirs in Cyprus - Wikipedia,https://en.wikipedia.org/wiki/List_of_dams_and_reservoirs_in_Cyprus，2018-04-20.

　　塞浦路斯还有丰富的石棉矿和铬铁矿。在古代，希腊人和罗马人都曾经开采过石棉矿，他们把这种长纤维矿制成火葬用的薄板。现在，塞浦路斯矿产主要是石灰石、石膏、赭土、赭石、膨润土（皂土）等。

　　塞浦路斯国土面积虽小，但却拥有丰富的植物资源。塞浦路斯政府通过设立工业用途林区和农民燃料林区，把两大山区列为国家自然保护区，保护森林资源。塞浦路斯的森林面积为1 733平方千米，森林覆盖率达18%，在中东地区独占鳌头，为其他中东国家所羡慕。

　　塞浦路斯树木种类比较丰富，除一般的经济林松树外，地中海丝柏笔直质优，适于做各种杆子。阿勒颇松、特罗多斯松、黄金橡、塞浦路斯杉均为其特产。另外还有橄榄树、棕榈树、龙舌兰、桉树、阿拉伯橡胶树以及柑橘、柠檬、桃树、李树、杏树、无花果树和山楂树等各种果树。

　　塞浦路斯还生长有各种抗旱植物群，如中部低地生长的草原植物群，卡尔帕斯半岛东部和阿卡马斯半岛西部及某些地势较高的地区生长的马基植被。据调查，塞浦路斯的植物种类达1 800余种，其中140余种属塞浦路斯所特有。

　　2011年，美国诺布尔能源公司在塞浦路斯地中海所属水域发现了阿佛洛狄忒气田，该气田预计储量为7万亿立方英尺（约合1 982亿立方米）。阿佛洛狄忒气田约90%位于塞以两国海上专属经济区分界线塞浦路斯一侧，约10%位于以色列一侧[1]。

第六节　生态环境现状

　　塞浦路斯的野生动物种类不多，有山羊、狐狸、兔子、刺猬、蛇和蝎子等，豹等凶猛野生动物已经绝迹。野羊是塞浦路斯特产，由野绵羊繁殖而来，毛色与普通山羊一样，但体格健壮有力，奔跑速度快，犄角形如镰刀，其肉鲜嫩味美，在古代曾是王公贵族和殖民统治者捕猎的对象，现在帕福斯森林自然保护区内得到保护。野羊是塞浦

[1]　潘楠：《东地中海地区天然气开发现状与前景》，《国际石油经济》2016年第24卷第11期，第89页。

路斯的国宝，已成为塞浦路斯共和国的标志，加入欧元区前塞浦路斯的硬币上镌有野羊图案。

塞浦路斯也是许多候鸟往返非欧亚三大洲的歇脚地。如画眉、水鸡、知更鸟、水鸭和红鹤等鸟类来岛上过冬，而啭声金丝雀、戴肚鸟、夜莺等夏季来岛上产卵，夏末南返飞回非洲。啭鸟、白鹈鸟和鹳鹨等则在秋季迁徙途中暂栖岛上。栖息在里海地区的红鹤，经常在冬季移栖拉纳卡咸湖。据调查，真正栖居塞浦路斯的鸟类有365种，本地鸟中有樫鸟、皇家鹰、枭、茶隼鸟、鸡冠云雀和塞浦路斯啭鸟。塞浦路斯的鸟类中鹨鸹较为珍贵，其叫声美妙，为欧洲所未见，但数量已经不多，只有在保护区内才能看到。另一珍稀鸟类是鸥鹈猫头鹰。此外，在阿克罗蒂里地区有秃鹰，拉皮索斯有夜莺，圣徒安德烈角自然保护区的克里德斯岩石间有奥都仰鸥，凯里尼亚山区有兀鹰和勃奈里鹰。

旱灾和低级别的地震在塞浦路斯发生得较为频繁，是塞浦路斯的主要自然灾害。另外，四周环海的地理位置、海水对地下水资源的严重侵蚀，造成盐化不断加强。还存在生活污水和工业废水所造成的水污染、城市化导致野生动物息栖地减少等生态问题[1]。

第七节　行政区划

🎗 一、行政区划

塞浦路斯全国分为六个行政区：尼科西亚行政区、利马索尔行政区、拉纳卡行政区、法马古斯塔行政区、帕福斯行政区和凯里尼亚行政区。各行政区首府名称与行政区名称一致。

尼科西亚行政区面积2 710.0平方千米，人口33.22万（2016年）。尼科西亚市既是尼科西亚行政区首府所在地，也是塞浦路斯共和国的首都，是全国政治、经济、文化和金融中心，是塞浦路斯六大城市中唯一位于内陆的城市，也是世界上少数几个不在沿海的岛国首都之

---

[1]　Geography of Cyprus - Wikipedia,https://en.wikipedia.org/wiki/Geography_of_Cyprus，2018-04-20.

一，人口24.42万。1974年7月土耳其出兵塞浦路斯，首都尼科西亚被分割为两部分，分界线即"绿线"，驻有联合国维和部队。

利马索尔行政区位于塞浦路斯南部，面积为1 393.3平方千米，人口23.94万（2016年），行政首府设在利马索尔市。利马索尔市是塞浦路斯的第二大城市，人口18.26万，1974年后成为塞浦路斯共和国的主要港口、工业中心和旅游胜地。英国的阿克罗蒂里军事基地在其西南，英国军事人员及其家属常来探亲访友和旅游度假，增添了该城市的繁荣。

拉纳卡行政区位于塞浦路斯东南部，面积为1 120.1平方千米，人口14.49万（2016年），行政首府设在拉纳卡市。拉纳卡市人口8.57万，是塞浦路斯的第二大商贸港口和重要的旅游胜地。拉纳卡市北部是塞浦路斯炼油厂，南部是拉纳卡国际机场。

帕福斯行政区位于塞浦路斯最西端，面积为1 389.8平方千米，人口9.13万（2016年），行政首府设在帕福斯市。帕福斯市位于塞浦路斯的西南海岸，人口6.44万。帕福斯是塞浦路斯发展最快的旅游胜地，拥有塞浦路斯第二大国际机场和一个极具吸引力的渔港。

法马古斯塔行政区位于塞浦路斯东部，面积为1 985.3平方千米，人口4.7万（2016年数据，不包括土耳其族人），其辖区包括整个卡尔帕斯半岛。

凯里尼亚行政区位于塞浦路斯北部，面积为643.9平方千米，行政首府设在凯里尼亚市。凯里尼亚市位于北海岸[①]，为早期阿卡亚移民所建，是塞浦路斯六大城市中最古老的城市。

塞浦路斯共和国的行政区划，基本沿袭了奥斯曼帝国和英国统治时期的行政区划，以六大城市为中心向周围辐射，人口也主要集中在这些城市之中。同时这六大城市除首都尼科西亚位于岛的中部内陆外，其他五个行政区首府均是沿海港口城市，这也是塞浦路斯旅游业兴旺的原因之一。

---

① 上述数据源于2011年塞浦路斯政府统计数据，更新于2017年11月28日，数据引于塞浦路斯共和国政府经济部统计局。Statistical service - population and social conditions - population - key figures,http://www.cystat. gov.cy/mof/cystat/statistics.nsf/populationcondition_21main_en/population - condition_21main_en?OpenForm&sub=1&sel=2。参阅时间2018-04-20。

🌸 二、土耳其族行政区划

自1974年土耳其出兵塞浦路斯后，形成希腊人和土耳其人南北分治的局面，土耳其人建立的"北塞浦路斯土耳其共和国"控制着全国37%的领土，其中包括整个凯里尼亚行政区、法马古斯塔行政区的绝大部分地区、拉纳卡行政区的北端、尼科西亚市的北部一角和莫尔富及莱夫卡地区。

第二章 简史

第一节 上古简史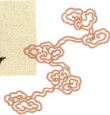

一、早期移民

早在公元前9千纪初,塞浦路斯南部沿海出现早期人类活动,但直到新石器时代,塞浦路斯才真正迎来了首批定居者,相继建立大约15处定居点,其中规模最大且最具特点的位于南部海岸的基罗基提亚,该定居点所展现的文明被称为基罗基提亚文化。大约在公元前6千纪中叶,基罗基提亚文化毁于可能是地震等自然灾害。公元前5千纪中叶,塞浦路斯迎来了第二批定居者,建立的定居点达30处之多,其中位于南部沿海索特拉的定居点规模最大,类似房屋的建筑约有50座,而且定居者拥有发达的陶器制作工艺,被称为索特拉文化。大约在公元前4千纪初,大地震再次摧毁了大部分定居点,但人类的定居活动仍然继续着,并在铜石并用时期出现了以埃里米文化为特征的村社群体,定居地范围进一步扩大。至此,塞浦路斯的人类活动由间断、孤立状态,逐渐步入人口不断增加、各定居点之间频繁交往的连续发展阶段。

约公元前2500年,安纳托利亚难民来到塞浦路斯西部菲里亚地区,他们使用户外公墓,而且有某种神祇崇拜,故被称为菲里亚文化。特别值得注意的是,在这一时期,古希腊有关丰产女神的神话也传入了塞浦路斯,而且在随后的公元前16世纪至公元前11世纪,古希腊的迈锡尼-阿卡亚人经过几波移民潮，来到塞浦路斯定居。随着迈锡尼-阿卡亚人的到来，塞浦路斯的人口结构发生了变化，迈锡尼-阿卡亚人成为塞浦路斯居民的主体，塞浦路斯也进入了一个相对繁荣的时期，塞浦路斯最早的王国"阿拉西亚"或"阿赛"就存在于这一时期。公元前13世纪至公元前12世纪之交，阿拉西亚王国因遭"海上民族"的劫掠和破坏而灭亡。

公元前12世纪至公元前11世纪之交的特洛伊战争，造成古希腊人持续向塞浦路斯移民，并在岛上相继建立起了诸多类似古希腊城邦的独立城市王国，从此，塞浦路斯历史进入了诸王国并存时期。诸王国均采用古希腊的王位世袭制度，国王行使最高祭司、法官和军事统帅的职权。塞浦路斯人的日常用品也颇具迈锡尼文化特征。迈锡尼文化在古希腊文明衰落之后，仍在塞浦路斯延续了两个多世纪，通常被称为"后迈锡尼文化"。

公元前9世纪初至公元前8世纪，原居于叙利亚北部推罗城邦的腓尼基人，来到塞浦路斯南部沿海地区的克提昂，重建废弃的克提昂并称之为"新城"[1]。

二、周边大国的统治

重要的战略地位使塞浦路斯成为周围强国征服的对象。公元前709年，亚述征服了塞浦路斯[2]，迫使塞浦路斯诸王国向亚述帝国称臣纳贡。塞浦路斯当时有萨拉米斯、帕福斯、索利、克提昂、凯里尼亚、拉皮索斯、马里昂、阿马修斯、塔马索斯、伊达利昂、奇特罗伊、努里等12个王国，其中萨拉米斯王国和帕福斯王国最为重要。亚述对塞浦路斯的统治相对宽松，仅控制诸王国的对外结盟、签约和宣战权，一切内政仍归诸王国自己处理。公元前663年，塞浦路斯摆脱

---

[1]　Costas P.Kyrris, *History of Cyprus: With an Introduction to the Geography of Cyprus*, Nicocles Publishing House, Nicosia, 1985, pp.86-87.

[2]　对于亚述征服塞浦路斯的时间说法不一，有人认为是公元前707年，参见 Katia Hadjidemetriou, *A History of Cyprus*, Translated by Costas Hadji-georgiou, Nicosia: Hermes Media Press Ltd., 2001, p.50. 参见〔塞浦〕C·斯布达里奇著，北京第二外国语学院英语系翻译组译：《塞浦路斯简史》，北京人民出版社1973年版，第10页。

亚述帝国统治重获自由，贸易开始繁荣。

公元前560年，埃及法老阿马西斯攻占塞浦路斯，迫使塞浦路斯诸王向埃及称臣纳贡，但仍保留诸王国的自治权。在这一时期，埃及的雕刻艺术传入塞浦路斯，并在塞浦路斯形成了独具埃及特色的塞浦路斯雕刻艺术。

公元前525年，塞浦路斯诸王国主动臣服波斯帝国，成为波斯帝国第五行省的一部分，但仍享有甚至比埃及统治时期更高程度的自治权：诸王国内政完全独立自主；王位得到波斯国王的承认；可以完全自由地铸造银币和铜币；自主决定对外政策，甚至包括与外国签约时也无须波斯帝国官员的监督，这一点在波斯帝国其他行省均属例外。每年诸王向波斯帝国纳贡350塔兰特[①]，并为其对外征服提供军队、船只。波斯帝国统治时期，塞浦路斯得到了较快发展，尤其在文化、艺术方面，出现了独具特色的"塞浦路斯风格"的雕塑艺术。

公元前500年，萨拉米斯王国的奥勒西洛斯推翻其亲波斯的王兄高戈斯国王，联合除阿马修斯以外的其他诸王国，发动了反抗波斯统治的起义。起义失败后，诸王国再度向波斯帝国称臣纳贡，其自治地位也并未改变。公元前411年，在雅典的帮助下，埃瓦哥拉斯一世（公元前435年至公元前374年）被拥立为萨拉米斯国王，他在塞浦路斯积极传播希腊文化，并发动了实现塞浦路斯独立统一的"塞浦路斯战争"（公元前390年至公元前380年），但最终失败。

公元前332年，塞浦路斯诸王臣服亚历山大大帝，并向其提供了由120艘最好的战船组成的舰队，而且萨拉米斯国王普尼塔普拉斯、阿马修斯国王安德诺科斯和索利国王帕西克拉茨，亲率王国舰队参加亚历山大东征。亚历山大大帝视塞浦路斯诸王国为忠诚盟友，承认它们的自治地位，而且允许诸王国铸造金币，只要求在钱币上铸有亚历山大的名字和头像。塞浦路斯诸王国享有在亚述、埃及和波斯统治时期从未有过的特权。塞浦路斯与希腊，特别是雅典，商贸往来异常活跃，经济繁荣。这一时期，塞浦路斯有萨拉米斯、帕福斯、库里昂、拉皮索斯、凯里尼亚、马里昂、阿马修斯、塔马索斯和伊达利昂等王国，其中最重要的是尼科克里昂统治的萨拉米斯王国和尼科克列斯统

---

① 古希腊、巴比伦等国最大的币制单位和重量单位，1塔兰特约等于30公千克白银。

治的帕福斯王国。公元前323年，亚历山大大帝病故巴比伦后，亚历山大的部将托勒密令其弟美尼拉斯占领塞浦路斯，并彻底消灭了在塞浦路斯存在了10个世纪的诸城市王国，第一次实现了塞浦路斯的统一，塞浦路斯成为托勒密王朝的一个行省，由托勒密王朝任命的总督治理。公元前306年，安提俄克王朝攻占塞浦路斯，但于公元前294年，托勒密王朝重新夺回塞浦路斯，从此开始了埃及托勒密王朝对塞浦路斯长达两个半世纪的统治。公元前2世纪，塞浦路斯总督府从萨拉米斯迁到了帕福斯。在托勒密一世和托勒密二世统治时期，塞浦路斯相对和平稳定，经济繁荣，也出现了一些新兴城市。

公元前58年，塞浦路斯被罗马占领，划归罗马共和国的西利西亚省管辖。公元前49年，罗马名将恺撒将塞浦路斯赠予埃及艳后克里奥帕特拉。公元前44年，恺撒遇刺身亡，克里奥帕特拉又倾心于恺撒的部将安东尼，被安东尼封为"众王之王后"和塞浦路斯王后。公元前31年，屋大维征服埃及后，将塞浦路斯并入罗马版图，从此开始了罗马对塞浦路斯长达三个多世纪的统治。公元前30年，塞浦路斯为罗马共和国直属元老行省。公元前22年，塞浦路斯转为罗马帝国元老院行省，由元老院任命一位元老任总督进行管理，各城市还有城市委员会，负责该城市的内务，还设有一位体育督察官。塞浦路斯划分为萨拉米斯、拉皮索斯、帕福斯、阿马修斯四个行政区。罗马帝国对塞浦路斯的统治相对宽松。塞浦路斯商贸繁荣，希腊语仍作为它的官方语言。塞浦路斯可发行银币和铜币，且可与帝国发行的金币和银币兑换。

45年，使徒巴纳巴斯和使徒保罗来到塞浦路斯传播基督教。47年，使徒巴纳巴斯和使徒马克再次来到塞浦路斯，并在塞浦路斯建立起了基督教直属使徒教会，该教会是世界上建立最早的基督教教会之一。

第二节　　中古简史

❖ 一、拜占庭帝国的统治与英"狮心王"理查的短暂占领

395年，罗马帝国分裂，塞浦路斯划归东罗马帝国即拜占庭帝国

统治。塞浦路斯具有浓厚的希腊文化传统，顺应了拜占庭帝国的文化氛围，受到帝国历代皇帝的重视。326—327年，君士坦丁大帝的母后圣海伦巡幸塞浦路斯，在岛上建立了许多基督教教堂。在拜占庭帝国统治时期，塞浦路斯不断受到崛起的阿拉伯人的袭扰。7世纪中叶，叙利亚总督穆阿维叶首次远征塞浦路斯。653年，阿拉伯人再次出兵塞浦路斯，并令1.2万名阿拉伯士兵留驻岛上，直到680年撤走。685年和688年，伍麦叶王朝与拜占庭帝国两度签订条约，规定塞浦路斯保持中立，双方均不得在岛上驻扎军队，塞浦路斯的税收双方平分。691—692年，拜占庭帝国皇帝查士丁尼二世违反中立条约，招致阿拉伯人报复。为了躲避阿拉伯人的出兵和掠夺，查士丁尼二世在达达尼尔海峡附近，为塞浦路斯基督徒开辟了一个新的居住区，即新查士丁尼区，由塞浦路斯的约翰大主教管理。698年，避难者返回塞浦路斯。为了纪念这一流亡时期，塞浦路斯大主教至今仍冠有"新查士丁尼区兼全塞浦路斯大主教"的头衔。后来阿拉伯人多次出兵塞浦路斯，其中806年的出兵危害最大，许多教堂遭到破坏，包括大主教在内的1.6万余人被掳往叙利亚为奴，沿海许多居民纷纷逃往内地山林避难。现在塞浦路斯的著名旅游胜地圣赫拉里昂、坎塔腊和布法文托等城堡，就是当年塞浦路斯人修建的抵御阿拉伯人出兵的要塞。965年，拜占庭帝国皇帝尼尼基弗鲁斯·福卡斯派军队占领塞浦路斯。1042年和1099年，拜占庭帝国派驻塞浦路斯总督，企图摆脱帝国统治而独立，均遭失败。第一次十字军东征时，塞浦路斯是十字军的物资供给者和舰队基地。1158年，塞浦路斯遭到埃及舰队劫掠。而在同年的大地震中，帕福斯有15座教堂被毁。1161年，塞浦路斯又遭到安条克舰队掠夺。1176—1179年，塞浦路斯发生严重干旱。在拜占庭帝国统治时期，尽管不断遭到阿拉伯人的袭扰，塞浦路斯仍形成了独具特色的塞浦路斯的拜占庭艺术。

　　1184年，拜占庭帝国总督艾萨克·科穆宁摆脱帝国统治，自立为王，但好景不长。1191年春，发动第三次十字军东征的英格兰国王"狮心王"理查占领塞浦路斯。1192年3月12日，理查与贝伦加里娅在利马索尔的圣乔治教堂举行了婚礼，这是英国国王在海外举行的唯一一次婚礼。理查在塞浦路斯大肆搜刮后，以10万贝占特①的低价将塞浦路斯转让给了耶路撒冷的圣殿骑士团。

二、鲁西格南王朝的统治

耶路撒冷圣殿骑士团接管塞浦路斯后，塞浦路斯人反抗暴政的起义仍此起彼伏，圣殿骑士团无可奈何地把塞浦路斯的统治权转让给了法兰克人盖伊·鲁西格南②。盖伊在塞浦路斯建立了独立的由法兰克人统治的鲁西格南王朝。1194年鲁西格南死后，其弟阿莫里·鲁西格南继承了统治权。1196年，阿莫里向罗马教皇表示忠诚，罗马教皇正式承认阿莫里为塞浦路斯国王。国王是塞浦路斯最高统治者，拥有全部军事和行政大权。国王之下设有王朝总管，负责王国的所有行政事务。国王是最大的封建主，所拥有的土地称王室土地。国王封赏的法兰克贵族称男爵，男爵的封地称男爵领地；男爵之下还有骑士，骑士的封地称采邑。另外，自由民拥有小块的份地。农民分为三个层次，处于最低层且人数最多的是农奴③。第二阶层是佃农，他们中部分是拜占庭帝国王公的家仆、用人及其后代，部分是以前的城镇居民、家庭手工业者和工匠④。第三阶层是自由民，他们中部分是被释农奴的后代，绝大多数则是通过赎买获得自由的农奴，但他们还须交人头税⑤。

1197年，阿莫里加冕为耶路撒冷国王，负责保护巴勒斯坦的拉丁王国。他于1205年死于巴勒斯坦的阿克（也称阿卡）。1217年，德皇腓特烈二世发起第五次针对埃及的十字军东征，雨果一世（1205—1218）率军队参战，并于1218年1月病死于黎巴嫩的的黎波里。鲁西格南王朝国王亨利一世与法王路易九世，在塞浦路斯筹划第七次十字

---

① 拜占庭帝国发行的一种金币，6—15世纪在欧洲流通，一枚金币贝占特约合1英镑。

② Katia Hadjidemetriou, *A History of Cyprus*, Translated by Costas Hadjigeorgiou, Nicosia: Hermes Media Press Ltd., 2001, pp.177-180.

③ Sir George Hill, *A History of Cyprus,*Volume II, Cambridge: Cambridge University Press, 1948, p.9.

④ Katia Hadjidemetriou, *A History of Cyprus*, Translated by Costas Hadjigeorgiou, Nicosia: Hermes Media Press Ltd., 2001, p.193.

⑤ Sir George Hill, *A History of Cyprus,*Volume II, Cambridge: Cambridge University Press, 1948, p.10.

军东征长达八个月之久，1249年5月，两位国王率军进攻埃及，但同样没有摆脱失败的命运。

鲁西格南王朝大力扶持天主教会，抑制希腊东正教会。1260年4月，罗马教皇亚历山大四世颁布《塞浦路斯问题训谕》，严格限制塞浦路斯希腊东正教会的活动，原因是塞浦路斯希腊东正教会推动了独立。

14世纪中叶，鲁西格南王朝进入鼎盛时期，以"基督的壮汉"闻名的国王彼得一世（1358—1369年在位），大力宣扬十字军东征和对异教徒的圣战，并两度前往欧洲各国宫廷游说，多次率军进攻小亚细亚沿海和埃及。1369年1月，彼得一世因王朝内讧和宫廷矛盾被人刺杀。1372年，彼得二世（1369—1382年）加冕为耶路撒冷国王，威尼斯人与热那亚人在塞浦路斯的冲突加剧。1373年，热那亚派舰队攻占法马古斯塔和尼科西亚，并俘获国王彼得二世，迫其接受热那亚人占领法马古斯塔和向热那亚战争赔偿等苛刻条件。1426年7月，埃及远征军攻占尼科西亚城，杰纳斯国王被虏往埃及。在罗马教皇、热那亚和威尼斯的斡旋下，鲁西格南王朝向埃及苏丹称臣纳贡并缴纳赎金后才被释放。

1441年，约翰二世续娶拜占庭皇帝之侄女海伦为后之后，次年王朝最高法院确认海伦王后为摄政王。1448年，海伦王后下令废除《塞浦路斯问题训谕》。为保护希腊人的利益，她与罗马教皇及其特使做斗争，希腊文化得到加强[①]。海伦王后的事迹至今仍在塞浦路斯希腊人中传颂。

1458年，海伦王后的独生女夏洛特（1458—1460年在位）继位。在这期间，王朝贵族分为两派：一派支持夏洛特女王，并得到了热那亚人的支持；另一派支持约翰二世的私生子詹姆斯二世（1460—1473年在位），他阴谋夺取王位，而且得到了威尼斯人的支持。1460年9月，詹姆斯二世在埃及马穆鲁克的帮助下攻占尼科西亚，夏洛特女王逃到塞浦路斯北部的凯里尼亚城堡。4年后詹姆斯二世攻占凯里尼亚城堡，并在威尼斯人的帮助下从热那亚人手中夺回了法马古斯塔。詹姆斯二世由此控制了塞浦路斯。1468年7月，詹姆斯二世与威尼斯贵族之女凯瑟琳·科内罗结婚。1473年7月，詹姆斯二世死后，王位留给了他尚未出生的孩子。8月22日詹姆斯三世出生，但一年后神秘夭折，科内罗成了名义上的女王。1489年2月26日，在威尼斯的软硬兼

---

① Katia Hadjidemetriou, *A History of Cyprus*, Translated by Costas Hadjigeorgiou, Nicosia: Hermes Media Press Ltd., 2001, p.229.

施下，科内罗女王被迫逊位与威尼斯，从此结束了鲁西格南王朝对塞浦路斯长达近三个世纪的统治。

塞浦路斯作为威尼斯共和国的属地，由威尼斯任命的一位总督和两位顾问治理，总督府设在尼科西亚。威尼斯把塞浦路斯仅作为军事基地和东西方贸易桥梁，只管榨取，很少投资，疏于管理，农田荒芜，人口锐减，激起了农民的抗税起义。[1]1571年8月，奥斯曼帝国征服塞浦路斯，结束了威尼斯对塞浦路斯82年的占领和统治。

第三节　奥斯曼帝国的统治

✿ 一、奥斯曼帝国的统治

1571年，塞浦路斯被奥斯曼帝国征服并统治后，由帝国政府任命的总督治理。总督下设有一个委员会，其成员由穆夫提[2]、瓦克夫[3]、3位土耳其贵族和2位希腊贵族组成。该委员会由总督主持，每周召开一次例会，就财政、税收和管理等重大问题为总督提供咨询。奥斯曼帝国采取了一系列宽容政策，废除封建农奴制度，宗教信仰自由，希腊东正教会得到了奥斯曼帝国政府的承认。1660年，帝国政府任命大主教尼科弗罗斯及其继承人兼任"埃思纳克"，负责穆斯林区和异教徒雷亚[4]区的税收，从此大主教不仅是塞浦路斯希腊族人的宗教领袖，同时也成为塞浦路斯世俗事务的管理者。在随后的90多年里，大主教多次前往君士坦丁堡，陈述人民疾苦，请求大维齐尔减轻赋税和阻止土耳其总督的暴政。

塞浦路斯在总督治理下，划分为17个行政区，到19世纪削减为6个。每个行政区由两位土耳其人管理，一位是掌管行政和统帅军队的土耳其贵族阿迦，另一位是伊斯兰教宗教法官卡迪。总督府设在尼科

---

①   Alastos, Doros, *Cyprus in History: A Survey of 5,000 Years*, ZENO, 1955, pp. 230-231.

②   穆斯林的教法说明官、法律顾问，是人民与法官联系的中间人，有咨询权而无审判权。

③   穆斯林宗教寺院等财产的管理者。

④   雷亚（Rayahs），土耳其人对异教徒的称呼。

西亚。1670 年，奥斯曼帝国政府把塞浦路斯与安纳托利亚本土的四个地区划归海军统帅治理。海军统帅指派一位代理人即专使，具体负责塞浦路斯事务，其年薪为 15 000 皮阿斯特（约合 3 000 英镑）。

1703 年，奥斯曼帝国政府将塞浦路斯转为大维齐尔的个人领地。大维齐尔同样也每年委派专使代为管理。专使集行政、军事和税收权于一身，直接向大维齐尔负责，专使向大维齐尔交纳双方商定的"租金"。1745 年，塞浦路斯改为由帕夏治理的独立行省，每年给大维齐尔一定补偿。1849—1861 年，塞浦路斯归并到首府设在罗得岛的爱琴海帕夏辖区。在这一时期，总督更换频繁，平庸无能者居多。1861 年，塞浦路斯又再次恢复为由总督治理的独立行省，但仅 7 年后，又转归新设置的达达尼尔行政区，总督府设在克拉克，总督对塞浦路斯的管理更是鞭长莫及。1871 年又再次恢复了爱琴海帕夏辖区对塞浦路斯的管理。

奥斯曼帝国政府为了便于管理和征收赋税，按宗教信仰把塞浦路斯划分成了两个区，即穆斯林区和雷亚区。穆斯林区主要由帝国委派的地方官员、士兵和土耳其定居者构成，是塞浦路斯的统治阶级。非伊斯兰教信仰者归雷亚区，他们主要是信仰希腊东正教的希腊人、亚美尼亚人、马龙派信徒和少量信奉天主教的欧洲人。在土耳其人的统治下，雷亚是没有政治权利的二等公民，必须缴纳人丁税（哈拉吉）。除此之外，还有土地税、盐税，某些地区还有特别地区税。所有税收均由帕夏委托的专使或大维齐尔的代理人负责，穆斯林区的税费由土耳其村民推选或土耳其官员指定的负责人收取，然后逐级上交，而雷亚区的则由大主教、主教负责征收上交。

二、希腊革命的影响

1821 年，希腊爆发反对奥斯曼帝国统治的希腊民族起义，对塞浦路斯产生了重大影响。早在 1818 年，希腊民族主义者便秘密组织"友谊社"并派代表来到塞浦路斯，与大主教基普里亚诺斯建立了联系，邀请其参加了该组织。塞浦路斯总督库楚克·梅赫梅特侦知岛上的希腊人秘密参与希腊革命，请求苏丹立即增兵塞浦路斯。1821 年 7 月 9 日，库楚克下令处死了从大主教、主教到各级希腊人头领及普通居民共 486 人。1830 年，土耳其人和希腊人多次发动抗税起义，但均被帝国政府残酷镇压。

奥斯曼帝国的"坦齐马特"改革对塞浦路斯也产生了一定的积极影响，但就奥斯曼帝国对塞浦路斯的整个统治而言，帝国政府不够重视，管辖权变更频繁，地方总督贪赃枉法，帝国政府只从塞浦路斯攫取资源，运走钱物，从不关心岛上居民的生存环境，道路失修，干旱和蝗灾造成的饥荒不断。因此，塞浦路斯的希腊族人认为奥斯曼帝国统治时期是塞浦路斯历史上最黑暗的时期。

第四节　英国的统治

❖ 一、从占领到直辖殖民地

1878年，英国利用奥斯曼帝国在俄土战争中战败之机，迫使奥斯曼帝国签订《英国与土耳其关于保护土耳其亚洲省份的防御联盟条约》（通常称之为《塞浦路斯条约》），使塞浦路斯由英国占领和管理。英国统治塞浦路斯后，进行了一系列的税制改革，进行人口和土地普查，将结果作为税收的基础；取消农业税，按照不动产征收；取消免除兵役税；废除谷物税；但诸如绵羊税、烟税、酒税、食盐专卖税和关税仍继续征收。成立由高级专员、司法专员和一位副专员组成的高等法院。英国接管塞浦路斯后，初由外交部管理，后转归殖民部。从英国接管至1927年，塞浦路斯每年向奥斯曼帝国政府支付92 799英镑，作为英国接管塞浦路斯的补偿金，而这笔补偿金最终又以奥斯曼政府偿还英国债务形式流入英国国库。补偿金问题引起了塞浦路斯人民的极大愤慨。

英国统治塞浦路斯不久，塞浦路斯的希腊族人①即提出要求英国同意"意诺西斯"（塞浦路斯与希腊合并）。希腊族人向英国政府递交一份备忘录，希望慷慨的英国人支持"我们的唯一愿望就是像爱奥尼亚群岛一样，与我们的祖国合并"。塞浦路斯立法委员会中的希腊族人成员也"相信公正、慷慨的英国人会给予他们实现这一愿望的合法权利"②。1898年成立的"塞浦路斯爱国者联盟"，号召其成员无论何时何处，只要遇到英国人，就向他们表达要求与希腊合并的愿望③。1911年12月1日，希腊族立法委员会成员在向英国高级专员递交的提案中称："作为希腊民族不可分割的一部分，我们以无法抗拒的民族之情，强烈要求与祖国希腊王国合并。如果我们的愿望与英国政府的某些利益相抵触，我们只能表示遗憾，这是我们的权利，也是慷慨的英国民族的秉性。"英国政府拒绝上述提案后，希腊族立法委员会成员集体辞职，以示抗议。针对希腊族人的要求，英国首相格莱斯顿通过高级专员明确表示："英王陛下政府真切希望塞浦路斯繁荣，但你们必须记住，根

①　本书从此处开始，塞浦路斯的希腊人称之为希腊族人，塞浦路斯的土耳其人称之为土耳其族人。因为1571年奥斯曼帝国征服塞浦路斯后，土耳其人是统治者，而塞浦路斯的希腊人与希腊及小亚细亚甚至奥斯曼帝国统治下其他地区的希腊人一样，都是被统治者，从这个意义上讲，所有希腊人都是被统治者，没有区别，而所有土耳其人都是统治者，也没有区别。但随着1822年希腊独立和1878年塞浦路斯被英国占领和管理以及1923年土耳其共和国成立后，在英国统治下生活在塞浦路斯的希腊人和土耳其人，他们绝对不是希腊王国（共和国）或土耳其共和国的国民，而是希腊王国和土耳其共和国的跨界民族。随着1960年塞浦路斯共和国成立，所有生活在塞浦路斯版图上的任何民族成员，都是塞浦路斯共和国国民，尽管塞浦路斯存在严重的民族矛盾，甚至在1974年后处于分治状态，但从国际法角度看，仍然是塞浦路斯公民，更具体讲，就是塞浦路斯希腊族人，塞浦路斯土耳其族人，这也更符合中国政府所一贯倡导和坚持尊重国法和不干涉他国内政的原则。

②　Mehmet Yuva, *The History of the Partition of Cyprus and President Makarios in Context of International and Arab Relation (1878—1974),* Ph.D. dissertation, 1997, pp.44-45.

③　Mehmet Yuva, *The History of the Partition of Cyprus and President Makarios in Context of International and Arab Relation (1878—1974),* Ph.D. dissertation, 1997, p.45.

据与奥斯曼帝国的条约，塞浦路斯仍然是奥斯曼帝国的一部分，英国只是占领和管理，所有违反条约的类似建议不予考虑。"

1914年，第一次世界大战爆发，奥斯曼帝国公开加入德奥同盟对英、法、俄协约国宣战，作为报复，英国宣布废除《塞浦路斯条约》，吞并塞浦路斯。一战结束后的1919年1月，大主教塞里罗斯三世和希腊族立法委员会成员前往伦敦，向英国政府表达他们的夙愿，遭殖民大臣迈纳婉言谢绝，希腊族立法委员会代表回到塞浦路斯后集体辞职，以示抗议。面对"意诺西斯"运动的不断高涨，英国当局在塞浦路斯首次实施戒严法，并将两名希腊籍的"意诺西斯"活动分子逐出塞浦路斯。1921年，在希腊革命100周年之际，大主教塞里罗斯三世发起成立"民族事业中央委员会"，广泛宣传希腊族的民族事业，激发希腊族民众的斗志。同年12月，希腊族民族主义者还成立政治组织"民族大会"，号召希腊族人在政府和立法委员会内，拒绝与英国当局合作[1]。希腊族的各种政治组织如雨后春笋纷纷涌现，"意诺西斯"运动进入一个新的高潮。

1923年7月24日，土耳其与协约国签订《洛桑条约》，其中第20条明确规定："土耳其兹承认1914年11月5日英国政府宣布兼并塞浦路斯。"另外，第21条规定，1914年11月5日前定居塞浦路斯的土耳其人，有权选择加入英国国籍或加入土耳其国籍，或12个月内离开塞浦路斯。《洛桑条约》的签订，从国际法上真正结束了土耳其与塞浦路斯的宗主权关系，也标志着英国占领塞浦路斯的合法化。1925年3月10日，英国宣布塞浦路斯为英国的直辖殖民地。塞浦路斯成为英国在中东的唯一直辖殖民地。

🌸 二、1931年希腊族人起义与总督的独裁统治

1926年，英国政府任命罗纳德·斯托尔斯为塞浦路斯总督。斯托尔斯曾任耶路撒冷军政长官，上任后努力改善塞浦路斯的经济、交通和通信设施，而且在英国为塞浦路斯产品做宣传，特别是在斯托尔斯的努力下，1927年英国政府最终取消塞浦路斯每年支付的"补偿金"。斯托尔斯认为，希腊族人"意诺西斯"的不断发展，根源在于

---

[1] Doros Alastos, *Cyprus in History: A Survey of 5,000 Years*, ZENO, 1955, p.334.

塞浦路斯的教育体制和过于民主。因此，斯托尔斯开始整顿教育和限制民主，把教师划归公务人员，置于政府的严格控制和监督之下；学校禁止开设希腊历史和土耳其历史课程，限制研究希腊语言和希腊传统文化；修改塞浦路斯宪法，扩大立法委员会成员人数，让选举产生的立法委员会成员在立法委员会内讨论更多与民主相关的问题，以严格限制广大民众的民主权利；修改塞浦路斯刑法，由殖民当局直接任命村社领导。

20年代末的世界经济危机也波及了塞浦路斯。塞浦路斯失业人口大幅增加，经济形势急剧恶化。正是在这一时期，塞浦路斯出现了工会、商会和农民组织，甚至更为激进的"民族青年俱乐部"，而东正教会是所有政治组织的中坚力量。1931年4月28日，总督斯托尔斯强行实施增税法案，引起希腊族人的强烈不满。9月12日，希腊族人立法委员会成员召开秘密会议，决定拒绝接受增税法案，号召民众拒绝纳税，抵制英货。10月20日，克提昂主教米洛纳斯在利马索尔举行的群众集会上，号召民众不要遵守不合法统治者的法律，应为争取塞浦路斯人民的解放而斗争，只有获得解放，才能摆脱贫困。尼科西亚佩纳罗梅尼教堂的狄奥尼修斯·基克科提斯竖起一面希腊国旗，要求民众为它而战。在总督府广场，示威群众与企图驱散游行队伍的警察发生冲突，群情激昂的示威者将火把抛向了木质结构的总督府，顷刻间，总督府化为灰烬。警察向示威者开枪，造成1死多伤。之后，政府被迫同意为死者举行万人参加的葬礼。

起义爆发的消息在塞浦路斯迅速传播，象征自由的希腊国旗到处飘扬。农民积极组成自治机构。城市局势失控，警察只能保护政府办公部门和公共设施。尼科西亚的共产主义组织积极活动，努力建立各种民族组织的联合阵线。殖民当局立即宣布全岛处于戒备状态，实行宵禁，并从埃及紧急抽调军队，英国战舰也驶入塞浦路斯水域待命。英国政府将克提昂主教和凯里尼亚主教等十多位希腊族领导人强行送往英国，依"涉嫌动乱的特殊罪行"将2 000多人判处监禁[①]。

1931年11月，英国殖民当局下令解散立法委员会，终止执行宪法，同时赋予总督立法权，开始了总督对塞浦路斯的独裁统治。此

---

① Doros Alastos, *Cyprus in History: A Survey of 5,000 Years*, ZENO, 1955, pp.347-350.

外，取缔所有政治组织，严格实行新闻检查制度，取消市政选举。土耳其人虽未参与起义，但也未能幸免总督的独裁统治。

在英国殖民当局的高压统治之下，塞浦路斯的民族运动处于低潮，但岛外塞浦路斯人的"意诺西斯"运动却异常活跃，在雅典成立了"塞浦路斯中央委员会""塞浦路斯学生联合会""塞浦路斯友谊社"，在伦敦成立了"伦敦塞浦路斯人委员会"，这些组织积极宣传"意诺西斯"，并向英国政府施加影响。

三、第二次世界大战及其战后"意诺西斯"的发展

第二次世界大战爆发后，希腊族人积极响应英国殖民当局"为自由和希腊而战"的号召，3 000多希腊族人青年参加英军和盟国军队对德、意作战，不少人壮烈牺牲。战争期间，希腊国王和首相以及英国驻希腊大使，多次建议英国政府把塞浦路斯让予希腊，均遭英国首相和外交大臣拒绝。英国外交部和殖民部的两份备忘录明确表达了英国政府的基本立场：一是塞浦路斯的未来待战争结束后作为和平条约的一部分，英国与希腊进行讨论；二是鉴于塞浦路斯在英国战略上的重要性，必须防止在该地区出现任何影响和破坏英国地位的敌对势力；三是考虑到战争结束后把塞浦路斯主权转归希腊的可能性，希腊必须向英国提供一个有期限的或永久性的军事基地，这样既可以改善英国与塞浦路斯人的关系，也能使英国在该地区的地位更加巩固。丘吉尔还特别强调应考虑"被移交给希腊的塞浦路斯穆斯林"的感情。[①]

战争结束后，世界范围内的民族解放运动风起云涌，激发了塞浦路斯希腊族人"意诺西斯"运动的高涨。英国为平息民族运动，稳定塞浦路斯局势，提出了宪法改革方案和改变塞浦路斯经济状况的十年社会经济发展计划，宣布废除禁止选举新的东正教会大主教的1937年基督教法，但只字未提希腊族人所普遍关心的"意诺西斯"问题。1946年12月，希腊族人代表团前往伦敦，向英国政府表达不赞成宪法改革计划，而要求"意诺西斯"。但英国政府并未理会希腊族人的反对，且于1947年任命温斯顿为塞浦路斯总督，实施宪法改革。1947年6月20日，大主教勒昂提奥斯号召希腊族人抵制温斯顿的改革计划，

① Costas P. Kyrris, *History of Cyprus: With an Introduction to the Geography of Cyprus,* Nicocles Publishing House, Nicosia, 1985, pp.352-258.

并且提出"合并，只与希腊合并"的口号。

英国殖民当局推行的宪法改因革遭到希腊族人的普遍反对而流产，"左翼劳动者联盟"组织了大规模的游行示威活动，要求首先建立自治政府，然后过渡到与希腊合并。1947年1月，塞浦路斯劳动人民进步党（简称"劳进党"）放弃了建立自治政府的要求，转而支持"意诺西斯"。从而在塞浦路斯出现了希腊人要求实现"意诺西斯"，而土耳其人反对"意诺西斯"的二元政治格局，而且这种二元政治格局间的相互对抗性也日益明显。1948年10月3日，希腊族右翼民族主义者在尼科西亚举行大规模"意诺西斯"群众集会；11月28日，土耳其族人领导人库楚克领导的"塞浦路斯土耳其民族党"，发动了1.5万土耳其族人参加的反"意诺西斯"大游行。

1949年12月8日，大主教马卡里奥斯二世发表通谕，号召民众就是否赞成"意诺西斯"举行全民公开签名投票活动，96%的参加投票者表示赞成。该公投结果受到了国际社会的普遍关注[①]。大主教马卡里奥斯三世先后访问美国、英国、法国和希腊，解释宣传希腊人的民族夙愿。在雅典，希腊首相帕帕戈斯陆军元帅接见了马卡里奥斯。马卡里奥斯要求希腊政府把塞浦路斯问题提交联合国大会讨论，帕帕戈斯首相对此未置可否。希腊民众对塞浦路斯希腊族人的事业给予普遍同情和支持，在希腊出现了许多声援和支持希腊族人事业的组织，希腊大主教斯皮里宗发起成立了"为塞浦路斯而斗争泛希腊委员会"。

1954年年初，英国议会对塞浦路斯问题展开激烈辩论，议员们普遍反对在塞浦路斯运用民族自决原则，建议尽快实行宪政管理，然后逐步过渡到建立自治政府，直到自治政府有能力决定塞浦路斯的未来。7月28日，英国殖民大臣霍普金斯在众院的讲话中强调："英帝国的某些地区，由于其特殊的战略地位，永远不可能完全独立。"[②]霍普金斯的言论在英国和塞浦路斯引起强烈反响。在马卡里奥斯大主教和

---

① Costas P. Kyrris, *History of Cyprus: With an Introduction to the Geography of Cyprus,* Nicocles Publishing House, Nicosia, 1985, pp.363-365.

② Sir Anthony Eden, *Full Circle*, London, 1960, p. 365. Cited from Mehmet Yuva, *The History of the Partition of Cyprus and President Makarios in Context of International and Arab Relation (1878-1974),* Ph.D. dissertation, 1997, p.72.

希腊民众的压力下，1954年6月20日，希腊政府向联合国首次提交议案，要求把民族自决原则运用到塞浦路斯，因英国的强烈反对，联合国大会并未进行讨论。

为了压制日益高涨的"意诺西斯"运动，1954年8月2日，英国殖民当局宣布，凡提倡、书写、宣讲赞成"意诺西斯"或改变塞浦路斯主权者将构成煽动罪，处以最高五年的监禁；刊载此类文章的报刊将被停办3年。希腊人以罢工示威游行进行抗议。大主教马卡里奥斯前往雅典与希腊政府商讨塞浦路斯局势。在雅典期间，马卡里奥斯会见了格里瓦斯①，督促其返回塞浦路斯建立武装，反对英国的统治。格里瓦斯回到塞浦路斯后，把马卡里奥斯领导的两个青年组织改编成了"埃欧卡"②，这标志着希腊人的第一支武装力量的正式建立。1955年4月1日开始，塞浦路斯发生了一系列针对英国官员、警察、机构和政府设施的炸弹爆炸事件，这标志着"埃欧卡"争取民族自决的武装斗争拉开了序幕。

塞浦路斯局势骤然紧张，土耳其族领导人公开要求英国殖民当局严厉打击恐怖活动，导致希腊人警察全部退出殖民政府警察部队。马卡里奥斯大主教要求希腊卡拉曼利斯政府再次把塞浦路斯问题提交联合国。

面对十分严峻的塞浦路斯局势，1955年6月30日，英国首相艾登邀请希腊和土耳其举行英、希、土三国伦敦会议。8月29日，伦敦三国会议召开，英国外交大臣麦克米伦提出制定一部塞浦路斯新宪法，成立塞浦路斯自治政府，成员由选举产生，塞浦路斯人将占多数，各

---

①　乔治·西奥多勒斯·格里瓦斯，1898年生于塞浦路斯东部重镇法马古斯塔的特里科莫，父亲经商，母亲是位内科医生。1909年，格里瓦斯进入著名的泛塞浦路斯预科学校学习。1919年毕业后考入雅典皇家军事学院，在该学院学习期间，他参加了"意诺西斯"的一个希腊民族主义组织，并于同年取得希腊国籍。1922—1923年希土战争中，格里瓦斯任希腊陆军少尉。1925年去法国凡尔赛陆军学校学习，1928年回到希腊后被提升为希腊军队参谋。1932年再次前往法国，在巴黎的高级战争（游击战争）学校深造。二战期间，他参加了一个被称为"X"的秘密抵抗组织，抵抗德国占领军。1946年，格里瓦斯把该组织改造成了"泛希腊党"，该党在1950年和1951年还参加了希腊议会选举。

②　希腊语首字母的缩写EOKA，意为"全塞浦路斯战斗者组织"。

部长也由塞浦路斯人担任，向议会负责；政府职能将逐渐移交给塞浦路斯人；成立一个英、希、土三国组成的永久性监督委员会，共同监督塞浦路斯自治政府的运作。在伦敦会议期间，塞浦路斯爆发了大规模有组织的罢工和示威游行。在马卡里奥斯和希腊民众的压力下，希腊代表坚决要求依据麦克米伦新宪法成立的自治政府，必须向塞浦路斯自决过渡，进而实现"意诺西斯"。英、土两国代表断然拒绝。

1955年9月25日，英国政府任命前陆军参谋长、陆军元帅约翰·哈丁爵士为塞浦路斯总督，在塞浦路斯实行紧急状态和宵禁，建立新的保安部队，宣布"埃欧卡"为非法组织，大肆搜捕其成员。土耳其人建立了准军事组织"火山"，拉乌夫·登克塔什①等人组建了"土耳其人抵抗组织"（简称"TMT"）。

1956年2月，英国殖民大臣博伊德和总督哈丁与马卡里奥斯举行了一系列谈判，英国提出建立有限自治政府，但马卡里奥斯坚决要求自决，谈判破裂。3月9日，马卡里奥斯被英国安全部队拘捕，放逐于印度洋中部的塞舌尔群岛。塞浦路斯和希腊激起大规模抗议示威游行，希腊政府召回驻英国大使以示最强烈抗议。8月，"埃欧卡"宣布休战，愿与英国殖民当局谈判，但总督哈丁要求"埃欧卡"缴械受审，并加大搜捕力度，英国殖民当局甚至谋杀塞浦路斯新闻记者，导致"埃欧卡"采取更大规模的武装斗争。

塞浦路斯局势进一步恶化。1957年2月，联大通过了一项并无实质性内容的决议，要求双方通过谈判"和平、民主和公正地解决"塞浦路斯问题，英、希、土三国一致表示同意。"埃欧卡"总指挥格里瓦斯也积极回应，声称如果英国释放马卡里奥斯大主教，并允许他参加谈判，"埃欧卡"就停止一切军事行动。英国同意释放马卡里奥斯，但不允许其返回塞浦路斯。1957年3月28日，马卡里奥斯回到了雅典。10月初，英国政府任命H.富特为塞浦路斯总督，但塞浦路斯的紧张局势并未缓解。

1958年6月19日，英国首相麦克米伦邀请希腊和土耳其共同讨论他提出的塞浦路斯自治方案，通称麦克米伦方案。该方案规定，塞浦路斯自治政府由英、希、土三国"共管"，希腊族和土耳其族分别设立

---

① Rauf Douktash，拉乌夫·登克塔什，后来土耳其人最重要的领导人。

议会，两民族内部事务分别由两民族自行管理，但外交、国防和岛内安全由英国负责。鼓励希腊和土耳其政府积极参与希腊人和土耳其人自治政府管理，由希、土两国派代表与英国和希腊人和土耳其人共同制定塞浦路斯宪法。土耳其政府赞成麦克米伦方案，而希腊政府拒绝。英国政府宣布将实施麦克米伦方案。

❦ 四、《苏黎世－伦敦协定》与共和国的诞生

1958年9月，马卡里奥斯大主教与英国工党议员巴巴拉·卡斯尔女士在雅典会谈时明确表示，他现在的立场是宁愿独立，而不是"意诺西斯"[①]。12月，第五届联大会议召开，收到多个有关解决塞浦路斯问题的提案，其中伊朗提案建议继续进行自1957年开始的英、希、土三国会谈，同时建议英国召集希腊族和土耳其族代表参与谈判，联大通过了伊朗提案。联大会议期间，希、土两国外长会晤决定恢复英、希、土三国在巴黎北约总部会议期间的谈判，同时双方共同请求英国殖民当局释放一批在押犯。随后希、土两国代表的谈判取得重大突破。土耳其愿意放弃分治，但坚持希腊族和土耳其族的内部事务必须最大限度地分开，确保土耳其族超过人口比例地参与未来塞浦路斯政府的管理工作，同时土耳其坚持必须在塞浦路斯驻军，以保障土耳其南部海岸安全和保证土耳其人平等地享有管理国家的权利。希腊原则上接受了土耳其的要求和建议，并与马卡里奥斯进行磋商。

1959年1月18日至20日，希、土两国外长在巴黎欧共体会议期间进一步会谈。2月10日，希腊首相卡拉曼利斯和土耳其总理曼德列斯在苏黎世会晤。11日，希、土两国发表联合公报，宣布双方就塞浦路斯问题达成协议。两国外长立即飞往伦敦，向英国外交大臣劳埃德通报。同时希腊和土耳其政府也分别向希腊族和土耳其族领导人通报了该协议的基本内容。马卡里奥斯要求对协议的某些条款进行修改，但摆在他面前的只有两种选择，要么原封不动地接受协议，要么予以拒绝并准备承担可能产生的一切后果。马卡里奥斯只好无可奈何地全部

---

① Hal Kosut, *Cyprus: 1948-1968*, p. 47. Cited from Mehmet Yuva, *The History of the Partition of Cyprus and President Makarios in Context of International and Arab Relation (1878-1974)*, Ph.D. dissertation, 1997, p.124.

接受。①

1959年2月19日，在英国伦敦的兰开斯特大厦，召开有英国、希腊、土耳其三国和塞浦路斯希腊族和土耳其族代表参加的会议。英国首相麦克米伦主持，希腊政府代表卡拉曼利斯首相、土耳其政府代表外交部部长佐卢、塞浦路斯希腊族人代表马卡里奥斯大主教和土耳其族人代表库楚克博士，分别在《苏黎世-伦敦协定》上签字。《苏黎世-伦敦协定》共27条，列入塞浦路斯宪法，并载入相互关联的《保证条约》、《联盟条约》和《设立军事基地条约》之中。协定规定：即将诞生的塞浦路斯共和国为总统制；总统由希腊族人担任，副总统由土耳其族人担任，分别由希腊族和土耳其族通过选举产生；副总统对外交、国防以及财政事务享有否决权，其他一切事务由部长委员会的多数票决定；设立10名部长，希腊族占7名，土耳其族占3名，分别由正、副总统任命；共和国的全部公职人员由希腊族和土耳其族按7：3的比例分配；设一院制议会，议员有50名，其中希腊族35名，土耳其族15名，由希腊族和土耳其族分别选举产生；众议院下设两个民族院，分别处理希腊族和土耳其族的宗教、教育、文化和其他民族事务；在5个主要城镇分别设立希腊族和土耳其族的单独市政机构；在警察、宪兵和最终建立的塞浦路斯军队中，希腊族和土耳其族的比例是6：4；设立一个由希腊族和土耳其人数各占一半的高等法院。

由英国、希腊、土耳其和塞浦路斯四国签订的"大不列颠及北爱尔兰联合王国、希腊、土耳其和塞浦路斯保证条约"规定，维护塞浦路斯共和国的主权、独立和领土完整，禁止塞浦路斯作为整体或一部分与他国合并。由希腊、土耳其和塞浦路斯三国签订的"希腊、土耳其共和国和塞浦路斯共和国联盟条约"②规定，希腊和土耳其可以在塞浦路斯分别驻扎军队950人和600人。《设立军事基地条约》涉及殖民统治结束后，保留英国军事基地的主权和在共和国领土上的军事设施，以及财政、国籍等复杂的管理和法律问题，同时，马卡里奥斯向希腊政府明确表示，此条约应由即将诞生的塞浦路斯共和国代表与英

① Polyvios G. Polyviou, *Cyprus: The Tragedy and the Challenge*, Washington, 1975, p.12.

② 《保证条约》和《联盟条约》均草签于1959年2月19日，1960年8月16日于尼科西亚修订并生效。

国政府直接谈判。因此直到《苏黎世-伦敦协定》签订时，条约还未开始谈判①，但其基本原则已在协定中确定，即英国对塞浦路斯境内的两个军事基地——利马索尔以西的阿克罗蒂里空军基地和拉纳卡以东的德凯利亚陆军基地，作为永久性军事基地保持主权；对岛上的其他军事和民用设施享有使用权。

《苏黎世-伦敦协定》签署后，有关各方均表示满意。希腊首相卡拉曼利斯对媒体说："此时此刻，作为塞浦路斯共和国的保证国，我们对这个新国家的诞生感到由衷地高兴。"他赞扬了高级别外交活动在解决塞浦路斯问题中所发挥的作用，认为这一模式应被运用到解决更大的国际争端中去。土耳其外长佐卢对此充分肯定，表示"所达成的协议是对塞浦路斯问题平等、公正的解决"。随后马卡里奥斯宣布："这是一个伟大的日子……我坚信今天是和平、自由、繁荣的塞浦路斯新时代的开端。"同一天，马卡里奥斯还向全体塞浦路斯人民发表了广播讲话，要求希腊族和土耳其人民团结起来，共同建设新国家，"经历数世纪外国统治的塞浦路斯，终于自由地奔向自己的未来"。

1959年3月27日，马卡里奥斯与库楚克就临时政府部长人选达成协议后，马卡里奥斯、库楚克、总督富特与各部部长及副部长共同组成14人临时过渡委员会。12月13日，希腊族和土耳其族分别举行总统和副总统选举，马卡里奥斯以绝对优势当选塞浦路斯共和国首任总统，库楚克当选副总统。1960年2月11日，在洛桑制定了宪法草案。同年4月6日，在尼科西亚宣布共和国的第一部宪法正式完成。该宪法体现了《苏黎世-伦敦协定》的基本内容，构成了即将诞生的塞浦路斯共和国的法律基础。7月30日，根据宪法，希腊族和土耳其族分别举行众议院选举。8月16日，英国向塞浦路斯共和国移交政权。同一天，马卡里奥斯宣誓就任塞浦路斯共和国第一任总统，库楚克任副总统。塞浦路斯共和国正式诞生。8月24日，塞浦路斯成为联合国的第九十九个成员国。塞浦路斯终于摆脱英国78年的殖民统治，成为世界现代民族国家体系中的新成员。

---

① 1960年7月1日，英国和塞浦路斯政府代表签订《设立军事基地条约》，条约规定英国在塞浦路斯的主权军事基地所占面积为277平方千米，占塞浦路斯总面积的3%。

第五节　塞浦路斯共和国

❧ 一　共和国宪法危机

根据塞浦路斯共和国宪法第一百二十三条规定，"公务人员的70%应为希腊族人，30%应为土耳其族人"，"在实际可行范围内，其应适用于公务人员系统的一切职级"。但在各级政府组成的实施过程中，希腊族人要求按两族人口实际比例分配，而土耳其族坚持实施宪法规定。1961年春，众议院审议共和国税收法，因土耳其族议员反对而未获通过。按照宪法第173条规定："在本共和国5个主要城市，即尼科西亚、利马索尔、法马古斯塔、拉纳卡和帕福斯，应由当地的土耳其族居民建立单独的市政机构。"总统马卡里奥斯认为，在五大主要城市设立单独的土耳其族人市政机构，会造成管理功能重叠、人财物浪费，损害两族利益，而且可能使中央政府的政令难于畅通实施。因此，他坚持建立两族统一市政机构，并提出确保土耳其族人利益和权利的三项具体措施。但副总统库楚克坚持严格实施宪法。

1962年12月27日，众议院中的土耳其族议员提交议案，要求将现行的《1959年土耳其人市政法暂行草案》延长至1963年年底，在此期间双方寻求解决方案，希腊族议员表示拒绝。12月29日，总统马卡里奥斯宣布，从1962年12月31日凌晨起，终止执行殖民当局制定的城市法，共和国内的所有市政机构不复存在，其行政职能由即时成立的共和国地方政府接管。同日，土耳其族通过法案，宣布从12月31日凌晨起，现行的土耳其族市政机构就是土耳其族根据共和国宪法建立的合法市政机构。

1963年4月，两族分别向共和国最高宪法法院提出申诉，最高宪法法院裁决，两族的"立法"均不合法。11月30日，马卡里奥斯正式提出修改共和国宪法的"十三点修正案"。同日，副总统库楚克表示"塞浦路斯共和国宪法不容改变"。12月7日，土耳其政府表示拒绝接受"十三点修正案"。12月20日，在英国的协调下，英、希、土三国外长在巴黎商讨塞浦路斯局势。希腊、土耳其两国建议首先应由希腊族和土耳其族领导人直接商谈，土耳其政府还坚持两族谈判必须在宪法范围内进行。12月21日，尼科西亚市的赫姆斯街发生"赫姆斯街事件"。①次日，尼科西亚市北郊两族杂居的阿莫尔菲塔和特拉乔拉斯发生激烈战斗。当天下午，土耳其族警察撤离岗位，与土耳其族人一道在土耳其族人居住的各街区设置路障驻守，共和国各级政府中的土耳其族公务人员也全部撤出②。与此同时，散居于希腊族人中的土耳其族人也纷纷逃往土耳其族人聚集区。

❖ 二、两族冲突与各方调解

　　1963年圣诞之夜，英、希、土三国发表联合声明，要求希、土两民族立即停止冲突。12月27日，成立由三国驻塞浦路斯部队组成的维和部队，由英国的杨格将军任总司令。杨格将军在尼科西亚市划定了隔离两民族冲突的"绿线"。12月28日，联合国安理会紧急会议通过决议，要求英国制定解决方案。英国立即派英联邦关系大臣桑迪斯前往塞浦路斯调解。1963年最后一天，马卡里奥斯致信多国领导人，宣布废除《保证条约》和《联盟条约》。英国指挥的三国维和部队无力阻止愈演愈烈的两民族冲突。1963年1月15日，英国主持召开由英、希、土三国外长，希、土两民族代表，塞浦路斯共和国政府代表参加的伦敦会议。塞外长基普里亚努和希腊族代表克莱里季斯坚决要求废除条约和修改宪法，而土耳其族代表登克塔什则要求在联邦制政府的基础上划分族界，两民族分治。伦敦会议无果而终，两民族冲突愈演愈烈，土耳其族人逐渐聚集到狭小地域，处于希腊族人的包围之中。

　　面对土耳其族人的危险困境，土耳其政府表示要进行干涉，而希腊政府对土耳其政府扬言干涉的威胁也反应强烈，希、土两国濒临战争边缘。美国担心塞浦路斯局势引起希、土两国战争，影响北约东南翼安全，也为苏联创造可乘之机，塞浦路斯可能成为"地中海的古

---

① 1963年12月21日清晨，一支希腊族武装警察巡逻队在尼科西亚的赫姆斯街（现在的两族分治界线），拦住一批土耳其族人要求检查，结果双方发生争执并开枪射击，造成土耳其族人2死1伤和希腊族人1伤。

② 希土两族有不同说法。希腊族人称之为"退出"，而土耳其族人认为是被希腊族人"驱逐"。

巴"。[①]1964年1月28日，美国总统约翰逊任命北约驻欧洲部队司令莱曼·L.莱姆尼策为总统特使，紧急访问雅典和安卡拉，向两国施加压力，并要求土耳其政府承诺在英、美方案实施之前不得单方面采取行动。1月31日，英、美推出"桑迪斯-鲍尔方案"。该方案建议美国向塞浦路斯派遣1 200人的分遣队，并提供1万名北约多国维和士兵所需的后勤设施和装备；维和时间为3个月，在这期间由联合国协调员制定出解决塞浦路斯冲突的方案。希腊和土耳其政府接受英、美方案，但马卡里奥斯总统坚持多国维和部队必须在联合国的领导下。美国国务卿乔治·鲍尔先后访问了英国、希腊、土耳其和塞浦路斯，对"桑迪斯-鲍尔方案"进行了修改。希、土两国表示接受方案，但马卡里奥斯断然拒绝。

　　1964年2月下旬，塞浦路斯政府请求联合国安理会解决塞浦路斯问题，安理会经过征询英、希、土三国与希腊族人和土耳其族人意见后，于3月4日通过了关于塞浦路斯问题的第186号决议。该决议号召所有成员国"制止可能使独立的塞浦路斯共和国局势进一步恶化的任何行动或威胁"，要求塞浦路斯政府"承担起维护法律和秩序的职责，采取一切必要措施制止塞浦路斯的暴力和流血冲突"，呼吁希腊族和土耳其族人及其领导人"最大限度地保持克制"，决议还建议成立联合国驻塞浦路斯维和部队，并得到了塞浦路斯政府的支持。3月6日，古亚尼将军被任命为联合国驻塞浦路斯维和部队首位总司令。维和部队由来自奥地利、加拿大、丹麦、芬兰、瑞典、爱尔兰、英国的6 238名维和武装部队士兵和来自澳大利亚、奥地利、丹麦、新西兰、瑞典的173名维和警察组成。但维和行动并未能有效制止两民族冲突，冲突范围进一步扩大，土耳其族人的伤亡增加。1964年3月12日，土耳其族领导人库楚克向联合国提出指控希腊人。次日，土耳其政府向马卡里奥斯发出最后通牒，要求希腊族人立即停止一切针对土耳其族人的屠杀行为；释放所有被扣押的土耳其质，归还被害土耳其族人遗体；恢复土耳其族人行动、交通和通信自由，否则土耳其政府将采取"单方面行动"。而希腊政府声称将参加保卫塞浦路斯的战斗。4月，希腊首相帕潘德里欧与马卡里奥斯决定，希腊向塞浦路斯派遣大约2万名

---

①　Salahi R.Sonyel, *Cyprus the Destruction of a Republic: British Documents 1960—1965*, The Eothen Press, 1997, p.108.

希腊官兵，加强塞浦路斯防卫。

塞浦路斯局势的发展使美国极为担忧。1964 年 6 月 5 日，美国总统约翰逊致信土耳其总理伊斯梅特·伊诺努：土耳其的军事干涉不明智且充满危险，将导致塞浦路斯分治，而且与《保证条约》相违背，也违反许多国际承诺，其中包括采取任何行动前与美国磋商的承诺和与其他两个保证国磋商的承诺，破坏北约稳定，造成苏联介入，同时也与联合国致力于塞浦路斯和平的努力相抵触。约翰逊用颇具威胁的口吻说："我严肃地告诉你，美国决不允许利用美国提供给土耳其的武器装备，在当前形势下干涉塞浦路斯。"约翰逊总统甚至警告土耳其政府，如果土耳其采取单方面行动，当苏联进攻土耳其时就不会得到北约的帮助。[1]约翰逊的书谏的确使希、土两国的紧张关系有所缓和，但美、土关系从此转向冷淡，土耳其国内还出现反美浪潮。为了彻底解决塞浦路斯问题，1964 年 6 月 20 日，美国前国务卿迪安·艾奇逊经与多方商讨，提出了解决塞浦路斯冲突的"艾奇逊方案"，建议塞浦路斯与希腊合并，对土耳其做出补偿。[2]土耳其族和土耳其政府有条件接受，希腊族和希腊政府断然拒绝。

1964 年 6 月，原"埃欧卡"领导人格里瓦斯返回塞浦路斯，整合希腊族人的各种武装组织。8 月 6 日，希腊族武装企图攻占位于塞浦路斯西北部蒂利里亚地区土耳其族人控制区科基纳，[3]双方发生了自冲突以来最为激烈的战斗。7 日，土耳其战机轰炸了该地区的希腊族人阵地，在安理会第 193 号决议的要求下才实现停火。8 月 20 日，艾奇逊与英国磋商后，对"艾奇逊方案"进行了修改，建议把塞浦路斯与希腊合并，然后北约在塞浦路斯设立军事基地，土耳其族人任该军事基地北约军队司令，但仍遭到希腊人和希腊政府的拒绝。

1967 年 4 月，政变上台的希腊军政府，愿意接受"艾奇逊方案"，

---

[1] Suha Bolukbasi, "The Johnson Letter Revisited", *Middle Eastern Studies,*
Vol.29, No.3, July 1993, pp.505-525.

[2] Salahi R. Sonyel, *Cyprus the Destruction of a Republic: British Documents
1960—1965,* The Eothen Press, 1997, pp.106-112.

[3] 科基纳，土耳其族控制的主要出海口，占领科基纳，既可切断土耳其族人从海上获得土耳其的军事装备和战略物资，也可防止土耳其军队登陆。

实现"意诺西斯"，改善与土耳其的关系。9月，希、土两国首脑两度会晤达成共识：塞浦路斯必须纳入西方盟国防御体系，保护土耳其大陆的安全和塞浦路斯土耳其族人的利益，遏制来自北方的共产主义的威胁。两国首脑还讨论了"艾奇逊方案"。但希、土两族冲突进一步扩大，并导致"圣锡奥多罗斯-科菲努村事件"。[1] 土耳其政府对该事件做出强烈反应，向希腊政府发出最后通牒，要求立即召回格里瓦斯；撤回自1964年派驻塞浦路斯的所有希腊军队；对遇害土耳其族人及其财产进行赔偿；解除包括国民警卫队在内的所有希腊族人武装；取消对土耳其族人的经济封锁。土耳其总统向国际社会公开表示，土耳其准备"一次性而且彻底地"解决塞浦路斯问题。在联合国秘书长特使、北约秘书长和美国总统特使的共同斡旋下，希、土两国紧张关系得到缓和。1968年6月至1974年7月，在国际社会努力和联合国斡旋下，希、土两族代表针对地方政府自治权问题、公务人员比例问题等相继进行了四轮谈判，但仍未商讨出解决方案。

❧ 三、希腊策划的军事政变与土耳其的出兵

马卡里奥斯拒绝接受"艾奇逊方案"，导致与希腊军政府关系紧张。塞浦路斯出现了一系列反对马卡里奥斯，要求实现"意诺西斯"的激进组织，针对马卡里奥斯及其支持者实施了一系列恐怖活动。原"埃欧卡"总指挥格里瓦斯再次潜回塞浦路斯，成立秘密军事组织——"埃欧卡-B"，反对马卡里奥斯。马卡里奥斯总统组建辅助警察部队，应对激进组织的威胁。

1973年2月，马卡里奥斯第三次当选塞浦路斯共和国总统，极端

---

[1] 圣锡奥多罗斯村位于尼科西亚与利马索尔公路附近的两族混居村，从未发生过两族冲突，希腊族警察一直在该村巡逻。1967年7月该村发生枪击事件，希腊族警察停止巡逻。9月秩序恢复后，希腊族警察进入该村巡逻，遭到土耳其族武装人员阻挠。联合国维和部队斡旋两族谈判。11月14日，在谈判尚未达成一致时，希腊族警察擅自进入该村巡逻，也未遇到土耳其族人的阻拦。次日，当"埃欧卡"前军事总指挥格里瓦斯带领希腊巡逻队再次进入该村时，遭到土耳其族武装人员射击，双方发生战斗，增援的国民警卫队很快占领该村，战斗蔓延到邻近土耳其族人聚集的科菲努村。冲突造成22名土耳其族人和1名希腊族人死亡。16日，经联合国及时调解，双方同意停火。

组织发动了一系列针对总统的暗杀活动。1974年1月27日，格里瓦斯死后，希腊军政府任命更加激进的希腊军官指挥希腊驻塞浦路斯分派队和塞国民警卫队，加速推进"意诺西斯"。4月25日，马卡里奥斯宣布"埃欧卡-B"为非法，与希腊军政府的斗争陷入白热化。7月2日，马卡里奥斯总统发表致希腊共和国总统吉齐基斯将军的公开信，指责希腊政府支持格里瓦斯潜入塞浦路斯成立"埃欧卡-B"，"在倡导'意诺西斯'的爱国旗帜下从事着罪恶的勾当"，已成为塞浦路斯的"政治杀手"，而其人员和资助者正是由希腊官员控制的希腊族国民警卫队，要求全部撤走这些希腊官员。[①]7月7日，塞浦路斯各大报纸头版头条刊载了马卡里奥斯总统的公开信，马卡里奥斯与希腊军政府的矛盾完全公开化。

在马卡里奥斯致希腊总统公开信的当天，希腊军政府确定了代号为"赫米斯"的军事政变计划。7月12日，希腊军政府召回希腊驻塞浦路斯代表。7月15日8时，由控制希腊族国民警卫队的希腊军官、希腊军政府派往塞浦路斯专门执行"赫米斯"行动的希腊特种部队和希腊驻塞浦路斯分遣队组成的政变部队，开始猛烈炮轰塞浦路斯总统府，总统府被炸毁，政变者迅速占领首都尼科西亚各重要位置和电台等设施，并通过塞浦路斯广播电台发表公告："国民警卫队的行动完全是为了制止希腊族人内讧，维护塞浦路斯的社会秩序稳定"，"马卡里奥斯已死，国民警卫队已完全控制塞浦路斯局势，抵抗者将格杀勿论。"政变者随即宣布成立"希腊化的塞浦路斯共和国"，[②]桑普森就任总统。实际上，马卡里奥斯在总统卫队保护下逃到帕福斯，并通过一家私营的"自由塞浦路斯广播电台"，号召希腊族人继续抵抗政变者，捍卫塞浦路斯共和国的独立、自由和民主。随后马卡里奥斯乘直升机逃到阿克罗蒂里英国主权军事基地，英国转送其经马耳前往伦敦。

塞浦路斯政变引起国际社会高度关注。土耳其政府强烈谴责政变，宣称塞浦路斯现状不容改变，而希腊军政府否认卷入政变。7月

---

① Mehmet Yuva, *The History of the Partition of Cyprus and President Makarios in Context of International and Arab Relation (1878—1974)*, Ph.D. dissertation, 1997, p.204.

② "Hellenic Republic of Cyprus", see John B. Allcock, *Border and territorial disputes*, Longman Current Affairs, 1992, p.55.

16日，联合国召开安理会紧急会议，苏联要求安理会立即采取措施恢复塞浦路斯合法政府，确保塞浦路斯的独立和统一，而美、英则坚持塞浦路斯局势尚不明朗，"采取行动还为时尚早"，安理会没有通过任何决议。7月19日，在安理会紧急会议上，马卡里奥斯指责希腊军政府"无视塞浦路斯人民的民主权利，无视塞浦路斯共和国的独立和主权，公开侵犯塞浦路斯的独立，希腊军政府已将其独裁之手伸向了塞浦路斯……政变之后，臭名昭著的尼科斯·桑普森被希腊军政府扶植为总统，而部长们则全部是'埃欧卡-B'恐怖组织的支持者和领导人"。①

塞浦路斯军事政变发生后，土耳其总统立即主持召开内阁紧急会议，认为塞浦路斯现状不允改变，不接受"任何既成事实"。土耳其军队处于戒备状态，并不断向土、希两国边界和土南部海岸基地增兵。政变第二天，土耳其建议与英国共同根据英、希、土三国《保证条约》进行干涉，而英国建议通过外交途径解决。土耳其政府要求希腊政府立即解除政变上台的桑普森的总统职务，从塞浦路斯撤出希腊官兵。希腊政府未予回应。1974年7月20日凌晨，土耳其开始实施"和平行动"计划。土耳其军队分别在土耳其人控制的塞北部城市凯里尼亚登陆，同时在尼科西亚与凯里尼亚公路附近的土耳其人控制区实施空降，并轰炸尼科西亚和法马古斯塔地区的希腊族国民警卫队兵营。次日，土耳其军队8 000人登陆塞浦路斯。

土耳其出兵塞浦路斯后，希腊军政府立即宣布全国总动员，并向希、土边境增兵。联合国安理会召开紧急会议，最终通过安理会第353号决议，要求尊重塞浦路斯的独立、主权和领土完整；立即停止一切外国对塞浦路斯的军事干涉；呼吁英、希、土三个保证国立即进行谈判。7月22日，在英、美斡旋和压力下，希、土两国接受联合国决议实施停火，土耳其军队已控制20%的塞浦路斯领土。

希腊国内爆发大规模示威游行，希腊军政府被迫辞职，前首相卡拉曼利斯组成文官政府。同时，桑普森政变当局倒台，由塞浦路斯共和国众议院议长（希腊族人）克莱里季斯接任代总统。7月25日，英、希、土三国外长在日内瓦举行第一轮谈判，在塞浦路斯建立两民

---

①　Panteli, Stavros. *A New History of Cyprus: on the earliest times to the present day,* London and Hague: East-West Publications, 1984, p. 382.

族平等的自治政府问题上陷入僵局。第二轮谈判的焦点仍是建立两个平等的地方自治政府，土耳其方面建议建立联邦制的土耳其族人自治州，希腊族代表克莱里季斯要求给予36小时研究土方建议，土耳其方面严辞拒绝，认为希腊方面是在为希腊向塞浦路斯增兵争取时间。土耳其军队开始实施"阿提拉"计划。

联合国安理会接连通过第354号、第355号和第357号决议，要求交战双方"立即严格遵守停火约定"。8月16日，土耳其军队攻占塞浦路斯西北部重镇莱夫卡和莫尔富后宣布接受停火，至此控制了从塞浦路斯西北部的莱夫卡村，分割首都尼科西亚，向东至港口城市法马古斯塔北部地区，约占塞浦路斯领土的37%。

1974年12月5日，马卡里奥斯从伦敦飞往雅典，与希腊总理卡拉曼利斯会谈，协调解决塞浦路斯问题的立场。12月7日，马卡里奥斯飞抵尼科西亚，向欢迎他的20万希腊族民众发表讲话，宣布对政变者大赦，呼吁希腊人团结起来，希望希腊族和土耳其族团结，致力于解决目前的问题。

土耳其的出兵占领使塞浦路斯希腊族和土耳其族从地域上彻底分开。1975年2月13日，土耳其族成立"塞浦路斯土耳其人邦"。土耳其族领导人登克塔什对媒体解释说，"土耳其族国民议会的这个决定，既不意味着成立了一个新政府，也不意味着建立了一个新国家，它意味着土耳其族自治政府有了一种新的结构，这可能就是未来塞浦路斯联邦的一个邦"，"在两个地理地区的基础上，继续与希腊族统一在一个联邦制度之中"。[1]2月23日，"土耳其族邦"成立了由50人组成的议会，通过公民投票批准实施"土耳其族邦宪法"，登克塔什当选为"土耳其族邦总统"。

塞浦路斯共和国总统马卡里奥斯强烈谴责土耳其族的单方面行动，并要求安理会召开紧急会议讨论塞浦路斯局势。国际社会对土耳其族的单方面行动纷纷表示指责、遗憾或关注。土耳其政府表示尊重土耳其族人的决定，并希望全世界也表示同样的"谅解和尊重"（土耳其总理语）。

---

[1] Stavros Panteli, *A New History of Cyprus: on the earliest times to the present day,* London and Hague: East-West Publications, 1984, pp. 393-394.

🌸 四、塞浦路斯问题谈判进程

1975年4月28日至1976年2月21日，在联合国秘书长瓦尔德海姆的主持下，希、土两族代表在维也纳相继举行了五轮会谈，主要围绕中央政府的权力与功能、领土和难民三个核心问题，因双方分歧太大，没有达成任何实质性协议，两族会谈无限期推迟。

1977年2月12日，在联合国秘书长瓦尔德海姆的参与下，马卡里奥斯与登克塔什两位领导人在尼科西亚举行会谈，双方在互有让步的情况下达成四点框架协议①。在此基础上，1977年3月31日至4月7日，恢复了中断一年的维也纳第六轮两族会谈，但会谈无果而终。8月3日，塞浦路斯总统马卡里奥斯病逝，议长基普里亚努当选总统，继续奉行马卡里奥斯毫不妥协的强硬政策。1978年11月，美国、英国和加拿大共同提出了解决塞浦路斯问题的美英加三国方案，该方案没有得到希腊族和土耳其族的积极响应而被搁置。1979年5月18日—19日，在联合国秘书长瓦尔德海姆的主持下，基普里亚努与登克塔什在尼科西亚举行会谈，尽管双方在关键问题上仍然存在着较大分歧，但双方达成了继续以会谈方式解决塞浦路斯问题的十点协议。②希、土两

---

① 四点框架协议主要内容包括：①在塞浦路斯应建立一个独立的、不结盟的两族联邦共和国；②两族各自管辖的领土将根据土地的经济特点、生产特点和财产情况来确定；③中央政府应确保两族联邦国家的统一；④在讨论行动自由、定居自由和财产自由方面，应考虑到两族联邦制的基本原则和土耳其族的某些实际困难。

② 十点协议具体内容包括：①继续举行两族谈判；②谈判仍以1977年2月12日马卡里奥斯-登克塔什四点协议以及联合国决议为基础；③共和国所有公民的人权和基本自由必须得到保证；④谈判解决所有领土和宪法方面的问题；⑤优先考虑在联合国主持下达成归还（法马古斯塔的）瓦罗莎区的协议，同时开始关于宪法和领土问题的谈判，以便全面解决塞浦路斯问题，关于瓦罗莎区的协议一旦达成应立即生效，无须等待其他问题谈判的结果；⑥双方同意不采取可能阻碍谈判的任何行动，并注重可能促进友好、互信和恢复正常关系的实际措施；⑦设想塞浦路斯非军事化，并讨论有关这方面的所有问题；⑧有效保证塞浦路斯的独立、主权、领土完整和不结盟，反对其他国家吞并塞浦路斯的所有领土或部分领土，反对任何形式的分治；⑨举行两族谈判时中间无须休会期，以避免拖延时间；⑩两族谈判在尼科西亚举行。

民族和国际社会对十点协议表示满意。根据该协议，6月15日，在联合国特别代表的主持下，希腊族代表约安尼季斯与土耳其族代表奥南在尼科西亚恢复了中断两年的谈判。6月22日，双方在瓦罗莎问题上未能达成一致，谈判中断。土耳其族要求希腊族接受双区和安全原则才能恢复谈判，两民族谈判再次陷入僵局而结束。

1980年秋至1981年冬，在联合国秘书长瓦尔德海姆及其特别代表雨果·戈比的积极斡旋，促成两民族会谈，但谈判仍然在以前的僵局中徘徊。塞浦路斯政府积极寻求将塞浦路斯问题国际化，以及不结盟运动、欧洲人权委员会、欧共体，特别是联合国的支持，向土耳其政府和土耳其族施压。1983年4月，塞浦路斯政府要求联合国讨论塞问题，实际上是控诉土耳其没有履行联合国决议，其后联合国通过要求"所有占领军立即撤出塞浦路斯共和国"的决议。

1983年11月15日，土耳其族宣布成立"北塞浦路斯土耳其共和国"（简称"北塞"），土耳其族议会任命登克塔什为"总统"。次日，登克塔什呼吁全世界承认塞浦路斯有两个国家。

塞浦路斯共和国总统基普里亚努表示"决不承认这一既成事实"。[①]塞浦路斯政府关闭了两民族控制区的边界。希腊、美国、英国等国家明确表示反对土耳其族的独立决定并且不予承认"北塞"。唯土耳其政府立即给予承认。1983年11月18日，应塞浦路斯政府、希腊和英国的要求，联合国安理会召开紧急会议，通过安理会第541号决议，要求土耳其族当局撤销独立决定，号召所有成员国拒绝承认"北塞浦路斯土耳其共和国"。欧共体、不结盟国家均拒绝承认"北塞"的独立地位。

1984年1月11日，塞浦路斯总统基普里亚努向联合国秘书长德奎利亚尔提交了一份全面解决塞浦路斯问题的五点建议，其前提是土耳其族必须收回独立声明，登克塔什拒绝接受。1984年9月10日至1985年1月20日，联合国秘书长德奎利亚尔作为中间人，在联合国总部主持基普里亚努与登克塔什的三轮"间接会谈"，但仍然没有取得任何进展。11月22日，美国总统里根致信土耳其总统埃夫伦将军，要求土耳其政府从速解决塞浦路斯问题。在土耳其政府的施压下，11月30日，

---

① C.H. Dodd, *The Cyprus Imbroglio*, The Eothen Press, England, 1998, p. 127.

登克塔什宣布完全接受联合国秘书长德奎利亚尔的新建议，准备在领土方面做出重大让步，即从现在所控制的37%减少到29%；放弃轮流担任联邦国家总统的要求；同意内阁部长按7：3的比例组成，放弃先前提出的对等原则。同时，土耳其族同意分三个阶段将瓦罗莎和另外六个地区交由联合国暂时管理，以便让希腊族难民重返定居；土耳其族人副总统的否决权仅限制在与土耳其族直接相关的事宜上。另外，登克塔什还建议采取对等措施，土耳其也愿让出与之比邻的3%的领土，以便在联合国驻塞维和部队驻扎的"绿线"区域建立一个两民族共管的双族区。

联合国秘书长德奎利亚尔对两民族达成和平协议表现出从未有过的乐观，在复会时告诫基普里努和登克塔什："如果你们决心达成一项协议，现在就是唯一的一次机会。假如丧失这次机会，我相信机会是不可能再有了。"[1]基普里亚努和登克塔什对秘书长的协议草案产生了不同理解，登克塔什建议双方立即在协议草案上签字，而基普里亚努则认为，对于协议中所包含的土耳其撤军、三项基本自由、保证国和希腊族难民返回家园四大问题，需要举行高级别会谈，进一步对这些问题达成一致意见后方可签署协议。1985年1月20日，双方未能达成共识，历时4个月的两民族高级别"间接会谈"结束。1986年3月联合国秘书长又提出了修改后的框架性协议草案，但双方分歧仍难弥合，谈判终止。

"间接会谈"失败后，1985年3月12日，土耳其族议会通过"北塞"独立"宪法"。6月9日，土耳其族举行宣布独立以来的首次"总统"大选，登克塔什当选"北塞"首任"总统"。

❀ 五、塞浦路斯问题的新变化

80年代末国际形势出现缓和，希、土两国关系也趋向缓和，为两民族恢复和谈起到了积极推动作用。1988年2月，塞浦路斯总统瓦西里乌表示，愿与土耳其族领导人登克塔什无条件会谈，瓦西里乌还先后访问希腊、英国、美国、法国、加拿大、西德、比利时、芬兰、卢森堡和梵蒂冈等国家，寻求国际社会对塞浦路斯和谈的支持。

---

① 　C.H. Dodd, *The Cyprus Imbroglio,* The Eothen Press, 1998, p.132.

　　1988年8月，在联合国秘书长德奎利亚尔的斡旋下，两民族领导人恢复中断三年多的直接会谈。经过历时近一年的三轮谈判，双方在未来国体、政府结构、议会席位分配、国际保证、土耳其撤军、两民族居民的行动自由、定居自由和财产自由等所有重大问题上，不仅没有取得任何进展，反而随着时间推移衍生出许多新问题。希腊族在要求土耳其撤军的同时，还要求撤出自1974年以来移居土耳其族区的土耳其移民，而且对移民人数也各执一词。8月下旬，土耳其族议会通过一项决议，首次提出要求希腊族方面和国际社会承认"北塞"地位。在此后的所有和谈中，承认"北塞"地位问题也就成了两民族漫漫和谈道路上的另一大障碍。

　　在两民族和谈陷入僵局之际，两民族内部各政党对谈判也在施加影响。在土耳其族内部，土耳其族社解放党和土耳其族共和党，尖锐抨击登克塔什及其领导的民族团结党对和谈的消极态度，发起声势浩大的签名运动，支持两民族和谈，建立两民族双区联邦制统一国家。在希腊族内部，前总统基普里亚努领导的民主党、现议长里萨利迪斯领导的社会党以及教会力量，坚决反对举行无条件谈判，要求把土耳其撤出军队及移民、国际保证和公民三个基本自由作为和谈的先决条件，认为目前的谈判不可能解决塞浦路斯问题，希腊族社会党甚至主张制造危机来引起国际社会的关注，以此促进塞问题的解决。

　　1990年7月4日，塞浦路斯政府正式申请加入欧共体，立即在土耳其族和土耳其引起强烈反响。土耳其认为，没有得到"北塞"同意，塞浦路斯政府的申请"在法律上和政治上都是无效的"，在塞分治情况下，塞浦路斯政府无权代表整个塞浦路斯申请加入欧共体。7月20日，土耳其做出更强烈反应，驻"北塞"土耳其军队在土耳其出兵塞浦路斯16周年之际，在绵延180千米的"绿线"附近举行大规模军事演习。希腊族方面也不甘示弱，10月30日，为庆祝塞浦路斯共和国独立30周年，举行了盛大阅兵式，几年来从法国等国家购进的新型坦克、大炮和反坦克火箭等军事装备，浩浩荡荡地通过尼科西亚市主要大街。同日，土耳其族一侧举行大规模阅兵。两民族领导人互相指责对方企图使用武力和以武力相威胁。

　　为缓和两民族紧张关系，1992年加利接任联合国秘书长后，在希腊、土耳其、希腊族和土耳其族两国四方之间穿梭访问，在德奎利亚尔方案的基础上提出全面解决塞浦路斯问题的"整套设想",内容涉及总体目标、指导原则、宪政安排、领土调整、难民安置、经济发展以及过渡时期的安排等问题共101条款。1992年6月至11月,加利主持两民族领导人瓦西里乌与登克塔什在纽约举行间接会谈,会谈期间,联合国安理会相继通过第750号、第774号和第789号决议,支持秘书长的斡旋努力。由于双方分歧太大,谈判陷入僵局。12月12日—13日,欧共体卢森堡会议开始讨论塞浦路斯加入欧共体的谈判,两民族在"整套设想"基础上的谈判彻底失败。

在美国的支持下,经加利秘书长斡旋,1993年3月,克莱里季斯总统与土耳其族领导人登克塔什在纽约会谈,谈判确定布什总统提出的"建立互信措施"。5月24日,两人直接会谈,集中讨论"建立互信措施"中的两个关键问题:瓦罗莎重新定居和重新开放自1974年关闭的尼科西亚国际机场。由于双方缺乏诚意而又不愿承担拒绝的后果,在谈判中不断提出新问题,到1994年年底仍未达成任何实质性协议,谈判终止。

✿ 六、冷战后的两民族对抗

冷战结束后,和平与发展成为时代主题,但地区动荡不断加剧。塞浦路斯政府希望尽快解决国家统一问题,在希腊政府的支持下,塞浦路斯政府加快了加入欧盟进程。但土耳其族不承认仅由希腊族人控制的塞浦路斯政府代表整个塞浦路斯,要求在塞加入欧盟之前,必须先解决塞问题。土耳其族还根据《苏黎世-伦敦协定》,认为只有土耳其成为欧盟正式成员国后,塞浦路斯才能申请加入欧盟。塞浦路斯政府根据与欧盟相关协定,要求欧盟禁止直接进口"北塞"产品,对本来就不景气的"北塞"经济打击巨大,两民族矛盾进一步激化。1996年8月,希腊族示威者冲击"绿线"缓冲区,导致两民族发生冲突。希腊总理和土耳其总理先后抵塞,分别对希腊族和土耳其族表示支持声援。10月,希腊和希腊族、土耳其和土耳其族分别举行大规模联合军事演习,希、土两国均派战机飞临塞领空进行投弹和轰炸等实战演习。

1997年1月4日,塞浦路斯政府与俄罗斯达成购置价值达6亿美元的俄制S-300地对空导弹合同,引发"导弹风波"。土耳其政府反应强烈，认为塞浦路斯政府此举直接威胁到土耳其国家安全。在美国斡旋并得到俄罗斯承诺16个月内不会交付部署导弹的保证后，希、土双方紧张关系才有所缓和。但"北塞"与土耳其高层互访频繁，签订了一系列政治、经济、军事合作协议，土耳其不仅声称继续坚定支持和保证"北塞"安全，而且提出塞浦路斯和土耳其必须同时加入欧盟，否则将加速推进"北塞"与土耳其一体化进程。

在美国总统特使理查德·霍尔布鲁克、联合国和欧盟积极斡旋下，1997年7月9日—12日，联合国秘书长主持希、土两民族领导人在纽约举行直接会谈，讨论未来塞浦路斯宪法问题和由联合国秘书长提出的《联合声明草案》。当土耳其族获知欧盟已决定无论两民族能否达成协议，欧盟都将开启塞入盟谈判，且在2000年入盟候选国中没有土耳其时，登克塔什立即退出谈判。在联合国和美、英的斡旋下，1997年8月11日，克莱里季斯和登克塔什在瑞士的格林举行第二轮会谈，没有签署任何协议。土耳其政府认为，推动塞问题取得进展的唯一方式是承认塞有两个国家，而且认为国际社会承认与否并不重要，重要的是塞"两国"相互承认，然后开始逐渐向联邦方向发展。土耳其族还与土耳其政府达成共识：国际社会不承认"北塞"，"北塞"就不再参加联合国主持的任何会谈。

七、安南统一方案

1999年12月，在联合国秘书长安南建议下，塞浦路斯总统、希腊族领导人克莱里季斯、土耳其族领导人登克塔什，在纽约举行首轮"近距离间接谈判"。2000年2月，双方在日内瓦再次谈判。此后，双方又举行了三次间接谈判，就塞浦路斯的权力分配、安全保障、领土和财产等问题交换意见。同年11月，间接谈判因登克塔什退出而中断。登克塔什坚持认为，"北塞"必须得到国际社会承认。

2002年1月，在联合国的斡旋下，两民族领导人开始直接谈判，至8月27日，双方共举行六轮直接会谈，均因分歧严重未能取得任何实质性进展。11月，联合国秘书长安南建议仿照瑞士联邦模式，提议建立由"希腊族州"和"土耳其族州"平等组成的"共同国家"政府。土耳其族拒绝接受。

2003年3月，应联合国秘书长安南邀请，塞总统帕帕佐普洛斯与土耳其族领导人登克塔什在海牙举行三方会谈，讨论由安南制定的塞浦路斯统一方案。安南统一方案的基本内容是：建立一个松散的联邦制塞浦路斯联邦共和国；土耳其族将所控制领土由37%减少为30%；近一半希腊族难民返回北部土耳其族控制区，给希腊族人总计300亿美元补偿；土耳其驻扎在"北塞"的3.5万人的军队逐渐减少至《苏黎世-伦敦协定》所规定的650人；两民族在政治上平等，内部事务自治。由于两民族在领土和移民等问题上分歧太大，会谈失败。

土耳其政府对两民族和解态度积极。2003年3月，刚刚就任的土耳其总理埃尔多安，为寻求改善与欧盟关系，推进土耳其加入欧盟进程，表示如果联合国在土耳其加入欧盟问题上发挥作用，土耳其愿意考虑尽快实现塞浦路斯统一问题。同时，随着欧盟决定于2004年5月1日将正式接纳塞浦路斯共和国为欧盟正式成员国，欧盟也希望希腊族和土耳其族能够通过实质性谈判解决塞问题，塞作为一个整体加入欧盟，支持联合国继续进行调解。在此背景下，2004年2月，安南再次邀请帕帕佐普洛斯和登克塔什，以安南统一方案为基础，在尼科西亚开始新一轮谈判，双方对安南统一方案提出了60多处修改意见，但仍未达成协议。

为了表明国际社会对塞浦路斯统一的支持，联合国安理会对安南统一方案进行表决，俄罗斯一票否决，安理会未能通过支持塞浦路斯统一方案的决议。但俄罗斯表示将接受塞浦路斯公投结果。2004年4月24日，在联合国的主持下，希腊族和土耳其族分别对安南统一方案进行公民投票，参加投票的土耳其人有64.91%支持安南统一方案，而参加投票的希腊人有75.83%反对该方案。安南统一方案遭希腊族否决。联合国秘书长安南表示尊重塞公投结果。塞浦路斯丧失了一次统一良机，国际社会无不感到遗憾。

公投结果使塞浦路斯政府备受指责，无形中给"北塞"的国际孤立解冻带来机遇。4月26日，欧盟外长卢森堡会议决定，将尽快解除对"北塞"的经济制裁，并向"北塞"提供2.6亿欧元的经济援助，取消"北塞"销往欧盟的水果和蔬菜的所有关税。5月，欧盟在"北塞"设立办事处。另外，美国也考虑取消对北塞的贸易制裁。

2008年2月，塞浦路斯劳动人民进步党主席赫里斯托菲亚斯当选总统后，立即请求联合国安排他与土耳其族领导人塔拉特会谈。3月

21日，赫里斯托菲亚斯与塔拉特在联合国秘书长驻塞特别代表默勒的官邸举行了3个多小时的会谈，两民族领导人同意尽快成立多个工作小组和技术委员会，为在3个月后进行实质性谈判做准备，双方还一致同意打通位于首都尼科西亚老城区中心地带的德拉步行街，以便于两民族交往，增进互信。7月25日，赫里斯托菲亚斯与塔拉特在尼科西亚会谈，双方同意9月3日就未来南北重新统一开启全面和平谈判，建立安全热线电话，以便直接交流，并通过了在环境、文化保护、危机处理、刑事等领域合作的16项措施。2010年1月11日，在联合国主持下，赫里斯托菲亚斯和塔拉特举行会谈，涉及政府治理、权力分配、被迫离开家园人员的财产问题，以及经济一体化、共同融入欧盟等问题，但双方分歧太大，谈判没有取得实质性进展。

2011年7月，在联合国的主持下，两民族代表在日内瓦举行密集会谈，会谈次数达19次之多，在经济、欧盟事务和安全方面取得重要进展，但在治理、财产、领土和公民身份等重要问题上进展缓慢。2014年2月11日，塞总统阿纳斯塔夏季斯与土耳其族领导人埃尔奥卢在两民族缓冲区会谈80分钟，共同发表联合声明。但10月土耳其向有争议的塞浦路斯附近海域派出"巴尔巴罗斯"号考察船，塞浦路斯政府随后宣布暂停塞问题谈判。

2015年5月28日，在联合国秘书长塞问题特别顾问埃斯彭·艾德主持下，塞总统阿纳斯塔夏季斯与土耳其族领导人阿肯哲在尼科西亚的联合国缓冲区内会谈，双方一致同意在塞南北之间现有关口的基础上再增开两个关口，并就电网和电信网络融合着手向相关专家征求意见。此外，阿纳斯塔夏季斯此前还向阿肯哲提供了1974年冲突期间塞军队在塞北部山区埋设的28处雷区标示。2015年5月16日开始，塞公民前往塞北部将不再需要所谓的"签证"。2016年12月1日，埃斯彭·艾德邀请两民族领导人共进晚餐，促进继续谈判。2017年6月28日，埃斯彭·艾德主持召开由塞总统阿纳斯塔夏季斯与土耳其族领导人阿肯哲，土耳其、希腊两国外长，以及英国和欧盟代表出席的国际会议，促进两民族领导人开启新一轮和谈，其间联合国秘书长古特雷斯两次莅临会议，为尽早结束塞分裂状态"助阵"。7月7日凌晨，会议在瑞士克朗－蒙大拿宣告结束，历经9天的和谈未能达成结束塞分裂状态的框架协议，双方的最大分歧是安全和保证国问题。联合国秘书长古特雷斯对此表示失望和遗憾。其后，在联合国的斡旋和主持下，两民族会谈时断时续，但均未取得实质性进展，塞统一进程任重道远。

第三章　政治

　　《苏黎世-伦敦协定》是塞浦路斯共和国宪法的基础，共和国宪法反映了该协定的基本要求。塞浦路斯共和国宪法规定，国家实行三权分立制。总统和部长委员会行使行政权；共和国最高法院享有司法权；共和国议会享有立法权。塞浦路斯共和国议会四度修宪，但国体始终未变。

　　塞浦路斯政治的突出特点是民族分权，宪法第1条规定："总统由希腊人担任，副总统由土耳其人担任。"政府各部门的正、副职不得属于同一族社。[①]宪法第86条规定，在众议院下，"希腊族和土耳其族分别从各自的成员中选出族社议会，享有本宪法明文规定的保留给族社议会的权力"。[②]塞浦路斯共和国实行的是行政、立法、司法三权分立，尽管三权之间的相互监督并不明显，但希土两民族权力的相互制衡却非常突出。如宪法第49条规定，土耳其族人副总统有权否决众议院通过的有关外交、国防或治安的决议。[③]"武装部队、宪兵和警察的首脑和副首脑应由共和国总统和副总统一致同意予以任命。上述首脑之一应为土耳其人；如果一个首脑为其中一个民族，则相应副首脑应

---

　①　姜士林，陈玮主编：《世界宪法大全》，中国广播电视出版社1989年版，第368-369页。

　②　姜士林，陈玮主编：《世界宪法大全》，中国广播电视出版社1989年版，第365页。

　③　姜士林，陈玮主编：《世界宪法大全》，中国广播电视出版社1989年版，第360页。

为另一个民族。"①

第一节　　国家标志

一、国旗

　　1960年8月16日，塞浦路斯共和国成立，确定了共和国国旗，并确定10月1日为独立纪念日。国旗为白底，中间为橘色的塞浦路斯领土外型，黄色代表塞浦路斯的主要矿产铜矿，绿色橄榄枝代表着塞浦路斯向往和平。共和国宪法第4款说明了对国旗的尊重：塞浦路斯共和国应该拥有自己的国旗，由共和国总统和副总统联合选定中性的设计和颜色。共和国政府或按照共和国法律建立的任何市政机关或公共团体，必须维护共和国国旗，在节假日有权升挂国旗，同时升挂希腊族旗帜和土耳其族旗帜。族裔当局有权在节假日升挂共和国国旗和同时升挂希腊族旗帜或土耳其族旗帜。共和国任何公民，或成员为共和国公民的法人或非法人团体，有权在自己的场所不受任何限制地升挂共和国国旗或希腊族旗帜或土耳其族旗帜。

---

①　《关于塞浦路斯的文件（伦敦协定）——塞浦路斯共和国的基本结构》第十三条，转引自中国外交部国际问题研究所和西亚北非司合编：《塞浦路斯问题重要文件、资料汇编》（内部文件），1974年10月，第21页。

❖ 二、国徽

塞浦路斯共和国的国徽是一枚金色盾形纹徽，盾面上是一只衔着橄榄枝的白鸽，盾形的金黄色代表着与塞浦路斯古老历史直接联系的铜，下方是塞浦路斯独立的年份1960，盾徽周围是由两束绿色橄榄枝组成的花环，与白鸽共同表达了对和平的期待。

❖ 三、国歌

1966年11月16日，塞浦路斯共和国部长委员会会议决定，塞浦路斯共和国国歌采用希腊王国国歌——《自由颂》。

❖ 四、国花

塞浦路斯国花是塞浦路斯仙客来（Cyprus cyclamen）。塞浦路斯仙客来是仙客来的23个品种之一，是颇具塞浦路斯地方特色的花卉。塞浦路斯仙客来是多年生的块茎状草本植物，可生长高达7~15厘米。花瓣肉质丰厚，呈心形，边缘呈齿状，叶柄长。花瓣下方呈深紫色或紫红色。花朵单生，下垂，生长在长长的花梗上，五瓣，颜色为白色或浅桃红色，花瓣上有"M"形的洋红斑点。此花秋季开花，先开花后长叶，开花后花梗从上向下卷曲，每个花梗上生长出一个蒴果。塞浦路斯仙客来一般生长在海拔50~1 200米布满石灰质或火成岩的山坡，或溪流沿岸的树林和灌木丛下，花季从9月开至次年1月，有时也延至3月。塞浦路斯仙客来是塞浦路斯发现的3种仙客来属种中唯一一种地方属种，其他两种是波斯仙客来和希腊仙客来。塞浦路斯仙客来在塞浦路斯的许多地方均有生长，但在美索利亚平原未曾发现。

第二节　　宪法

1960年宪法是塞浦路斯共和国的第一部宪法。该宪法体现了《苏黎世-伦敦协定》的基本内容，构成了塞浦路斯共和国的法律基础。该宪法共13章199条，还有3个附件。宪法规定，塞浦路斯共和国为总统制；总统由希腊族人担任，副总统由土耳其族人担任，总统和副总统分别由希腊族和土耳其族通过选举产生；副总统对外交、国防以及财政事务享有否决权，其他一切事务由部长委员会的多数票决定。规定设立10名部长，希腊族占7名，土耳其族占3名，分别由正、副总统任命。塞浦路斯共和国的全部公职人员由希腊族和土耳其族按7：3的比例分配。设众议院，其议员有50名，其中希腊族35名，土耳其族15名，由希腊族和土耳其族分别选举产生；众议院下设两个民族院，分别处理希腊族和土耳其族的宗教、教育、文化和其他民族事务。在5个主要城镇分别设立希腊族和土耳其族的单独市政机构。在警察、宪兵和最终建立的塞浦路斯军队中，希腊族和土耳其族的比例是6：4。另外还规定设立一个由希腊族和土耳其族各占一半的高等法院。

　　1963年年底两民族爆发冲突，土耳其族人部长、议员和国家公务人员退出其职位后，只要满足法定的人数，众议院和部长委员会继续运行，但最高宪法法院、高等法院和地方法院均因上耳其族法官缺席而不能开庭。在此背景下，共和国政府制定《1964年司法行政法》，以保证法律和秩序的正常运转。1965年12月，取消了希腊族社议会，设立了教育部。1967年颁布《公共服务法》，根据该法律，成立了新的公共服务委员会，由总统任命的5位成员组成，行使公共服务委员会的职能。1974年土耳其出兵塞浦路斯后，塞浦路斯社会政治情况发生巨大变化，共和国议会适时四度修改宪法。1985年宪法修正案规定，众议院议员总数增至80名，希腊族56名，土耳其族24名，任期五年。马龙派和亚美尼亚人及拉丁人三个少数民族也选出代表出席议会会议，但不是正式议员，没有审议权。塞议会议席按比例制分配。全国各地在同一天进行直接投票，普选产生议会。议会选举工作由内政部组织实施，内政部常务秘书长担任总监票人。1989年宪法修正案对第111条关于婚姻制度的规定进行修改。1996年宪法修正案，将宪法第63条关于公民选举最低年龄从21周岁修改至18周岁，对宪法第66条第2款关于议会出现空缺时须进行补选的规定进行修改。2002年宪法修正案，对宪法第47条、第118条、第119条进行修改，以确保中央银行的独立性。

第三节   政党

❧ 一、希腊人政党

1.民主大会党

民主大会党是希腊族的一个保守的民主性质的政党，1976年7月4日在原"统一党"的基础上建立。1981年议会选举中，获35个议席中的12席，为议会第二大党。1985年议会选举中，获议会56个议席中的19席，跃升为议会第一大党。1996年议会选举中，获20个席位，仍保持第一大党地位。2001年和2006年议会选举中，分别获得19个议席和18个议席，连续两届保持第二大党地位。2011年和2016年议会选举中，分别获得20个议席和18个议席，连续两届保持第一大党地位。该党约有党员1万人，多为银行家、工商企业家、律师、医生和高级职员等。该党对内主张保持塞浦路斯的希腊传统和特点，发展资产阶级民主，尊重人权；发展农业和福利事业，通过发展经济提高人民生活水平。对外奉行亲西方政策，支持与希腊密切合作，支持塞浦路斯加入欧盟并大力发展同欧盟在政治、经济和文化等方面的关系。在塞浦路斯问题上要求土耳其撤军，倡导在欧盟和国际社会积极参与下，在欧盟准则、两民族双区联邦制的框架内，通过两民族谈判和对土耳其人做出一定妥协，和平解决塞浦路斯问题。

2.劳动人民进步党

劳动人民进步党是一个共产主义性质的政党，简称为"劳进党"其前身为成立于1926年8月15日的塞浦路斯共产党，斯盖利亚斯任总书记。1931年得到共产国际的承认，1933年英国殖民当局宣布该党非法，28名主要领导人被捕判刑，党组织陷于瘫痪状态。1937年塞尔瓦斯重建塞浦路斯共产党。1941年塞尔瓦斯另建劳动人民进步党，与塞浦路斯共产党同时存在。1944年塞共与劳动人民进步党合并成为"塞浦路斯劳动人民进步党"。1945年8月召开劳进党四大，塞尔瓦斯因坚持"意诺西斯"立场被开除出劳进党党中央。1954年召开劳进党八大，同各进步团体组成民族解放阵线，并与马卡里奥斯大主教建立统一战线。1955年11月，英国殖民当局宣布取缔劳进党，该党遂转入地下活动。1960年塞浦路斯共和国成立后，劳进党恢复合法地位，并在众议院获得5个席位。1974年7月15日，希腊军政府策划军事政变，随即土耳其出兵塞浦路斯，劳进党陷入瘫痪。希腊军政府扶植的桑普森政权登台后，劳进党恢复正常活动。1989年苏联和东欧剧变后，劳进党改组中央委员会，坚持社会主义道路。1996年5月，该党在议会选举中获得19个席位，成为议会第二大党。

劳进党对内主张建立有各政党参加的民族团结政府，实现和平与稳定，确保人民的民主自由权利。在塞浦路斯问题上谴责土耳其出兵，要求外国军队撤出塞浦路斯，使塞岛实现非军事化。主张建立独立、统一、领土完整和不结盟的国家，支持在两民族首脑会晤和联合国有关决议的基础上召开国际会议，并进行两民族对话，公正和平地解决塞浦路斯问题。对外强调维护世界和平，防止战争。支持塞浦路斯加入欧盟，但前提是加入欧盟有助于实现塞浦路斯的统一。

劳进党曾与苏联共产党关系密切。20世纪50年代，劳进党曾与中国共产党友好交往，60年代关系中断。1987年3月，劳进党与中国共产党恢复关系，两党交往不断深化。

劳进党在2001年议会选举中获得20个议席，为议会第一大党，劳进党总书记德米特里斯·赫里斯托菲亚斯被推选为新一届议会议长。2006年获得议会18个议席，仍然保持第一大党地位。2008年2月，赫里斯托菲亚斯当选塞浦路斯共和国第六位总统，这是自塞浦路斯1960年独立以来，劳进党领袖首次当选共和国总统，劳进党成为执政党。2011年获得议会19个议席，2016年获得16个议席，均为第二大党。

3.民主党

民主党是希腊族的一个持"中间道路"态度的政党。1976年5月20日成立民主阵线，同年7月11日改名为民主党，是总统马卡里奥斯大主教为参加1976年议会选举，委派当时外交部部长基普里亚努组建的。同年9月，该党与劳动人民进步党和社会党合作，组成"人民阵线"。该阵线在议会选举中获35个议席中的21席。1977年8月马卡里奥斯逝世后，基普里亚努继任总统，民主党成为执政党直至1988年2月。1980年5月，"人民阵线"解体，同年10月，民主党发生分裂，该党副主席利迪斯另组"新民主阵线"。1981年议会选举中，民主党在35个议席中获8席，居议会第三大党。1985年12月议会选举中，获议会56个议席中的6席，跃居第二大党。1993年曾与民主大会党组成联合政府。1996年、2001年、2011年和2016年的议会选举中，分别获得10席、9席、11席和9席，均保持第三大党地位。

民主党约有党员8 000人，成员多为中小企业主、职员、自由职业者和富裕农民等。民主党的基本目标是实现国家统一和完全独立，争取国家的进步和经济发展。主张维护塞浦路斯的独立、主权、领土完整、统一和不结盟，支持塞浦路斯加入欧盟，主张加强国防，坚持土耳其从塞浦路斯撤军，根据联合国决议寻求解决塞浦路斯问题的办法。

4.社会民主运动党

社会民主运动党是希腊族的具有民族主义和社会民主性质的政党，其前身是1969年2月由瓦索斯·利萨里迪斯①成立的联合民主中间联盟，该党最初具有第三世界强烈反对帝国主义，特别是反对英国殖民统治的性质。其成员多来自希腊重建委员会和1964年希、土两民族冲突时期的利萨里迪斯武装成员。该党的名称受到了希腊总理帕潘德里欧于1961年创建的中间联盟的启发，定位为"中间的空间"（既不"左"也不"右"）。该党反对希腊右翼独裁军人政权。1974年7月15日发生的针对马卡里奥斯总统的军事政变中，该党许多成员参加了抵抗政变的斗争。

该党在1970年议会选举中获35个议席中的2席。1976年选举中获得4席，在民主党和劳进党的支持下，该党领袖瓦索斯·利萨里迪斯当选议长。1976年参加社会党国际，为社会党国际正式成员。在1981年议会选举中获35个席位中的3席，居议会第四位。1985年、1991年、1996年、2001年、2006年、2011年和2016年议会选举中，分别获56个议会席位中的6席、7席、5席、4席、5席、5席、3席，均居议会第四大党。

社会民主运动党对内主张机会均等、消灭人剥削人的制度，在人民控制生产资料和资源的基础上建设社会主义；对外反对美国和北约

---

① 瓦索斯·利萨里迪斯，1920年生于莱夫卡地区的一个村庄，在著名的泛塞浦路斯学校接受过教育，后在希腊的雅典大学学习医学，曾任马卡里奥斯三世大主教的私人医生，是塞浦路斯独立时期最重要的政治家之一。1969年至2001年担任社会民主运动领袖。

对塞浦路斯的控制，主张积极发展与不结盟国家、社会主义国家和阿拉伯国家的关系。该党的目标是促进民族和社会发展，加速迈向21世纪的政策改革；团结各方力量，成为第三大党。该党曾于1998年参政，1999年由于克莱里季斯总统决定不在塞南部部署俄制防空导弹而退出政府。20世纪90年代末，该党与几个小党派谈判合并，计划在共产主义性质的劳进党和保守的民主大会党之间形成中间派政党。2000年2月，该党与两个复兴运动和独立人士团体合并，更名为"社会民主运动"，其目的是让该党在价值观和外表上更接近欧洲的社会民主党派。然而，在合并了仅仅两个月后，复兴运动的成员因对老社会民主运动成员"缺乏信任"而离开。因此，新合并成立的社会民主运动的成员主要还是民主中间联盟的成员。2004年，社会民主运动强烈反对联合国秘书长提出的塞浦路斯统一方案。2008年，该党支持劳进党总书记德米特里斯·赫里斯托菲亚斯竞选总统。2010年2月，该党因与德米特里斯·赫里斯托菲亚斯总统在解决塞浦路斯问题上存在分歧，而离开与劳进党组成的联合政府。2011年，该党在议会选举中获得5席，其领袖扬纳基斯·奥米罗[①]当选共和国众议院议长。现有党员约3 000人。

5.公民联盟

公民联盟是希腊族的一个民族保守主义政党，2013年4月28日建立，其宗旨是实现塞浦路斯共和国的统一，反对建立一个希腊族和土耳其族联邦制的国家。该党反对政府实施紧缩计划，反对国有资产私有化。在2016年议会选举中获得3个席位。

6.团结运动

团结运动是希腊族的一个保守民族主义政党。2015年11月，民主大会党成员埃莉妮·塞奥赫鲁斯反对双区联邦制解决塞浦路斯问题方案，脱离民主大会党，于2016年1月15日建立团结运动，同年3月原欧洲党的右翼并入团结运动。[②]2016年议会选举中获得3个席位。

---

① 扬纳基斯·奥米罗，希腊族政治家，1951年9月18日出生于帕福斯，在雅典国立卡波蒂斯坦大学学习法律。2001年1月至2015年1月期间担任社会民主运动领袖。2011年至2016年期间担任共和国众议院议长。

② Andria Kades. "EVROKO to merge with Theocharous' Solidarity movement (Update)", *Cyprus Mail*, Retrieved 11 May 2016.

7.生态主义者运动和公民合作

生态主义者运动和公民合作是希腊族的一个倡导保护生态环境的政党，1996年创建时名为生态和环境运动（Ecological and Environmental Movement），同年议会选举中获得1个席位。2016年议会选举中获得2个席位，同年更名为生态主义者运动和公民合作。

8.全国人民阵线

全国人民阵线是希腊族的一个民族主义极右政党，2008年建立。其意识形态是"大众和社会民族主义"，促进希腊民族主义，反对欧洲一体化。2010年12月28日，该阵线发起组织反对土耳其人和移民的游行。①2011年5月被批准为合法政党。在2016年议会选举中获得2个席位。

二、土耳其族政党

1.民族团结党

土耳其族的民族主义和保守主义政党，1975年10月11日由拉乌夫·登克塔什创建。在2009年4月19日举行的"北塞"议会选举中，该党赢得44.07%的选票，获得50个席位中的26席。民族团结党主张加强与土耳其的关系，支持"北塞浦路斯土耳其共和国"事实上的独立，反对与国际社会认可的塞浦路斯共和国重新实现统一。

2.共和土耳其族党

土耳其族的社会民主政党，由律师艾哈迈德·米特哈特·贝尔贝奥卢为反对土耳其族领导人库楚克和登克塔什于1970年12月建立。20世纪80年代，随着在土耳其各大学受到土耳其政治熏陶的大学生大量回岛后加入该党，该党的政治立场转向"左翼"，持亲苏立场。在厄兹凯·尔戈兹（1976—1996年任主席）领导下，该党开始参加与希腊人左派政党的和解会议。东欧剧变和苏联解体后，该党的政治立场倾向于欧洲的社会民主和自由制度。1996年，穆罕默德·阿里·塔拉特任该党领袖，2003年议会选举中赢得超过35%的选票，获得议会50个席位中的19个。2005年1月20日议会选举中，该党赢得44.5%的选票，获得50席中的24席，从而成为议会第一大党。2009年4月19日

---

① Antifascist Initiative, Press release condemning the Hate March at Larnaca, KISA, Retrieved 2011-05-16.

"北塞"议会选举中，该党只赢得29.15%的选票，获取15个席位。

3.人民党

土耳其族的"中间道路"政党，2016年1月6日成立。该党的意识形态是反对腐败，持第三条道路、中间主义和平民主义。2018年首次参加议会选举。该党与土耳其族其他政党不同，它没有妇女部和青年部，而是把妇女和青年直接纳入其管理之中。另外，该党也没有地方分支机构和地方分支负责人。该党还禁止议员变换政党和其他政党的领袖或秘书长加入该党。该党声称，"北塞"问题并非源于意识形态，而是源于治理能力的退化。该党支持两个国家原则，认为良好的治理包括消除党派分歧、根除腐败、最大限度的透明和社会公正、国家保护弱势群体[①]。

4.族社民主党

土耳其族的社会民主政党，其意识形态是社会民主、塞浦路斯统一和塞浦路斯主义。该党持中间偏左立场。2007年5月，"和平与民主运动"与族社解放党合并，成立族社民主党。2009年首次参加议会选举，赢得6.87%的选票，获得2个席位。2013年议会选举中，赢得7.41%的选票，获得3个席位。2015年11月，该党成为社会党国际咨询成员。2018年议会选举中，该党赢得8.6%的选票，获得3个席位，在议会中居第四大党。

5.民主党

土耳其族的中间偏右的保守政党，1992年由民族团结党右翼分裂出来的议员建立。1993年5月，该党与代表定居"北塞"的土耳其人利益的新黎明党合并。民主党奉行保守主义、土耳其族民族主义和两个国家解决方案的理念。2003年、2005年、2009年议会选举中，分别获得7席、6席、5席，在议会中均位居第三。2013年，8位议员脱离民族团结党，加入民主党。因此，该党更名为民主党-国民阵线。2013年议会选举中，该党赢得23.2%的选票，获得12席，成为议会第二大党。2014年，4位议员脱离该党，且有3位加盟民族团结党。2015年7月，该党成为共和土耳其民族党-民族团结党联合政府的主要反对党。2018年议会选举中，该党仅获得3席，在议会中排位降至第五。

① Özersay, "Halkın Partisi'ni tanıttı", *Kıbrıs*, 6 January 2016. Retrieved 13 January 2016.

6.复兴党

土耳其族的保守主义政党，建立于2016年10月7日。该党奉行土耳其族民族主义、保守主义和两个国家解决方案。2018年议会选举中，赢得7%的选票，获得2个席位。

7.自由改革党

土耳其族的中间偏左的社会自由政党，由民族团结党和民主党的4位成员于2006年成立。在2009年4月18日的议会选举中，该党赢得6.2%的选票，获得2席。

第四节　众议院

根据塞浦路斯共和国1960年宪法第4章《众议院》第61条规定，除本宪法明确规定保留给族社议会的事项外，共和国对所有事项的立法权由众议院行使。众议院议员为50人，其中希腊族35人，土耳其族15人。参选议员的条件是年满25周岁以上、无不良犯罪记录且无严重疾病、享有候选人资格的共和国公民。众议院每届任期5年。众议院只有根据本院绝对多数通过的决议方可解散，上述绝对多数应包括至少1/3的土耳其族议员。众议院议员不得兼任部长、族社议会议员、市长和市政议会议员、共和国武装部队或保安部队的职务，也不得兼任公共职务或市政职务。土耳其族社选出的众议员不得兼任宗教职务。众议院议长应为希腊族，由希腊族社选出的议员选举产生；副议长为土耳其族，由土耳其族社选出的议员选举产生。议长和副议长的任期与众议院的届期相同。

众议院下设议长和副议长办公厅，由议长和副议长分别指定2名希腊族议员和1名土耳其族议员任众议院秘书，2名希腊族议员和1名土耳其族议员任众议院行政秘书。

设立众议院遴选委员会，由议长和副议长及众议院选举的8名委员组成，由议长任委员会主席，副议长任副主席；8名委员由众议院在选出议长和副议长之后的同次会议上选举产生，其中6名为希腊族议员，2名为土耳其族议员。遴选委员会负责设置众议院的各常设委员会及其他临时委员会、特别委员会或专门委员会，并任命议员为各委员会的委员。提交众议院审议的任何法案均先送交有关委员会讨论。委员会召开会议的法定人数为成员总数的1/2以上。

各政治党派在每一个委员会中，均按照其在众议院中席位总数的比例而得到充分代表。从这个意义上说，众议院的委员会具有广泛代表性。各委员会有权召集任何感兴趣的党派、组织、社团、工会、个人或法人代表来提供信息，或根据（或召集这些人）对任何在考虑之中的法案表达和解释其观点或看法。

众议院的议事日程由议长负责制定并向众议院提出，上述议程应包括副议长建议列入议程的事项。众议院的法律和决议以出席会议并参加表决的议员的多数票通过。如修改选举法，需要获得参加投票的希腊族议员和土耳其族议员分别计算的多数赞成。

总统或副总统须以咨文方式向众议院发表意见，或通过各部部长向众议院转达意见。部长们须参加众议院或各委员会的活动，并须就其管辖范围内的事项向众议院或各委员会做出陈述，或通报情况。法案提案权属于众议员和各部部长。

共和国总统和副总统有权否决众议院通过的有关外交、国防和安全方面的法律，但对众议院通过的其他法律，总统和副总统（联合或单独的）只拥有延缓实施的权利。他们可以将该法律或决定退回众议院，在此情况下，众议院必须在15天内重新审议（与财政预算有关的为30天内）。如果众议院坚持原来决定，总统和副总统必须将此法律或决定在共和国的政府公告中公开颁布。

1985年7月，共和国众议院根据宪法第124条，将众议院议员人数从50人增至80人。根据宪法第62条第2款，其中希腊族议员有56人（70%），土耳其族议员有24人（30%）。议员由18周岁以上的成年人普选产生。两个社区于同一天进行直接和无记名投票。但从1964年开始，土耳其族不再参加众议院，而且土耳其族社区也不再按照共和国宪法进行选举。

马龙教派、亚美尼亚人和拉丁人少数民族也选举议员，这些议员参加会议，但无表决权，仅对有关其宗教团体的事务提供咨询①。

根据选举法，众议院席位分配到了各个选区。选区与行政区划一

---

① *The Republic of Cyprus: An Overview*, Nicosia: The Press and Information Office of Reoublic Cyprus, 2003, pp.6-7.

　　每个选民可选择一个党派或一个无党派候选人，不能从不同党派中选择候选人。各党派的席位依照其选举实力分配。

　　众议院通常开会期为每年9月初至翌年7月。会议每周举行一次，通常在周四。至少1/3议员出席时，众议院才达到其法定人数。众议院制定的法律和决定由出席代表的多数票表决通过。

　　共和国建立以来进行了11次议会选举，分别在1960年、1970年、1976年、1981年、1985年、1991年、1996年、2001年、2006年、2011年和2016年。

　　2016年议会选举之前，前民主大会党成员、欧洲议会成员埃莱妮·思奥奇诺斯反对总统阿纳斯塔夏季斯的塞浦路斯问题政策，建立团结运动，呼吁与其他政党特别是民主党和社会民主运动合作，准备参加即将来临的众议院选举。[①]

　　2016年5月22日，举行众议院选举，此次选举被认为是对2013年以来执行一系列经济调整政策的民意检验，有超过54万登记选民投票，投票率约67%，而且有12个政党或政治团体参选。选举结果是：执政的民主大会党获18席位，得票率30.69%，比上届减少2个席位，仍保持议会第一大党地位；劳动人民进步党获16个席位，减少3个席位，得票率25.67%，为议会第二大党；民主党获9个席位，与上届持平，得票率14.49%，为议会第三大党；社会民主运动党获3个席位，减少2个席位；新成立的公民联盟获3个席位；团结运动获3个席位；生态主义者运动和公民合作获2个席位；全国人民阵线获2个席位；独立人士获1个席位。

　　值得注意的是，根据1960年宪法，希腊族和土耳其族分别在各自的成员中选出族社议会，享有本宪法明文规定保留给族社议会的权力。1965年，塞浦路斯政府设立教育部以取代希腊族社议会，原来的希腊族司法机构也转为共和国法院。土耳其族成立了临时管理机构，制定了《少数民族权利法》，建立了独立的公共服务体系、警察部队和电台。

　　土耳其族议会由50位议员组成，通过减少比例代表制选举产生，

---

① "EVROKO to merge with Theocharous' Solidarity movement (Update)", *Cyprus Mail*, 11 March 2016. Retrieved 24 May 2016.

任期五年。一个政党必须跨过选举门槛（占总票数的5%）才能获得席位。议会由来自六个选区的50名议员组成，这六个选区与六个行政区一致。在土耳其人议会选举中，选民投票给候选人。具体有两种投票方式：一是选民可以投票支持一个政党，这实际上是对该地区的属于该党派的每一位议员候选人进行投票，在这种投票中，选民还可以进一步考虑优先议员；二是选民也可以不选择一个政党，而是投票给来自不同党派的候选人，在这种混合投票中，选民投票支持的候选人人数不能超过分配给该选区的议员人数。

第五节　总统

塞浦路斯共和国宪法规定，共和国总统为国家元首，副总统为国家副元首。总统作为国家元首，在共和国各种正式场合和典礼中代表共和国；签署任命驻外使节的国书和接受外国使节呈递的国书；签署国际条约；授予共和国勋章。副总统作为国家副元首，有权出席各种正式场合和典礼；出席外国使节呈递国书的仪式；向共和国总统推荐应授予共和国勋章的土耳其民族社成员，总统对此推荐除有严正的反对理由外，应予接受。如果副总统愿意，此项授勋仪式由副总统主持。共和国总统和副总统通过直接、普遍和秘密投票方式选举产生，除补缺选举外，选举应在同一天分别举行。总统和副总统候选人应为年满35周岁的共和国公民。经选举产生的共和国总统和副总统由众议院任命。总统和副总统任期五年，可连选连任。

1959年12月，塞浦路斯共和国举行第一届总统和副总统选举，希腊族选举马卡里奥斯为总统，土耳其族选举库楚克为副总统。1963年希、土两民族发生冲突，12月23日，共和国各级政府中的土耳其族公务人员全部撤出。[①]塞浦路斯自独立以来，已经历9届6位总统。其中，在1974年7月15日，希腊军政府策划军事政变，推翻马卡里奥斯合法政府，尼古拉斯·桑普森被扶持为总统，但在任不足10日，23日即下台，由众议院议长格拉夫科斯·克莱里季斯代行总统职务。12月

---

① 希腊族称之为"退出"，而土耳其族认为是被希腊人"驱逐"。

7日，马卡里奥斯回岛复职。1977年8月3日，马卡里奥斯总统病逝，按照宪法第44条第2款规定，由众议院议长基普里亚努代理总统职务。在8月31日的总统补缺选举中，基普里亚努当选总统，完成马卡里奥斯总统为期五年的剩余任期。在1978年2月的总统大选中，基普里亚努再次当选。

现任总统为科斯·阿纳斯塔夏季斯，1946年9月27日生于利马索，1969年毕业于希腊雅典大学法学系，1971年获伦敦大学航海法硕士学位。1976年任民主大会党青年组织利马索行政区首任书记，1987年任党青年组织主席。1981年当选该党历史上最年轻议员，并于1986年、1991年、1996年连任。1997年当选该党主席，2001年、2006年和2011年自动连任议员，在议会先后任议会人权委员会主席、外事委员会主席和代议长。2013年2月当选总统。曾先后于1996年、2001年、2005年和2012年访华。

2018年2月4日，尼科斯·阿纳斯塔夏季斯在总统选举第二轮投票中获得56%的选票，成功连任。

第六节　政府

一、部长委员会

根据1960年共和国宪法，共和国的行政权由共和国总统和副总统行使，总统和副总统为保证行政权的行使，设立由7名希腊族部长和3名土耳其族部长组成的部长委员会。上述部长分别由总统和副总统指定，但以二人共同签署的文件任命。部长必须从众议院以外的具备众议院议员候选人资格的年满25周岁的共和国公民中任命。部长委员会拥有的行政权包括：对共和国政府总的指导与管理以及对总政策的指导；外交事务；国防与治安；所有公共服务机构的协调与监督；监督和处理属于共和国的所有财产；审议由部长向众议院提出的法案；制定实施命令或条例；审议提交众议院的共和国预算。部长委员会由总统主持。总统根据其本人的动议或根据副总统因特定事项适时提出的请求而召集部长委员会会议。部长委员会下设联合秘书处，其由一名希腊族人和一名土耳其族人组成。另外还设有一位政府发言人，属于部长委员会成员。

各部部长是该部的首脑，行使该部职权范围内的所有行政权。1960年宪法规定设立10个部。1967年通过法律，增设立教育与文化部，处理1960年宪法规定的希腊族社议会所负责的事务。11个部分别是：

1.外交部

负责塞浦路斯共和国的海外事宜。塞浦路斯在下列国家常设有大使馆或高级代办：澳大利亚、奥地利、比利时、保加利亚、中国、捷克、埃及、芬兰、法国、德国、希腊、匈牙利、印度、伊朗、爱尔兰、以色列、意大利、肯尼亚、利比亚、墨西哥、荷兰、葡萄牙、俄罗斯、西班牙、瑞典、南非、叙利亚、英国、美国、塞尔维亚等。塞浦路斯外交部向欧洲理事会、欧盟、世界粮农组织、联合国教科文组织、国际海事组织、联合国维也纳办事处、联合国日内瓦办事处、联合国纽约总部等派驻代表，在塞萨洛尼基、纽约、汉堡、多伦多等城市设有领事馆。外交部下设8个司，其中之一负责海外的塞浦路斯人事务。

2.内政部

负责提供一般的行政服务，如城市规划和住房、国土和勘探、移民、户籍、比赛和动物保护区服务、民防、地方政府、广播电视。同时监管新闻信息署的工作。

3.财政部

负责共和国财政的总体规划、编制财政预算和对有关税收或同其他国家或团体的税务条约立法。

4.国防部

职责是保卫共和国的领土免遭任何潜在侵略者的侵略，负责组织和领导塞浦路斯军队和国民警卫队。

5.教育与文化部

负责教育管理，执行教育法律，向初等和中等及特殊教育的学生提供教育设施。负责对私有高等教育机构进行监管和标准化。教育部下属机构有：高等和大专院校、中等和职业技术学校、小学、科研中心、文化服务和教育学院。

6.交通与工程部

负责协调交通和建设领域的活动，包括公共工程（道路建设、公共建筑建设）、古迹、民航、商船、邮政服务、内陆运输及电子和机械服务。

7.商工旅游部

负责协调商贸活动，特别是出口贸易，促进工业和合作开发及矿产业的发展。

8.农业、自然资源与环境部

负责处理促进农业部门发展的政府行为，包括农业（畜牧业）、兽医服务、森林、水利发展、地质勘测、气象、农业调查、国土整治、渔业、矿业、农业保险和环境治理。

9.劳工与社会保障部

处理有关就业、职业培训、残疾人护理和康复、工伤事故和职业病的保护、改善工作条件和工作环境、工业关系、社会保险、社会福利服务以及与生产力的提高有关的所有政府行为。为提高劳动生产率，劳动和社会保障部下辖生产力促进中心、高等技术研究所、高级酒店研究所及残疾人康复中心。

10.司法与公共秩序部

原司法部，1993年更改为现名，并将公共秩序、警察和消防部门转归该部。同时为了促进解决因塞浦路斯问题而引起的人道主义方面问题，将失踪者服务、人道主义事务服务、受害群体救济委员会从原司法部转交由总统负责。司法与公共秩序部的职责包括：国际公约的法律改革和监测、研究和推广、同最高法院的协作、有关司法的通畅执法和法院的顺畅运行的立法和行政措施、对有关人权的研究和推广、对监狱的监管、对刑事政策特别是对待罪犯的法规的实施、研究犯罪学以形成并实施预防和打击犯罪的政策。此外还负责有关妇女权利和青年组织的国家机制的协调，负责国家档案和租金补贴基金的监管。

11.卫生部

负责协调为共和国公民提供医疗服务的公立和私立机构的供应。下辖部门有医疗和公共卫生服务、心理健康服务、牙科服务、药剂服务和普通实验室。

2018年2月28日，尼科斯·阿纳斯塔夏季斯连任总统后，由总统和11位部长、政府发言人及总统秘书长康斯坦丁诺斯·彼得里季斯等13位成员组成新一届部长委员会。

二、独立机构

根据共和国宪法，共和国设有若干独立官员和机构，不隶属于任何部。共和国的独立官员有：总检察长（法律处首脑）、总审计长（审计处首脑）、塞浦路斯中央银行行长。1991年设立了调查员。拥有独立职能的机构有公共服务委员会、教育服务委员会和规划局。

1.总检察长

根据1960年共和国宪法，由总统和副总统共同任命具有适任高等法院法官资格者两人，分别担任共和国总检察长和副总检察长，且两人不得属于同一族社。总检察长和副总检察长为共和国总检察署的首脑和副首脑，为共和国常务司法人员，有权出席任何法庭听讼。总检察长在他认为出于公众利益的必要时，有权下令提出、实施、接管、继续或中止对共和国内任何人的犯罪行为的追诉。此外，总统对某一法庭通过的判决进行赦免、暂缓或减刑的宪法特权，是在总检察长的建议之下行使的。总检察长是倡导纪律委员会和倡导法律委员会的主席。[①]

2.总审计长

共和国审计署设有总审计长和副总审计长，为审计署的首脑和副首脑，由总统和副总统共同任命两名人选担任，且两人不得属于同一族社。总审计长在副总审计长的协助下，以共和国名义，控制由共和国直接管理或根据共和国授权管理的一切支出和收入，审计和监督由共和国直接管理或根据共和国授权经营的钱财、其他资产和债务的全部账目，为此目的，总审计长有权调阅与上述账目有关的全部账册、案卷和报告，并有权进入储存上述财产的场所。总审计长每年向总统和副总统提交一份关于执行其职责的述职报告，并由总统和副总统提送众议院。只有共和国最高法院有权将总审计长撤职或免职。1964年

---

① *About Cyprus*, The Press and Information Office of Reoublic Cyprus, 2001, pp.104-105.

后两民族实际上已经分治，副总审计长也由共和国总统任命。[①]

3.塞浦路斯中央银行行长

共和国通货发行银行设有总裁和副总裁，为通货发行银行的首长和副首长，由总统和副总统共同委任两名适当人选担任，且两人不得属于同一族社。总裁在副总裁的协助下，实施共和国有关货币的法律，负责通货发行银行的经营管理，同时在与其职务有关的财政政策方面，应执行部长委员会的有关决议和法律的有关规定，且在实施上述政策的方法上，应征询财政部部长的意见并接受其指导。总裁应就共和国货币、资金和证券的情况每半年向总统和副总统提出报告，并由总统和副总统提送众议院。

4.督导

其全称是行政管理与人权督察，通常称之为督导。督导制度是随着1991年《政府督导法》的颁布，于1991年3月15日设立的。

督导由共和国总统根据部长委员会的推荐，经众议院批准而任命。督导的基本职责是：在接到投诉后，根据投诉内容审核行政行为是否触犯个人基本权利和自由，是否与法律或行政原则相违背。督导对警方、武装力量、公共市政局和地方当局的行政部门拥有管辖权。当共和国总统、部长委员会、众议院、司法部、总检察长、总审计长、中央银行行长和公共服务委员会，在按照《共和国宪法》行使职权时，督导对其行为无权管辖。但督导对各部部长在对有关政府政策问题采取行动或当其作为部长委员会成员之外的行为时具有管辖权。

督导对任何一宗所调查处理的案件提交报告，该报告连同投诉副本一起提交至涉及的行政部门。如果投诉理由充分，按督导提议纠正错误。如果相关部门不遵守督导报告中提出的建议，督导可以向部长委员会和众议院提交特别报告，对该部门的不合法行为进行谴责，但进一步的措施由众议院和部长委员会做出。

督导每年向总统提交年终报告，并将报告副本提交众议院和部长委员会。众议院审查督导的报告。

5.公共服务委员会

根据1960年共和国宪法，公共服务委员会由共和国总统和副总统

---

① *About Cyprus*, The Press and Information Office of Reoublic Cyprus, 2001, p.104.

共同任命的1名主席和9名委员组成。其中7名为希腊族人，3名为土耳其族人，任期六年。只有为共和国公民、品德高尚并具有众议员候选资格的人，方可被任命为公共服务委员会委员。而且现任或在最近12个月内曾任部长、众议院议员或族社议会议员、政府官员或任何武装部队成员、任何地方政府机关或依法建立的公益事业法人团体或机关的官员或职员、工会或其附属团体或协会的成员，不得被任命为主席；现任或最近6个月内曾任上述职务的人员，不得被任命为公共服务委员会委员。公共服务委员会的职责是：关于两民族族社间公职的分配以及对公务员的任命、批准、安排常任的或可领退休金的职务、提升、调动、退休和实施包括免职或撤职在内的纪律处分。共和国总统和副总统共同任命的会计长（国库首长）和副会计长（国库副首长）的退休，以及对会计长和副会计长实施包括免职或撤职在内的纪律处分，也属于公共服务委员会的权限。该委员会会议由主席召集并主持。[①]

1963年年底两民族发生冲突后，公共服务委员会委员全为希腊人，由总统任命的1名主席和4名成员组成，行使其职责。

6.教育服务委员会

教育服务委员会负责所有供职于公立学校和公共机构的教育工作者的任命、确认、永久性安置、晋升、调职、调派、退休和行使纪律管制，包括解雇或强制性退休。

教育服务委员会由1位主席和4位成员组成，由部长委员会任命，任期六年。主席每年须向部长委员会提交年度工作报告，为部长委员会对有关教育决策提供依据。

第七节　司法

根据塞浦路斯共和国1960年宪法，共和国的司法体系由最高宪法法院、高等法院、下级法院以及由族社所享有的司法权所设立的法院组成。

根据1960年宪法，共和国最高宪法法院由1名希腊族人法官、1

---

① 姜士林，陈玮主编：《世界宪法大全》，中国广播电视出版社1989年版，第370页。

名土耳其族法官和1名中立法官组成，由中立法官任该法院院长。由共和国总统和副总统共同任命最高宪法法院院长和其他法官。最高宪法法院应设在共和国首都。中立法官不得是塞浦路斯共和国、希腊王国、土耳其共和国或大不列颠及北爱尔兰联合王国及其殖民地的国民或公民。希腊族或土耳其族法官须是塞浦路斯共和国公民。最高宪法法院院长任期为六年。希腊人法官和土耳其族法官为共和国常任司法人员，任职年龄不超过68周岁。设立以高等法院院长为主席、以高等法院资深现职希腊族法官和土耳其族法官为委员的委员会，负责裁定最高法院院长的退休、撤职或免职，裁定最高宪法法院希腊族法官或土耳其族法官的退休或撤职事宜。该委员会以多数通过的决议对共和国总统和副总统均有约束力，共和国总统和副总统应共同执行该决议。最高宪法法院对总统和副总统认为众议院所通过的法律或决议或共和国预算或其他任何条款对某一族社有歧视，对众议院同各民族院或其中任一民族院之间、共和国国家机关之间或地方政府机关之间有关权力或权限的纠纷或争议事项，拥有做出最后裁决的专属管辖权。共和国总统和副总统对于众议院所通过的法律或决议、总统对于希腊民族院通过的法律或决议、副总统对于土耳其民族院通过的法律或决议，在公布之前的任何时候，就所通过的法律或决议或其他任何具体条款是否同共和国宪法的规定相抵触或不符合的问题，可向最高宪法法院征询意见，最高宪法法院在听取总统和副总统方面的代表与众议院方面的代表的辩论后，提出对所征询问题的意见，并通知总统和副总统以及众议院，该法律或决议或其他任何条款与共和国宪法的规定相抵触或不符合，总统和副总统不得公布该法律或决议或其他有关条款。最高宪法法院对指控行使行政权或执行权的机关、机构或个人的决议、法令，或懈怠为违反共和国宪法或法律的规定，或超越或滥用其职权而向最高宪法法院提出的争讼，拥有做出最后裁决的专属管辖权。此外，最高宪法法院拥有对共和国宪法希腊文本和土耳其文本的不一致之处的裁决权，以及对本宪法含意模糊的文辞的解释权。

根据共和国1960年宪法规定，共和国高等法院由共和国总统和副总统共同任命的2名希腊族法官、1名土耳其族法官和1名中立法官组成。中立法官为高等法院院长，并有两票之权。高等法院应设在共和国首都。中立法官不得是塞浦路斯共和国、希腊王国、土耳其共和国或大不列颠及北爱尔兰联合王国及其殖民地的国民或公民。希腊族法官和土耳其族法官必须是塞浦路斯共和国公民。高等法院院长和其他法官应从具有高深专业知识和高尚道德的法学家中遴选任命。高等法院院长任期为六年。设立以最高宪法法院院长为主席和以最高宪法法院希腊族法官和土耳其族法官为委员的委员会，依照高等法院院长委任状明确规定的服务条件裁定其退休、撤职或免职；裁定高等法院希腊族法官和土耳其族法官的退休或撤职。该委员会以多数通过的决议对共和国总统和副总统具有约束力，总统和副总统应共同执行。

高等法院是共和国最高上诉法院，有审理和裁决来自除最高宪法法院以外的任何法院的一切上诉案件的管辖权。只有高等法院才有权决定关于审理原告与被告分属不同族社的民事法庭、审理被告与受害者分属不同族社的刑事法庭的组成（该法庭应由分属希腊族社和土耳其族社的法官共同组成）。高等法院有签发人身保护令、执行令、诉讼终止令、纠正越权令和调取案卷令等命令的专属管辖权。高等法院为最高司法委员会，其院长有投两票之权。最高司法委员会拥有对司法官员的任命、提升、调动、撤职及处分等事宜的权力。

1964年后，两民族处于分治状态，1960年宪法已无法完全实施，希腊族控制的塞浦路斯共和国政府制定了一系列新的法律。

塞浦路斯共和国的司法现实是，根据1960年的宪法和其他生效的法律设立的司法机构有：共和国最高法院、巡回法院（所有地区永久性巡回法院）、地方法院、军事法院、产业纠纷法院、租金管理法院和家事法院。

最高法院由13名法官组成，其中之一为最高法院院长。最高法院判决由共和国总统提交的有关法规的合宪性或在任何判决过程中出现的任何问题，包括对众议院的任何法律或决议或政府财政预算中存在歧视的投诉。最高法院也拥有对有关权利冲突或存在的歧视、政府部门之间的权责、宪法条款的解释存在异议或不明确等问题的裁决权。

最高法院是共和国的最终上诉法庭，对于来自巡回法院和地方法庭的民事和刑事上诉、对于法官在最高法院原定和修订的司法权运用上独自开庭且做出决定的上诉，拥有审理和裁决的司法权，以及对有关行政权或行政行为、判决或错判的最终司法审判修正权（通过行政法律）。通过对追索权的废除执行相关补救。最高法院拥有签发人身保护令、执行令、诉讼终止令、纠正越权令和调取案卷令等命令的专属管辖权。

根据《1991年法院法规（修正案）》（第136/91号），1991年5月6日建立了常设巡回法院，受理塞浦路斯的所有地区的巡回法院管辖权内的所有案件。巡回法庭拥有不受限制的刑事审判权，并拥有最高可判处3 000塞镑赔偿金的处罚权。

每个行政区都设有一个地方法院。地方法院行使规定的刑事和民事司法管辖权，包括最高法院根据96/86法授权的海事案件和婚姻诉讼案件。地方法院的司法管辖权的范围，因组成法庭的法官的不同而不同。

由最高法院院长和法官组成的最高司法委员会，拥有除最高法院的法官之外的所有司法人员的任用、晋升、调职、解雇和纪律处分的权力。①

---

① *About Cyprus*, The Press and Information Office of Reoublic Cyprus, 2001, pp.60-61.

第四章　军事

第一节　塞浦路斯军事力量

一、塞浦路斯政府军事力量

1.塞浦路斯国民警卫队

塞浦路斯共和国的武装力量是塞浦路斯国民警卫队，也被称为塞浦路斯希腊族国民警卫队，或简称国民警卫队，是塞浦路斯共和国的综合武装力量，包括空军、陆军、海军和特种部队，由现役部队和预备役部队以及民兵等准军事部队构成。最高统帅机构是参谋部，由总参谋长、装备部、人事部、组织部和军事单元编制部组成。国民警卫队严重依赖预备役部队，在总动员的情况下，预备役部队成为国民警卫队的最大一部分。[①]国民警卫队的座右铭是"保卫祖国"。

国民警卫队的职责是，采取任何必要措施保卫塞浦路斯共和国安全，免受侵略威胁或间接威胁塞浦路斯共和国的主权、独立和领土完整或威胁共和国公民的生命和财产安全。

值得注意的是，常驻塞浦路斯的希腊分遣队（Hellenic Force in

---

① "Cypriot Armed Forces - Greek Cypriot National Guard (GCNG) Land Operations Group - Maritime Wing - Air Wing - European Defence Inforamtion", http://www.armedforces.co.uk/Europeandefence/edcountries/country-cyprus.htm. Retrieved 8 July 2018.

Cyprus ，简称ELDYK），并非塞浦路斯共和国武装力量的组成部分，仅对国民警卫队提供训练和支持。

1960年塞浦路斯独立后，按照共和国宪法，共和国政府应立即建立共和国军队，其总兵力为2 000人，其中60%为希腊族人，40%为土耳其族人；实行义务兵役制，由共和国总统和副总统共同签署方可实施。但因两民族在诸多方面存在分歧，特别是1963年年底希、土两民族爆发冲突后，未能组建共和国军队。与此同时，为了应对土耳其的军事威胁，塞浦路斯政府建立了高级国防军事司令部，一支希腊部队进驻塞浦路斯，承担塞浦路斯防卫，直到1967年年底该部队才撤回希腊。此外，1963年共和国政府还成立了特别联合参谋部。1964年6月，共和国众议院通过《国民警卫队法》，特别联合参谋部更名为国民警卫队司令部。《国民警卫队法》规定，国民警卫队实行义务兵役制，服役期为18个月。1964—1965年，由于两民族冲突加剧及土耳其威胁军事干涉，塞浦路斯政府加速扩充军队，国民警卫队兵力一度达到17 000人。[1]

国民警卫队的军官绝大多数是从希腊军队中选拔的。1990年年初，估计有1 800名来自希腊军队的军官和尚未任命的军官在国民警卫队中服役，而且司令、副司令以及高级军官全是希腊籍军人，仅有大约800名希腊族军官和士官，且希腊族军官的最高级别只是陆军准将或旅长。为增加希腊族军官在国民警卫队中的数量共和国议会曾通过法案任命65名希腊族军官和50名希腊族军士。国民警卫队士兵在完成了现役期限后，可以转为预备役人员继续服役到50周岁，军官可以到60周岁。

国民警卫队的标志是双头鹰。此外，国民警卫队的制服、军衔标志和徽章与希腊军队的相似。制服的颜色和尺寸与希腊军队的相同，只是在扣子、军帽、肩章上印有与塞浦路斯共和国国旗和武器包装上相一致的合成橄榄枝图案。

2.塞浦路斯政府国防体制

塞浦路斯共和国政府国防部为塞武装力量最高行政领导机构。国民警卫队司令为最高指挥官。

---

① *About Cyprus*, The Press and Information Office of Republic of Cyprus, 2004, pp.112-113.

2016年，国民警卫队开始向半职业化转变。[①]服役期从24个月降至14个月，从而导致3 000余名军人退役。

塞浦路斯加入欧盟《永久结构性合作》，增强了塞浦路斯的威慑和阻止任何干涉的能力。另外，塞浦路斯政府在帕福斯修建了陆军基地，在其南部利马索尔和拉纳卡之间的沿海小村庄济吉修建了海军基地，且均配备有电子监视系统，提升了国民警卫队的战斗力。[②]

3.塞浦路斯政府国防预算

塞浦路斯政府的国防费用分为预算开支和预算外开支。前者主要是国民警卫队住行和训练开支，而后者主要是武器采购。预算外开支是从国防基金中支付。国防基金的数额没有上线，基金来源于一项特殊的国防税，其中包括利息税、股息税、租金税、公司利润税。1990年7月，国防税从2%提高到3%。此外，增加的汽油税和香烟税也被纳入国防基金。私营企业和教会是塞浦路斯较为富有的机构，它们向国防基金直接捐助。2002年，塞浦路斯国防支出为3.7亿美元，占国内生产总值的4.2%。2008年政府国防预算为3.65亿欧元（约合5.36亿美元）；2009年国防预算为3.77亿欧元（约合5.62亿美元）；2010年国防预算为4.5亿欧元（约合5.5亿美元）。[③]2013年，塞浦路斯政府国防预算为5亿美元，占GDP的1.8%。

4.塞浦路斯政府兵役制度

塞浦路斯政府兵役法规定，只有塞浦路斯共和国的公民才能服兵役。所谓共和国公民，主要是塞浦路斯共和国政府所控制的希腊族社区的居民。[④]希腊族社区不仅包括主体民族希腊族人，还包括生活在希腊族社区信仰基督教的马龙派信徒、亚美尼亚人及拉丁人。

---

① "Efthymiou, S The development of the ideology of defence: militarism in Post-war Cyprus", Defence Studies, 16(4), 2016.

② "Cyprus move a step closer to being part of an integrated European defence policy", Cyprus Mail, Nov. 8, 2017.

③ "Cypriot Armed Forces - Greek Cypriot National Guard (GCNG) Land Operations Group - Maritime Wing - Air Wing - European Defence Inforamtion". http://www.armedforces.co.uk/Europeandefence/edcountries/country-cyprus. htm. Retrieved 8 July 2018.

④ Stratis Andreas Efthymiou, Defence Studies, Dec. 2016, Vol. 16 Issue 4, pp.408-426.

2016年，新的兵役法规定，希腊人社区的所有男性公民强制服兵役期为14个月[①]，如果没有完成规定的军队服役期，政府就不发给离开塞岛和接受高等教育的许可证。特别值得注意的是，凡年满塞浦路斯政府颁布的兵役制度规定的16周岁及以上的男性，且其父是塞浦路斯共和国公民，如果前往塞浦路斯，而没有服过兵役，出境必须得到共和国国防部的出境签证。塞浦路斯政府规定每年6月份进行征兵，未参军入伍者8月份就可以进入大学的新学年学习。政府鼓励青年人从军，但在塞浦路斯经济长期繁荣发展的背景下，有技能的青年人或半熟练的职业人员，很容易找到一份待遇不低的工作，所以只要完成规定的服役期，更多的人就会选择离开部队，特别是那些在军队中仅仅作为士官的青年人。

塞浦路斯武装部队由三支陆军特种集团部队组成，外加一个辅助部队，通常被称之为LOK。全部LOK隶属于陆军特种部队司令部DKD（Diikisis Katadromon）。隶属于陆军特种部队编队的士兵，被称为"突击队员"。塞浦路斯陆军特种部队的训练，完全基于希腊陆军特种部队的训练。特种部队通常被称为"突击部队"。

塞浦路斯武装部队的三支陆军特种集团部队，其中包括航空部队，其职责是非常规战争、侦察搜索、应对恐怖主义。

特种部队成员统一身着绘制有"翼剑"的制服，"翼剑"徽章代表特种部队"沉着、冷静、敏捷"的特性。横穿剑和翼的条幅上印有希腊字母"O TOΛMΩN NIKA"（意为"勇者必胜"），该座右铭源于第二次世界大战时期希腊第一特种航空编队。突击队员头戴绿色贝雷帽，贝雷帽的左侧印有希腊国徽。

海军作为一支特种部队被称为"OYK"（Omada Ypovrixion Katastrofon)，类似于美国的水下爆破队，OYK代表希腊，其职责是两栖突击以及在塞浦路斯专属经济区应对突发恐怖事件。

5.国民警卫队的编制和装备

塞国民警卫队的总兵力约为12 000人，另外准军事部队有750人，预备役部队约有75 000人。设有一个本土防御司令部。

基本结构如下：

---

① "Efthymiou, S., The development of the ideology of defence: Militarism in Post-War Cyprus", *Defence Studies*, 16(4), 2016.

2个战区司令部；

1个装甲旅；

1个特种部队；

2个战斗后勤保障旅。

国民警卫队严重依赖面临危机时动员的预备役部队，现役部队约60%部署在希、土两民族对峙的"绿线"沿线。

6.空军编制与装备

国民警卫队空军的职责是为陆军提供空中支持，提供必要的空中侦察巡逻，包括海上巡逻、联络和运输任务。编制大约为300人。编队和主要装备有：第四四九空军中队，基地在拉卡塔米亚，装备有5架SA-342L瞪羚攻击直升机、2架UH-1H直升机、2架贝尔206L-3直升机；第四五零空军中队，基地在帕福斯，装备有1架PC-9型教练机、11架米-35P型雌鹿攻击直升机、1架BN-2型运输机。此外，国民警卫队空军也与基地设于拉纳卡的塞浦路斯联合搜救协调中心协调行动，但在和平时期，塞浦路斯警察部门的航空器具有独立的指挥系统。

塞浦路斯联合搜救协调中心（Cyprus Joint Rescue Coordination Center，JRCC Larnaca），是隶属于塞浦路斯共和国国防部的一个独立机构，其主要职责是组织共和国的搜索和营救系统（SAR），在航空或海上事故区域，协调、控制和指挥SAR系统，在最短时间内实施定位和救援。联合救援协调中心装备有1架BN-2型运输机、2架贝尔412SP直升机。特别值得注意的是，联合搜救协调中心的各项任务是在塞浦路斯各机构，其中包括国民警卫队的协调配合下完成的。联合搜救协调中心总部设在靠近港口的拉纳卡市"伊里达3号"（Irida No.3）11层。

7.空军基地和驻地

安德烈亚斯·乔治乌·帕潘德里欧空军基地（Andreas Papandreou AFB, Paphos）位于帕福斯，是现役空军基地。

塞浦路斯空军基地，与帕福斯国际机场通过跑道、坚固的飞机机库、集成司令部、控制与通信设施相连接。

拉卡塔米亚空军基地（Lakatamia AFB）位于尼科西亚，现已关闭。

塞浦路斯空军备用基地设在首都尼科西亚市南郊。该基地很少起降固定翼飞机，仅作为出入于尼科西亚地区的直升机的补给站。

特罗多斯驻地（Troodos Stations），是现役空军驻地。特罗多斯山脉是塞浦路斯最高的山脉，山上建有许多雷达站和防空设施，这些区域为非公共区域，实际上就是军事禁区。另外，在紧急状态下，各军事部队的航空器可使用帕福斯国际机场和拉纳卡国际机场，以及可起降飞行器的高速公路。

8.海军编制与装备

国民警卫队海军的职责是执行近海巡逻和基本搜索及营救任务。编制约为100人。主要装备有6艘小型海岸巡逻艇，其中"萨拉米斯"号1艘、"凯里尼亚"号1艘、"罗德曼"（Rodman）55型2艘、坎蒂里·维多利亚（Cantieri Vittoria）级2艘；1艘海岸防卫炮艇，装备有3部MM-40型"飞鱼"导弹发射器及24枚导弹。2个海事基地分别设在利马索尔和帕福斯。[1]

2017年11月8日，塞浦路斯政府国防部宣布，塞将购置8架新直升机，其中从法国购置4架"瞪羚"SA-342L全天候侦察反坦克直升机。塞军方还将对服役的4架"瞪羚"直升机进行升级。[2]

9.准军事部队

编制为750人，其中武装警察的机械化（快速反应）部队有500人，装备有VABVTT型装甲输送车2辆、BN-2A型"防御者"巡逻机1架、贝尔412SP型通用直升机2架。

10.国民警察部队

1960年塞浦路斯共和国成立，根据共和国宪法，成立了负责公共安全的两支部队：一支名为警察部队，负责城市区域的公共秩序与安全；另一支名为宪兵队，负责农村地区的公共秩序与安全。这两支警察部队分别由一位希腊族人和一位土耳其族人担任总指挥。1964年，这两支警察部队合并成立现在的警察部队。另外，警察部队下辖一个

---

[1]　国民警卫队陆、海、空军编制与装备数据均源自："Cypriot Armed Forces - Greek Cypriot National Guard (GCNG) Land Operations Group - Maritime Wing - Air Wing - European Defence Inforamtion". http://www.armed-forces.co.uk/Europeandefence/edcountries/countrycyprus.htm.　Retrieved 9 July 2018.

[2]　"Helicopters to be bought for National Guard", Cyprus Mail, 2017-11-28.

警察博物馆，由警察总署下属的 A 部门负责对公众开放。从 1993 年开始，国民警察部队隶属于司法与公共事务部，是塞浦路斯共和国唯一的国民警察部队，其主要职责是维护公共法律和秩序、保护和平、防止和侦查犯罪、逮捕罪犯。塞警察部队按其职能，分为教育、管理、操作、维护服务四个方面。国民警察部队的组织结构如下：

警察总署是国民警察部队的首脑，下设有五个部、五个局、五个服务处和五个独立机构：

五个部

A 部（管理部）、B 部（交通运输部）、C 部（刑事侦查检察部）、D 部（技术部）、研究开发部。

五个局

欧盟与国际警察合作局、物资供应管理局、机场安全管理局、财政局、行业标准局。

五个服务处

外国人与移民处、毒品稽查处、司法鉴定处、审计督察处、中央情报处。

五个独立机构

塞浦路斯警察学院、应急救援队、总统卫队、港口与海事警察、塞浦路斯航空警队（原航空警察联队）。

另外，在尼科西亚、利马索尔、拉纳卡、法马古斯塔、帕福斯、凯里尼亚、莫尔富设有警察分局。此外还有消防局，消防局作为一个独立的警察分局而设立，立足于尼科西亚市，但其服务覆盖全国。值得注意的是，由于土耳其的出兵并持续占领，法马古斯塔和莫尔富警察分局临时分别设置在帕拉利姆尼和埃里契，而凯里尼亚警察分局则暂时停止工作。

2006 年，国民警察部队有 4 771 人（其中包括特殊岗位和特警），其中，女性警员占 11.76%。

塞浦路斯警察学校是塞浦路斯国民警察部队的专业教育和训练机构，建立于 1990 年，塞国民警察基本上都是该校的毕业生或接受过该校的培训。[1]塞国民警察与国民警卫队的最大区别是，国民警察不论是

---

① Cyprus Police. http://en.wikipedia.org/wiki/Cyprus_Police，2009-10-08.

官员还是普通警察，完全由希腊族人组成。

警察总署所在地：尼科西亚市、阿戈兰特兹亚区、安提斯特拉提乌–艾活戈努–福罗拉基街。

警察编制为4 359人，特别治安警察有914人，消防队员有721人。

警察总署总警长：扎卡里亚斯·克里索斯托姆乌。

11.国民警察部队装备

1个航空警队基地、5艘海上快速巡逻船、5艘巡逻船、6艘气垫船；2架贝尔412EP直升机、2架AW–139直升机。

12.塞浦路斯港口与海事警察

塞浦路斯港口与海事警察，由海事警察和塞浦路斯警察市民海岸巡逻队组成。其基本任务是在塞浦路斯水域执法，管控共和国海域；主要任务是打击如走私、恐怖主义、海盗和非法捕鱼等非法活动，有时也发挥搜索救援部队的作用。塞浦路斯港口与海事警察部队装备有巡逻艇和雷达，在编警员有330人。

塞浦路斯海事警察船有显著的"PV-"（巡逻船）和"PL-"（巡逻艇）前缀为标志，在船体侧面喷有船艇的编号。

塞浦路斯港口与海事警察总部设在利马索尔港，由指挥官指挥，并设有指挥官助理。指挥官在其助理的协助下负责行政管理和指挥行动，并向警察局长负责。港口与海事警察总部下设办公室、信息控制中心、船舶注册中心、储存室、财会室、安全办公室、行动办公室。

港口与海事警察总部下辖如下9个站：

拉恰港口与海事站、帕福斯港口与海事站、利马索尔新港口与海事站、利马索尔港口与海事站、圣地拉斐尔—玛丽娜港口站、拉纳卡港口与海事站、拉纳卡—玛丽娜港口站、圣地纳帕海事站、帕拉利姆尼海事站。

港口与海事警察舰队由16艘舰船组成，按其大小、结构、性能和任务分为三种类型：

A类舰船：包括5艘可在毗邻海域和公海大范围巡逻的海上巡逻船。

B类舰船：包括5艘可在塞海域内中等范围巡逻的海上巡逻船。

C类舰船：包括6艘可在沿海海岸巡逻的小型气垫船。

13.塞浦路斯民防部队

塞浦路斯民防部队属内政部管辖，其主要职责是执行各种人道主义项目，帮助国民从战争或灾难的影响中尽快恢复，并为幸存者提供必要救助。

塞浦路斯共和国成立之初，并没有民防部队这一组织。1964年土耳其轰炸特利里亚后不久，塞浦路斯政府认为有必要组建民防部队。1964年众议院通过法律，其中有条款规定组建一支具有政治力量和防御服务的组织，对其成员采取自愿或强制的原则，训练公民承担民防，采购和存储物资，建设避难所。该法律条款还规定了动产或不动产的征用、购买和租赁。根据该法案，部长委员会采用了1986年众议院通过的一项法案，并随后经过1996年和1997年修订完善，2012年正式通过民防（通用）条例。根据该条例规定，民防部队由常设人员、志愿人员（16周岁以上）和征召的义务人员组成，其行动由民防总署司令指挥。在尼科西亚、利马索尔、拉纳卡、帕福斯、法玛古斯塔五个行政区设有民防署，隶属于民防部队，有志愿人员40人。现任民防总署司令是安德烈亚斯·弗朗茨斯。

❊ 二、土耳其族军事力量

土耳其族安全部队是塞浦路斯北部土耳其族控制区的军事和安全部队，是一支由陆军、海军、空军组成的联合武装部队。塞独立前，土耳其族建立了"土耳其族抵抗组织"。1967年，该武装组织改建为"斗士"。1975年，又将其改编成现在的土耳其族安全部队，其司令由土耳其武装部队任命的军官担任，为少将军衔。土耳其族实行义务兵役制，从18至40周岁的土耳其族中征召，服役期为24个月，退役后还可作为预备役军人服役至50周岁。[1]

土耳其族安全部队约有9 000人，编为2个大队、15个营。步兵装备有120毫米迫击炮73门，"米兰"式反坦克导弹6枚，106毫米无后坐力炮36门。另外还有预备役部队26 000人，其中有一线预备役11 000人、二线预备役10 000人、三线预备役5 000人。[2]

土耳其族拥有武装警察部队1 853人。土耳其民族海岸巡逻队装备

---

① Military of Northern Cyprus，http://en.wikipedia.org/wiki/Turkish_Cypriot_Security_Force，2009-10-10.

② Northern Cyprus：Military，http://en.wikipedia.org/wiki/Northern_Cyprus，2009-10-10.

有海岸巡逻艇18艘。[1]

第二节　外国驻塞浦路斯军事力量

一、希腊驻塞浦路斯分遣队

希腊驻塞浦路斯分遣队，是按照《苏黎世-伦敦协定》《联盟条约》《保证条约》规定，希腊派驻塞浦路斯共和国的武装部队，规模为950人。其宗旨是与土耳其派驻塞浦路斯共和国分遣队一起，共同保证塞浦路斯共和国的独立、主权和领土完整，保证塞浦路斯共和国宪法的实施和社会稳定。但随着希、土两民族冲突，特别是1974年土耳其出兵并长期占领塞浦路斯北部，希腊驻塞浦路斯分遣队的宗旨也发生了变化，在保证塞浦路斯共和国独立、主权和领土完整的同时，主要是支持塞浦路斯国民警卫队，双方每年定期举行联合军事演习，其座右铭是"同一祖先、同一血缘、共同语言、共同宗教、共同传统"。司令部设在首都尼科西亚附近，在司令部还设有希腊驻塞浦路斯分遣队博物馆。

二、土耳其驻塞浦路斯军队

按照《苏黎世-伦敦协定》《联盟条约》《保证条约》规定，土耳其驻塞浦路斯共和国分遣队的规模是600人。1974年7月土耳其出兵并控制塞北部地区后，土耳其在塞北部一直驻扎着较大规模的武装力量。1990年，土耳其在"北塞"的驻军是从土耳其武装部队第9军团中抽调出来的两个军，即第二十八军和第三十九军。另外有1个独立装甲旅和炮兵部队。第二十八军司令部设在尼科西亚北部的阿莎，第三十九军司令部设在莫尔富。

土耳其驻"北塞"部队隶属于土耳其爱琴海军区，其司令部设在

---

[1]　Cyprus: plans for privatisation of Turkish Cypriot ports - Transport - ANS-AMed.　http://www.ansamed.info/ansamed/en/news/sections/transport/2015/06/04/cyprus-plans-for-privatisation-of-turkish-cypriot-ports_94d689ad-5ddb-4a79-bf08-d3381e981202.html. 2018-7-15.

土耳其的伊兹密尔，驻"北塞"土耳其军队司令直接向土耳其总参谋部负责。土耳其驻"北塞"部队的主要任务是维护土耳其族区的安全，保护1974年建立起来的与希腊族的分界线，防止希腊族的进攻或其他跨越分界线的行动，帮助训练土耳其族武装部队。土耳其驻"北塞"部队不介入土耳其族政治。

土耳其驻塞浦路斯部队约有35 000人，编成1个军司令部，下辖部队如下：

第二十八机械化步兵师，驻军凯里尼亚；

第三十九机械化步兵师，驻军莫尔富；

第十四装甲旅，驻军尼科西亚；

第四十九特种部队团；

第四十一突击团；

第一百零九野战炮兵团；

第一百九十海军陆战营；

通信营；

中央司令部宪兵大队；

后勤保障部队，驻军尼科西亚。

✿ 三、英国主权军事基地驻军

1960年塞浦路斯独立时，英国仍然保留了两个永久性主权军事基地，即利马索尔以西的阿克罗蒂里空军基地和拉纳卡以东的德凯利亚陆军基地。除此之外，英国在塞浦路斯还有40个"保留地点"，包括许多雷达站、几个港口、一系列无线电设施和一个射击场，在这些区域保留着英国的司法权。[①]英国政府任命一位空军元帅负责主权军事基地。[②]1961年，英国近东部队建立，并设立司令部。同年3月1日，英

---

①　"Treaty No. 5476. United Kingdom of Great Britain and Northern Ireland, Greece, Turkey and Cyprus"（PDF），treaty_of_establishment.pdf. https://www.mfa.gr/images/docs/kypriako/treaty_of_establishment.pdf. Retrieved 21 July 2018.

②　Stratis Andreas Efthymiou, "Militarism in post-war Cyprus: The development of the ideology of defence", Defence Studies, 2016, Vol. 16, No. 4, pp.408-426.

国中东南部空军部队改为英国近东空军部队，基地设在塞浦路斯。
1962年，英国正式使用"英国驻塞浦路斯部队"之名称，[①]并将27处
"保留地点"归还塞浦路斯政府，另外13处继续使用。2011年，"保
留地点"的绝大多数已归还塞浦路斯政府。自20世纪70年代后，英
国皇家空军轰炸机不再驻扎塞浦路斯基地。

　　埃皮斯科皮是英国主权军事基地／英国驻塞浦路斯部队的指挥中
心，其指挥官是一位二星级将军，每三年在陆军和英国皇家空军之间
轮换。英国驻塞浦路斯部队总参谋长是一位一星级将军，如果二星级
指挥官来自陆军，总参谋长则来自空军；反之，如果二星级指挥官来
自空军，总参谋长则来自陆军。

　　在英国驻塞浦路斯部队中，有一些常驻部队，而大部分是正在执
行任务的部队。

　　英国在塞基地的常驻部队有：英国驻塞浦路斯部队司令部、驻扎
在圣尼科拉奥斯的联合信号部队（属德凯利亚陆军基地）、塞浦路斯通
信部队（由12个信号部队组成，包括英国皇家空军信号营和皇家信号
部队）、塞浦路斯后勤保障部队、第八十四皇家空军中队、常驻步兵营
（2个轻型步兵营，1个驻扎在德凯利亚陆军基地，该营隶属于兰卡斯
特公爵兵团；1个驻扎在埃皮斯科皮，该营隶属于皇家威尔士王妃兵
团。这两个步兵营原每两年轮换一次，从2013年改为每三年轮换一
次[②]）、塞浦路斯联合警察部队（由皇家海军警察部队、皇家武装警察
部队和皇家空军警察部队组成，司令部设在埃皮斯科皮）。

　　英国在塞基地还有内政机构：主权军事基地海关、主权军事基地
警察、治安武装警察。[③]

　　现驻扎在塞主权军事基地的英军有约3 500人。陆军编成2个步兵
营和1个直升机分队；海军42人；空军编成1个直升机中队，装备贝
尔-412型直升机4架。

---

①　Service aviation: Air Force, naval and army flying news.

②　Regular Army Basing Plan. pdf - 5 March 2013, Mistry of Defence, https://
assets.publishing.service.gov.uk/government/uploads/system/uploads/attach -
ment_data/file/136406/regular_army_basing_plan.pdf.Retrieved 23July 2018.

③　British Forces Cyprus, http://en.wikipedia.org/wiki/British_Forces_Cyprus,
2009-12-22.

四、联合国驻塞浦路斯维持和平部队

联合国驻塞浦路斯维持和平部队（United Nations Peacekeeping Force in Cyprus，简称"联塞部队"，UNFICYP），是根据1964年3月4日联合国安理会通过的第186（1964）号决议而建立的，从1964年3月27日开始在塞浦路斯执行维和任务。1974年7月，土耳其出兵并控制塞北部地区，导致塞南北分治后，联合国安理会通过决议，扩大联塞部队职责，不仅在塞浦路斯联合国缓冲区巡逻，防止爆发战争，维持停火军事现状，同时协助联合国秘书长特别代表与两民族代表会谈，讨论塞浦路斯问题解决方案。为此，联塞部队在两民族控制区之间设立了停火线和缓冲区。停火线沿"绿线"绵延180.5千米，东西横贯全岛。停火线之间的缓冲区宽窄不一，窄处不足20米，宽处则达约7千米，面积为346平方千米，占塞浦路斯总面积约3%，其中包括一些最好的耕地。联塞部队建立了诸多观察哨，通过这些观察哨和空中巡逻以及乘车和步行巡逻进行监督。同时，联塞部队还努力恢复缓冲区的正常生活，为难民提供人道主义援助。

联塞部队由多个国家的特遣队组成，每个特遣队主要负责三个缓冲区之一，缓冲区基本与两民族分界线相吻合。

联塞部队根据维和需要，由联合国安理会适时通过决议进行调整，而且提供部队的情况也时有变化。2003年6月，联合国安理会第1486号决议扩大联塞部队，增加不超过34名警员。2004年10月22日，联合国安理会第1568（2004）号决议修订联塞部队行动概念和缩减兵力。2005年2月7日，联塞部队军事部门已完成缩减兵力工作，开始执行第1658（2004）号决议批准修订，部队兵力约为875名军事人员。[①]2009年年底部署兵力为921名军警人员，其中包括855名官兵和66名联合国警察；另有40名国际文职人员和112名当地文职工作人员。2012年5月31日，联塞部队包括军事人员和民事警察总共926人。根据联合国秘书长2018年6月20日的报告，联塞部队军事人员有807名，其中男兵753名，女兵54名；警察部队有65名，其中男兵43

---

① 塞浦路斯——联塞部队的背景资料，http://www.un.org/chinese/peace/peacekeeping/Cyprus/unficypB.htm，2009-11-01.

名，女兵22名。[1]

联塞部队除了三个主要缓冲区的特遣队之外，还指挥如下军事机构：军事观察员联络官员、武装警察部队（Force Military Police Unit，简称FMPU）、机动预备部队（Mobile Force Reserve，简称MFR）、联合国班机（The UN Flight，简称ARGAIR）、武装工程部队（Force Engineers）。另外，联塞部队拥有一支由69名官兵组成的民事警察部队，他们分别来自澳大利亚、波斯尼亚和黑塞哥维那、克罗地亚、萨尔瓦多、印度、爱尔兰、意大利、黑山、荷兰、乌克兰。此外，联塞部队还有147名文职工作人员，其中39名是国际征聘，108名从当地征聘。

联塞部队的费用最初完全由自愿捐款资助，但自愿捐款资金不足，1993年促使联合国大会通过第47／236号决议，自愿捐款所不足部分由成员国按照《联合国宪章》第17条的规定分摊。联塞部队的经费由特别账户摊款，同时，塞浦路斯政府和希腊政府也主动资助联塞部队的行动。[2]联合国安理会第71／300号决议拨款5 400万美元，用于塞联部队在2017年7月1日至2018年6月30日期间的费用，塞浦路斯政府提供1 830万美元，希腊政府捐款650万美元。截至2018年6月19日，联塞部队特别账户的未缴摊款达1 500万美元，而联合国安理会所有维持和平行动的未缴摊款总额达21 365万美元。[3]2018年7月1日至2019年6月30日期间，联塞部队预算为5 515.2万美元。联塞部队1／3的经费预算由塞浦路斯政府提供，而希腊政府每年提供650万美元，其余经费来自1993年颁布的对联合国全体成员国分摊的会费。[4]

塞联部队总部是蓝色贝雷营，位于尼科西亚市西部的尼科西亚国际机场。截至2017年6月30日，联塞部队死亡183人，死亡原因包括

---

[1] United Nations operation in Cyprus Report of the Secretary-General, 6 July 2018, p.1. sg_report_july_2018.pdf. https://unficyp.unmissions.org/sites/default/files/sg_report_july_2018.pdf. Retrieved 24 July 2018.

[2] 塞浦路斯——联塞部队的情况和数据，http://www.un.org/chinese/peace/peacekeeping/Cyprus/unficypF.htm，2009-11-10.

[3] United Nations operation in Cyprus Report of the Secretary-General, 6 July 2018, p.9. sg_report_july_2018.pdf. https://unficyp.unmissions.org/sites/default/files/sg_report_july_2018.pdf. Retrieved 24 July 2018.

[4] About UNFICYP. https://unficyp.unmissions.org/about. Retrieved 24 July 2018.

事故99人、疾病45人、恶意行为致死15人、其他24人。尽管联塞部队的经费存在困难，并存在维和人员伤亡，但因塞问题尚未彻底解决，为避免冲突、维持和平，联合国安理会一再延长联塞部队的维和期限，至今仍在继续执行维和使命。

第三节　　对外军事关系

❀ 一、塞浦路斯与希腊军事关系

1974年土耳其出兵并占领塞北部后，塞浦路斯政府不断加强与希腊的军事合作关系，特别是冷战结束后，双方的军事合作关系进一步加强。塞希军事关系主要体现在三个方面：

一是塞希联合防务，包括协调防务政策，希腊向塞浦路斯政府提供武器装备，甚至希腊的某些武器装备直接部署在塞浦路斯。1994年，塞浦路斯政府与希腊政府达成联合防务协议。1995年4月，希腊国防部部长阿尔塞尼斯访问塞浦路斯，同塞浦路斯领导人讨论进一步落实共同防务问题。1996年1月，希腊总理西米蒂斯在施政纲领中强调，希塞共同防务信条是支持塞问题公正、合理地通过政治解决的选择，希腊国防政策的长期目标是抵抗外国对希、塞的军事威胁。2月，塞浦路斯总统克莱里季斯访问希腊，与希腊总理讨论塞浦路斯问题和落实共同防务信条。8月，希腊国防部部长阿尔塞尼斯访塞浦路斯。1996年，希腊170亿军备采购计划中，20亿美元的装备部署在塞浦路斯。希腊族在帕福斯修建的空军基地，可供希腊战机临时或长期驻扎。1998年4月，希腊武装部队总参谋长卓加尼斯访塞，同塞浦路斯总统、议长和国防部部长等会晤，并视察了新建成的帕福斯空军基地。6月，希腊总统斯特凡诺普洛斯访塞，与塞总统会晤，讨论进一步加强共同防务信条。8月，塞浦路斯总统率外长和国防部部长等访问希腊，讨论两国共同防务及S-300型防空导弹等问题。10月，希腊国防部部长参加了塞浦路斯独立38周年阅兵式，称只要土耳其坚持扩张政策，希、塞两国就会继续加强防务合作。12月，塞、希双方两次讨论塞购俄制S-300型防空导弹最终部署地问题，希腊建议部署在克里特岛。2000年3月，希腊海军向塞国民警卫队移交"克诺索斯"号巡逻艇，希腊国防部部长表示，希、塞两国在反对威胁、确保国家安全及维护地区和平方面负有共同责任。

二是希腊为塞训练军队，包括塞浦路斯军官到希腊接受学习和军事培训等，特别是希腊还向塞浦路斯提供军事指挥乃至军官，塞浦路斯国民警卫队司令及主要指挥官一直由希腊军官担任。

三是塞希联合军事演习。联合军事演习既是塞希军队演练实战合作，通过演练训练塞国民警卫队，也是希腊坚决保卫塞国家安全的体现。1994年9月，希腊空军首次实地参加塞军事演习。1996年10月，塞浦路斯国民警卫队与希腊军队举行了较大规模的联合军事演习，希腊空军战机飞临塞浦路斯领空进行投弹和轰炸等实战演习。2000年5月，希腊海军与塞浦路斯国民警卫队在拉纳卡地区举行联合军事演习。10月，两国海、空军举行代号为"胜利者"的联合军事演习。由于塞浦路斯问题长期得不到解决，塞希之间必将保持密切的军事合作。2001年4月，塞浦路斯政府与希腊在塞浦路斯举行代号为"弓箭手——韦尔伊纳"的联合军事演习，希腊空军和海军参加了这次演习。希腊战机飞越塞浦路斯上空，并向地面实施模拟攻击，塞浦路斯国民卫队则对其防空体系进行全面测试，两国武装部队还在塞岛附近洋面上进行救援演习。

随着希腊与土耳其关系的改善，希腊政府在保持与塞浦路斯政府密切军事合作关系的同时，对于与塞浦路斯政府共同举行军事演习持谨慎态度。2008年6月，塞浦路斯国防部部长帕帕科斯塔斯访问希腊，与希腊国防部部长梅马拉基斯讨论两国军事合作事宜。10月，塞浦路斯政府宣布取消代号为"胜利"的年度军事演习。

❦ 二、土耳其族与土耳其军事关系

土耳其族当局与土耳其长期保持密切军事合作关系，签订了一系列包含军事合作在内的协议。1995年12月28日，土耳其族领导人登克塔什与土耳其总统德米雷尔在安卡拉会谈，联合宣言声称土耳其对土耳其族的支持将包括安全防务[1]。1996年11月，塞浦路斯"导弹风

---

[1] 《新华每日电讯》1995年12月31日；《参考资料》1995年12月31日。

波"过程中，土耳其族与土耳其军队进行了名为"公牛96-2"联合军事演习，土耳其外交部声言不会容忍塞部署远程导弹。1997年1月13日—14日，土耳其总参谋长卡拉达伊访问"北塞"。20日，土耳其族领导人登克塔什与土耳其总统德米雷尔在安卡拉签署"联合防务概念"宣言，表示土耳其将始终不渝地支持"北塞"，确保土耳其族的安全。1998年5月和7月，土耳其副总参谋长比尔、总参谋长卡拉达伊先后访问"北塞"，同土耳其族领导人登克塔什会晤并视察土耳其在"北塞"的驻军。11月，土耳其军队和"北塞"安全部队在土耳其族区举行名为"公牛98-2"的联合军事演习。

土耳其与希腊关系的改善，也在一定程度上影响着土耳其族与希腊族关系的缓和。2005年11月，土耳其族当局举行了代号为"托罗斯"的大规模军事演习，参加演习的部队除土耳其族安全部队之外，还有后备役军人和民兵，演习区域包括土耳其族所有区域，但驻"北塞"的土耳其军队没有参加。2008年10月，土耳其族当局宣布取消土耳其族与土耳其拟举行的代号为"托罗斯"的联合军事演习。实际上，希、土两民族为营造和谈氛围，双方均宣布取消当年的例行军事演习，这一举动也得到了希腊和土耳其两国政府的支持。

第五章　文化

第一节　语言文字

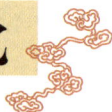 一、语言

根据塞浦路斯共和国1960年宪法第3条第1款，"共和国的官方语言是希腊语和土耳其语"[1]。希腊语属于印欧语系希腊语族。希腊族人讲希腊语塞浦路斯方言，其中较多地保留了希腊语的古代部分，受英语、意大利语影响较大。亚美尼亚语和塞浦路斯马龙派的阿拉伯语被确认为少数民族语言。英语虽然没有官方语言的地位，但被广泛使用，如路标、公告和广告等多用英语。英语是英国殖民统治时期的唯一官方语言和通用语，而且在塞浦路斯共和国成立后，1989年之前法院仍然使用英语，1996年之前立法机构继续使用英语。在塞浦路斯政府控制区，80.4%的人精通英语并将其作为第二语言。继希腊语和英语之后，俄语为第三种语言，被广泛用于商店和餐馆名称，特别是在利马索尔和帕福斯地区。[2]除此之外，还有12%的人能讲法语，5%的

① "The Constitution of the Republic of Cyprus", CY_Constitution.pdf http://www.presidency.gov.cy/presidency/presidency.nsf/all/1003AEDD83EED9C7C225756F0023C6AD/$file/CY_Constitution.pdf. Retrieved 25 July 2018.

② European Commission, Directorate-General for Education and Culture, ed. (2006). Euromosaic III: Presence of regional and minority language groups in the new member states. Brussels: Office for official publications of the European communities. p. 19. Retrieved 25 July 2018.

人能讲德语。①

　　塞浦路斯的另一官方语言是土耳其语。土耳其语属阿尔泰语系突厥语族。在塞浦路斯，土耳其族人讲的土耳其语有两种方言：一种是塞浦路斯的土耳其方言，也称奥斯曼语；另一种是土耳其大陆的土耳其语，主要由土耳其大陆的移民和军人引入。土耳其族人的语言差异，主要是受到20世纪初土耳其改革的影响。②

　　此外，塞浦路斯的亚美尼亚人原来使用亚美尼亚语，但现在他们更多地使用希腊族人讲的希腊语。马龙派信徒原操古叙利亚语和阿拉伯语混杂的语言，现在马龙派信徒也能够流利地使用希腊语。

✿ 二、文字

　　作为塞浦路斯的主体民族，希腊族人书写使用希腊文，土耳其族人书写使用土耳其文。另外，英文也被广泛使用。少数民族亚美尼亚人和马龙派信徒也使用希腊文书写。

第二节　　文学

　　塞浦路斯古代文学作品包括史诗《库普里斯》，这部史诗可能创作于公元前7世纪晚期，作者是斯塔西努斯。塞浦路斯是希腊和欧洲诗歌的发源地之一。塞浦路斯人芝诺是斯多葛派哲学学派的创始人。史诗，尤其是拓荒者之歌，在中世纪盛极一时。塞浦路斯的两部编年史值得一提，编写者分别是莱昂提奥斯·马提亚斯和乔治奥斯·伏斯托尼奥斯，时间涵盖整个中世纪，直到鲁西格南王朝统治结束。

---

① Europeans and their Languages, Eurobarometer, European Commission, 2006, p.13. Microsoft Word - ReporEN v2_v3.doc http://ec.europa.eu/commfrontoffice/publicopinion/archives/ebs/ebs_243_en.pdf. Retrieved 25 July 2018.

② European Commission, Directorate-General for Education and Culture, ed. (2006). Euromosaic III: Presence of regional and minority language groups in the new member states. Brussels: Office for official publications of the European communities. p. 19. Retrieved 25 July 2018.

塞浦路斯现代文学形成于拜占庭时期，既包括用塞浦路斯希腊族人方言创作的作品，也包括用希腊世界普遍流行的希腊语"Koine"（以阿提喀方言为主的希腊共通语）创作的作品。但当提到"希腊人文学"时，即指诗歌而非散文。因为在19世纪末之前，以故事、叙事和小说等形式的塞浦路斯散文还未形成。塞浦路斯诗歌有两种，即-和学识诗歌。

通俗诗歌是指以希腊人方言创作的民歌，可以在任何场合歌唱。这种诗歌没有准确的作者，它是民间以适合民族心理和感觉，不断添加取舍、口耳相传，逐步形成的。现代最为流行的民歌是武士歌，描述的是拜占庭时期守卫边疆的武士们的生活和他们与来犯之敌英勇战斗的情景。虽然塞浦路斯并没有这样的武士，显然这些歌谣来自本都[1]和小亚细亚，但塞浦路斯人对其取舍加工后使之变成了自己的民歌，他们也相信这些武士就生活在塞浦路斯，而且塞浦路斯的有些地名也源于这些武士的名字，如"狄伊尼斯岩""狄伊尼斯台"等。[2]

另一种广为流传的民歌是爱情歌，其中《阿罗达佛诺乌萨之歌》最有影响，讲述的是鲁西格南王朝最著名的国王彼得一世（1359—1369年在位）与乔安娜·阿莱曼的爱情故事。

塞浦路斯民歌中还有婚礼歌，流传甚久，至今在传统的婚礼上仍可听到。

学识诗歌大多用现代希腊语写成，偶尔也有希腊民族方言作品。特别值得一提的学识诗歌诗人是圣尼奥弗图斯，他生活于艾萨克·克穆宁时期和鲁西格南王朝初期，其作品既有历史叙事，也有宗教内容的赞美诗。鲁西格南王朝时期最负盛名的诗歌是《中世纪赞美诗》，其作者不详，创作于16世纪，其手稿现藏于威尼斯的Markian图书馆，是目前发现的第一部中世纪时期用希腊族方言创作的赞美诗，其中夹杂着意大利文和法文词汇。

奥斯曼帝国统治时期，希腊族人认为，希腊民族的文化受到了奥斯曼帝国统治者的压制，无任何值得一提的文学作品可言，直到英国统治后，希腊族文化才开始复兴。英国统治时期，最有影响的诗人是

---

[1] Pontus，黑海南岸古王国。

[2] Katia Hadjidemetriou, *A History of Cyprus* (Translated by Costas Hadjigeorgiou), Hermes Media Press Ltd., 2002, pp.407-409.

瓦西利斯·米科里迪斯（1851—1917年），他采用多种形式创作，其中用希腊民族方言创作的主要作品有：《6月9日》《契奥提萨》《涅瑞伊得斯》（希腊神话中海的女神）。米科里迪斯被视为希腊人的民族诗人。另一位著名诗人是迪梅特里斯·里普提斯（1866—1937年），他用希腊族方言创作的作品风靡塞浦路斯的大街小巷和乡村。米科里迪斯和里普提斯对当代希腊民族诗歌产生了重要影响，这在当代诗人如帕乌劳斯·里安西迪斯和基里安克斯·卡尔尼纳斯的作品中均有体现。

塞浦路斯散文于19世纪末才出现，而且也没有诗歌那样有影响。20世纪最重要的两位散文作家是尼科斯·尼科拉迪斯和莱克斯·阿克里塔斯，前者生活于埃及，后者居于雅典。而尼科斯·乌拉伊米斯被认为是第一位塞浦路斯散文作家。①

土耳其族诗人哈桑·希尔米·埃芬迪颇具影响，得到了奥斯曼帝国苏丹马赫穆德二世的嘉奖，被誉为"苏丹的诗人"。②诗歌是土耳其族区流行最广泛的文学形式。土耳其族的诗歌，基于土耳其文学，且受到塞浦路斯地方文化的影响，是对英国殖民历史的某种反映。土耳其凯末尔革命推动用拉丁字母取代土耳其文中的阿拉伯字母后，新时代土耳其族诗歌的显著特点，是强烈的民族主义倾向和土耳其人的政治立场，反映了土耳其大陆的社会现实。这类诗人有纳齐夫·苏莱曼埃伯格鲁、乌尔基·米内·鲍曼、恩金·古鲁、尼克拉·萨利赫·苏菲、佩比·马尔马拉等。另外一类诗人，如奥斯曼·图尔克（两次获诺贝尔文学奖提名）、奥兹克·亚辛、莱乌扎特·雅尔契受到土耳其早期诗风的影响，寻求创作更原创的风尚，他们多产且在土耳其民族区影响广泛，被认为是土耳其民族文学的中坚。

1970年代，受奥兹克·亚辛（1932—2011年）、奥斯曼·图尔克、莱乌扎特·雅尔契的影响，民族主义主题让位于塞浦路斯化，在这一时期，所谓的"1974年代诗人"崛起，引领者包括诗人穆罕默德·亚辛、哈克基·约瑟、尼斯·邓尼兹戈卢，女诗人尼兹·亚辛、阿森·达戈利、贾南·苏迈尔。这一时期诗歌的特点是对土耳其族身

---

① Katia Hadjidemetriou, *A History of Cyprus* (Translated by Costas Hadjigeorgiou), Hermes Media Press Ltd., 2002, p.417.

② Ahmet C. Gazioğlu, *The Turks in Cyprus: A province of the Ottoman Empire (1571—1878)*, London: K. Rustem & Brother, 1990, pp.293-295.

份的欣赏，且明显有别于土耳其身份，塞浦路斯是土耳其人家园的认同取代了土耳其，这一点显然有别于以前的民族主义诗歌，这一诗风常被称为"塞浦路斯拒绝诗歌"，以对抗土耳其，彰显了在经历1974年土耳其出兵塞浦路斯之后，土耳其人文化与土耳其文化之间的裂缝，以及对独立的土耳其族身份的认同和土耳其族诗歌的形成。伴随着体现女权主义要素，尤其在尼里曼·贾希特的诗歌里得到充分反映。受到土耳其族社会自由的影响，1980年代的土耳其族诗歌增强了对地中海身份的认同元素。

第三节　　艺术

❧ 一、音乐

塞浦路斯的传统民间音乐与希腊、土耳其和阿拉伯音乐有共同元素，包括希腊族人和土耳其族人的舞蹈，如Sousta，Syrtos，Zeibekikos、Tatsia和Karsilamas，以及中东的Tsifteteli和Arapies。还有一种被称为Chattista的音乐诗，经常在传统的宴会和庆典上表演。塞浦路斯民间音乐通常与小提琴、鲁特琴、手风琴、塞浦路斯长笛、厄乌德琴和打击乐器联系在一起。与塞浦路斯传统音乐相关的作曲家包括梭伦·米海利季斯、马里奥斯·拓卡斯、埃瓦哥拉斯·卡拉吉欧斯和萨瓦斯·萨利季斯。音乐家中还有著名的钢琴家塞普里安·卡萨里斯、欧洲文化之都的作曲家和艺术总监马里奥斯·约努·埃利亚等。

塞浦路斯流行音乐受到希腊流行音乐的影响较大，演唱者用希腊语演唱并身穿希腊传统服装。流行音乐家有安娜·维西、埃夫迪基（Evridiki）和萨贝尔。[1]塞浦路斯的流行音乐有嘻哈音乐、节奏布鲁斯音乐、雷鬼音乐、说唱音乐、都市音乐等。塞浦路斯的摇滚音乐和恩德克诺摇滚乐，经常与米夏里斯·哈齐亚尼斯和阿尔基诺斯·伊阿尼迪斯（Alkinoos Ioannidis）等艺术家联系在一起。

塞浦路斯有两个管弦乐团，即塞浦路斯国家管弦乐团和塞浦路斯

---

① Paul Hellander, Kate Armstrong, Michael Clark, Christopher Deliso, *Lonely Planet Greek Islands*, Lonely Planet. 2008, p.49.

国家青年管弦乐团。1999年10月，塞部长委员会通过决议将管弦乐团升级为国家级专业乐团。塞浦路斯国家管弦乐团每年举办近10场系列的音乐会，在塞浦路斯主要城镇巡回演出。此外，国家管弦乐团还定期在学校举行音乐会，在各种场合举行临时音乐会。塞浦路斯国家青年管弦乐团有成员70名，年龄为11~25周岁，每年演出2~3个曲目，在主要城镇巡回演出。此外，塞浦路斯国家青年管弦乐团每年还组织为期10天的夏季学校，对个人和团体进行音乐知识的教授和培训。

土耳其族的民间音乐由丰富多样的地方曲调组成，受土耳其大陆音乐的影响有限。从历史上看，土耳其族民间音乐是围绕婚礼传统而形成的，婚礼是当时主要社会聚会活动。小提琴、高脚杯鼓、唢呐和其他鼓类乐器①，在这些聚会中大量使用，诸多传统歌曲就是基于这一传统而发展起来的。"北塞"交响乐团自1975年以来一直很活跃。凯里尼亚的贝拉派斯修道院举办国际古典音乐节日，被认为是古典音乐的重要平台。土耳其族区还有尼科西亚市管弦乐队，也在公园和广场等露天场所演奏，举行一年一度的城墙爵士音乐节。卢亚·塔尔内是土耳其族著名钢琴家，在国际上享有盛誉。土耳其族区城镇定期举办包括本地及国际歌手和乐队表演的音乐会。一些土耳其族歌手，如女歌星兹伊莱特·萨利和伊辛·卡拉加，在土耳其也家喻户晓。土耳其族的锡拉第四乐团制作的音乐，被认为是土耳其族的名片，在土耳其也颇受欢迎。土耳其族人也非常喜欢摇滚乐和流行音乐，如莫尔富的摇滚乐队SOS，摇滚乐歌手及作曲家菲克里·卡拉耶等。

❧ 二、舞蹈

希腊族和土耳其族的舞蹈有sousta、希尔托、zeibekikos、tatsia和卡拉玛蒂诺士。

希尔托是塞浦路斯希腊族的一种民间舞蹈，起源于古希腊的一种名为"pyrrhichios"的战舞，即军事舞蹈，在克里特岛和巴尔干半岛也很流行，其音乐通常用里拉琴、鲁特琴和曼陀林（一种琵琶乐器）

---

① 土耳其族的民族乐器由鼓（davul，一种大鼓，用一根棍子打击）、唢呐（zurna）、达拉布卡鼓（darbuka）和古提琴（fiddle）组成，这些乐器可以提供基本的音乐节奏。参见 *Folk Dancing Music*, http://www.cyprusive.com/CID=76, 2011-02-05.

演奏。舞蹈中有求爱的元素，通常由异性对舞的男女表演，也有舞者排成一行，跟着第一个舞者表演出复杂的动作。爱琴海诸岛也都流行这种舞蹈。

希尔托和卡拉玛蒂诺士是希腊族民间舞蹈，是希腊族人最喜爱的舞蹈，在世界各地的希腊人中广受欢迎，在社交聚会、婚礼和宗教节日中非常流行。希尔托和卡拉玛蒂诺士的舞步相同，但前者是4/4拍，而后者则是7/8拍——3慢、2快、2快节奏。这两种舞都是直线舞和圆圈舞，舞者手牵手，面朝右，排成一条曲线，队伍右边舞者是领队，领队也可能是一位独唱演员，即兴表演，其他舞者表演基本动作，当领队快速旋转时，他（她）后边舞者停止跳舞，用手绢系着他（她）以保持平衡。在有些地方，两边成对的Syrtos舞者手拿一块手帕。在不同的地区，希尔托也有所不同。

Tatsia是塞浦路斯的传统舞蹈，因表演者手持一个筛子，也称筛舞。Tatsia是一种技巧性舞蹈，舞者的手和身体相互配合，不停地舞动。舞者手里拿着一个筛子，四根手指放在筛子内侧边缘，拇指在筛子外侧顶部。舞者助手（通常是一位女性）或者舞者自己，在筛子的内侧边缘放上一杯酒（玻璃杯中的酒不能超过杯子的中部）。舞者手握筛子，随着节奏起舞，做出各种各样的动作。舞者可以放更多的酒杯，为了能放三个以上，需要一个更大的筛子和一小木块，小木块放在三个酒杯上，在小木块上放更多的酒杯。任何情况下，酒杯都不能碰到筛子的顶部。动作必须敏捷优雅，否则杯子会掉或酒会洒出。这种舞蹈是由塞浦路斯男子以竞赛形式创造的，或者是为了给女士留下深刻印象。有些动作即使是专业人士也很难做到，要求舞者须有耐力，双手敏捷，舞步精悍。

Zeibekiko是希腊民族舞蹈，其名称源于17世纪晚期至20世纪初，生活在爱琴海地区的一支奥斯曼帝国的民兵组织Zeybeks。它最早出现于17世纪末的伊斯坦布尔和伊兹密尔等城市。奥斯曼帝国时期著名旅行家爱维亚·瑟勒比在其旅行记中提到，在希腊的玛格尼西亚地区和艾登地区，看到当地人在宴会上跳这种舞。起初这种舞是两个全副武装的士兵面对面跳，后来发展为一个男子单独跳。[①]该舞的节奏通常是9／4拍或9／8拍。这种古老舞蹈，只适于男性跳。由于舞者的动作，该舞也被称为"鹰舞"。[②]该舞没有固定的舞步，只是特定的人和旋转动作。场地也无须多大，主要是即兴表演。[③]有时舞者也会表演一些技艺，比如站在一只酒杯或一把椅子或壁炉上，或拿起一张桌子，增加一点吹牛和幽默的元素。

土耳其族文化也融合了诸多民间舞蹈，并受到不同程度的影响，包括不同特色的卡塞拉玛舞、希夫特尔里舞和泽耶贝克舞。土耳其族的民族舞通常按照这样的顺序进行：集体舞、妇女舞、戏剧舞、屠夫舞。集体舞为男女同台共舞，而妇女舞的节奏一般较为缓慢。土耳其族民族舞的显著特点是舞蹈者穿戴艳丽的民族服饰。土耳其族人在跳民族舞时还有民族音乐伴奏。土耳其族每年都要举行民族舞蹈比赛活动。

❧ 三、绘画

塞浦路斯的艺术史可以追溯到一万年前，在科伊罗库亚和伦帕村，发现了一系列铜石并存时代的雕刻。塞浦路斯被称为中世纪高质量的宗教圣像绘画和许多彩绘教堂的故乡。塞浦路斯的建筑深受拉丁统治时期(1191—1571年)引入的法国哥特式建筑和意大利文艺复兴的影响。

现代塞浦路斯艺术始于画家瓦西利斯·弗里奥尼德（1883—1958），他曾在威尼斯美术学院学习。现代塞浦路斯艺术的两位奠基人是阿扎曼蒂奥斯·迪亚曼蒂斯（1900—1994）和克里斯托弗罗斯·萨瓦（1924—1968），前者曾在英国皇家艺术学院学习，后者曾于伦敦圣马丁艺术学院学习。这两位艺术家在许多方面都为后来塞浦路斯艺术

---

① V.Tyrovola, "The evolutionary process of the dynamics of popular urban culture: The case of Zeibekiko dance", *Proceedings of the 17th Symposium of the Study Group of Ethnoarchaeology*, 1994, pp.107-113.

② Maura McGinnis, Greece: A primary source cultural guide (1st ed.), New York: Rosen Publishing Group, 2004.

③ Holst, Gail, *Road to rembetika : Music of a Greek sub-culture : Songs of love, sorrow, and hashish* (Reprinted with amendments 1994. ed.), Athens: Denise Harvey, 1994, p. 268.

的发展做出了贡献，他们的艺术风格和教育模式影响至今。塞浦路斯
艺术家在英国学习深造，[1]还有一部分则在希腊的艺术学校学习，或在
塞浦路斯的艺术机构学习深造，如塞浦路斯艺术学院、尼科西亚大学
和弗雷德里克理工学院。

　　塞浦路斯绘画艺术的特点之一是现实主义的绘画倾向，观念艺术
也为艺术机构和最著名的尼科西亚艺术中心极力推崇。主要城镇都有
美术馆和画廊，商业艺术场所规模宏大、生机勃勃。

　　塞浦路斯的著名绘画艺术家还有海琳·布莱克、卡洛佩迪斯、帕
帕约蒂斯·卡洛科蒂、尼科斯·尼克莱代斯、史塔斯·帕拉斯科斯、
阿尔斯蒂斯·斯塔斯、特莱马乔斯·坎托斯、康士坦堤亚·索芙克丽
丝、克里斯·埃奇里奥斯，以及土耳其族人的伊斯梅特·居内伊、鲁
恩·阿塔坎、穆特卢·森尔克兹等。

---

[1]　Michael Paraskos, The Art of Modern Cyprus, *Sunjet*, Spring 2002, p.62.

第六章　社会

第一节 人口与民族

一、人口

　　根据塞浦路斯共和国政府2017年统计，截至2016年年底，塞浦路斯共和国总人口为947 000人。按照塞浦路斯政府的说法，"该总人口数据不包括来自土耳其的非法定居者"。总人口中，希腊族区人口为706 800人，占74.6%；土耳其民族区人口为92 200人，占9.8%；外国居民人口为148 000人，占15.6%。在希腊民族区的民族宗教团体人口比例为：亚美尼亚人占0.4%，马龙派信徒占0.7%，拉丁人占0.1%。

　　值得注意的是，对于土耳其族控制区的人口数量，塞浦路斯共和国政府公布的数据与"北塞"当局公布的数据有较大差异。1996年，"北塞"当局进行了第一次官方人口普查，注册人口为200 587人。2006年进行的第二次人口普查显示，"北塞"人口为265 100人，其中大多数是本地居住的土耳其族人（包括来自塞浦路斯南部的难民），以及来自土耳其的定居者。在17.8万土耳其族公民中，82%是在塞浦路斯土生土长的土耳其族人（14.5万）。在4.5万非塞浦路斯籍人口中，近40%（1.7万）出生在塞浦路斯。非塞浦路斯土耳其族公民（包括学生、外来务工人员和暂居人口）人数为7.8万人。①2011年，在联合国观察员的监督下，"北塞"当局进行了第三次人口普查，人口总数为294 906人。

❧ 二、民族

塞浦路斯最早居民是古塞浦路斯人，也称土著塞浦路斯人，生活于公元前4600—公元前4500年，可能来自叙利亚—巴勒斯坦沿海地区或安纳托利亚地区。土著塞浦路斯人与很早就有雅利安人部落定居的安纳托利亚大陆上的人是同一种族。②

公元前16世纪，古希腊的迈锡尼—阿卡亚人移民塞浦路斯，特别是公元前12—公元前11世纪之交的特洛伊战争，造成了古希腊人向塞浦路斯更大规模的移民，古希腊人逐渐成为塞浦路斯的主体民族。现在塞浦路斯的希腊人便是移居塞浦路斯的古希腊人的后裔。

578年，拜占庭帝国皇帝查丁尼二世打败波斯帝国，占领亚美尼亚，将3 350名亚美尼亚人掳往塞浦路斯，分给他们土地，让其作为"保护人员和自耕小农"定居于塞岛北部，以增强塞浦路斯自身抵御阿拉伯人袭扰的能力。③1136年，拜占庭帝国征服亚美尼亚后，大量亚美尼亚人被迫移民塞浦路斯。第一次世界大战后，随着高加索地区亚美尼亚民族主义运动走向低潮，许多亚美尼亚人选择移居英国统治的塞浦路斯，主要居住在塞浦路斯的各城市，大多从事商业。现在塞浦路斯的亚美尼亚人正是上述不同时期亚美尼亚人移民的后裔。

现在生活在塞浦路斯的马龙派信徒，是十字军东征时期从叙利亚逃难来到塞浦路斯的马龙派信徒的后裔，主要定居于塞浦路斯的西部地区。

---

① Simon Bahceli, "Indigenous Turkish Cypriots just over half north's population", *Cyprus Mail*, 15 February 2007. Archived from the original on 30 September 2007.

② [塞浦]C·斯布达里奇著，北京第二外国语学院英语系翻译组译：《塞浦路斯简史》，北京人民出版社1973年版，第9页。

③ Costas P.Kyrris, *History of Cyprus*, Nicocles Publishing House, 1985, pp.169-170, 206.

塞浦路斯的亚美尼亚人和马龙派信徒，在宗教上与希腊人同属基督教，而且与希腊族人有密切而频繁的政治、经济和文化交往，"他们现在已完全被岛上（希腊人）的生活方式所同化。亚美尼亚人和叙利亚的马龙派信徒都自愿留在具有塞浦路斯希腊族人的社会风俗和文化传统的区域内，用希腊语作为同官方和外来人士交流的语言。"①

塞浦路斯还有少许拉丁人，他们是法兰克人统治下的鲁西格南王朝和威尼斯统治时期以及英国统治时期的欧洲移民及其后裔，主要居住在塞浦路斯南部港口城市。

1571年9月，奥斯曼帝国征服塞浦路斯后，土耳其人移民并长期定居塞浦路斯。从此，塞浦路斯出现了土耳其人，现在的土耳其族人即是早期土耳其人定居者的后裔。

第二节　宗教

塞浦路斯国民的宗教信仰基本上因民族不同而不同，希腊族、土耳其族、马龙派信徒、亚美尼亚人和拉丁人均有不同宗教信仰。

希腊族人信仰希腊东正教。塞浦路斯希腊东正教会设有圣主教公会（由5名在职的都主教组成，受大主教领导），下设1个大主教区、5个都主教区，有神职人员千余人，教堂600多座，修道院10多座，神学院1所，教徒40多万人。大主教府设在首都尼科西亚，大主教头衔仍延用拜占庭帝国时期的传统，即"新查士丁尼区兼全塞浦路斯大主教"。现任大主教是克里索斯托莫斯二世。

土耳其族人信仰伊斯兰教逊尼派哈乃斐教法学派。中小学可以学习伊斯兰教教义，但不强制。婚礼更多采取现代礼仪。土耳其族人通常在斋月期间参加周五主麻日聚礼。哈拉·苏丹·特克清真寺是塞浦路斯最大的清真寺。②

马龙派信徒信仰东仪天主教的马龙派。亚美尼亚人宗教上属基督教亚美尼亚教会。

---

① [英]迈克尔·李、汉卡·李著，北京师范学院《塞浦路斯》翻译小组译：《塞浦路斯》，北京人民出版社1977年版，第64页。

② Penny Drayton, "Aphrodite's island", *Wood & water*, January 1993, 2 (41).

　　根据2001年塞浦路斯政府对其控制地区进行的人口普查，94.8%
的人口信仰东正教，0.9%的人口为亚美尼亚人和马龙派信徒，1.5%的
人口为罗马天主教徒，1.0%的人口为英格兰教会的信使，0.6%的人口
为穆斯林，其余的人口信奉其他宗教，或者不表明自己的宗教。塞浦
路斯还有一个信仰犹太教的犹太人社区。

第三节　民俗与节日

❀ 一、民俗

　　关于塞浦路斯的民俗，希腊人和土耳其人两个主体民族因历史文
化和宗教传统不同而各有特色。

1.希腊族人

　　希腊族人性格坚强，温和善良，诚实好客。亲友久别重逢时，
行握手礼和拥抱礼。平时见面或初次见面时，轻轻握手或点头致
意。向陌生人问路或打听有关事宜，应礼貌地称呼对方，说明自己
的身份和请求，均会得到帮助。希腊族人请客人吃饭，如果没有特
殊理由，最好不要拒绝。岛上有句俗话：咖啡没凉就离开，是不礼
貌的行为。

　　希腊族人特别喜欢打猎。特罗多斯山脉延绵3 200平方千米，约占
塞浦路斯面积的1/3，森林密布，飞禽走兽众多。塞浦路斯政府每年要
发数万打猎许可证，人们喜欢在节假日进山打猎。希腊族人还喜欢跳
舞。闲坐也是希腊族人的一种消遣方式。

　　希腊族人喜爱的颜色是素灰色和蓝白相间的色彩。

　　在家居生活方面，城市居民居住的主要是现代高楼大厦，但在农
村地区，大多仍为传统住宅。农村住宅的建筑式样风格，与新石器时
代后期的住宅结构没有太多变化。房屋一般用土坯、石头和普通木料
建成。塞浦路斯雨水相对较少，多建平坦屋顶，以便晾晒农产品，甚
至睡觉纳凉。房屋一般有三个房间，分别用作住宿、仓库和饲养家
畜。房子中间有天井，院子里种植葡萄树，葡萄架下一般都有水井，
另有土灶，户外有厕所。种植的柠檬树丛围绕庭院，形成绿色围墙。

农舍附近是自家的田地，田园中的农舍显得格外静谧优美。

希腊族人有自己独特的饮食传统，大多数人喜欢吃一种叫"马伊卡"的饼状食品。另有一种叫"格里基斯"的半蜜饯的美味小吃，用水果、果皮或花片做成。希腊族人常用特制的银叉用餐。在他们的饮食中主要调料是橄榄油和香料。平日工作时用餐简单，但到了星期天、节假日和宴会时，人们喜欢远离城市到海滨或农村，在橄榄树下或圣庙旁边吃烤肉。他们喜欢把羊肉焖熟后，就着盐和生菜、沙拉一块吃，还大量佐以酒，如白兰地。宴请酒席叫麦滋，通常会有二三十道菜。酒和咖啡是希腊族人的常用饮品。

希腊族人的婚姻传统历史久远。求爱时，小伙子必须向姑娘唱"百句情话"求爱歌，歌词很长，小伙子必须歌词熟练、唱得动听，才能打动姑娘的心。结婚的日子一定要选在月圆后的第一个星期日。婚礼中最具特色的是装填床垫礼，7~9个已婚年轻妇女坐在草席上，在乐队的伴奏下，用红线缝褥子。缝好褥子后，主婚人抱来一个漂亮的小男孩儿，把他包在新缝的褥子里，朝四面八方转一圈，以祝愿新人早生贵子。褥子铺到床上时，下面放一把张开的剪刀，以祛邪恶和谗言。

结婚仪式在教堂举行，新郎、新娘骑着马由亲友陪同从各自的村子走向教堂，人们向新郎、新娘撒棉籽、豆子和小铜钱，祝愿他们幸福美满。东正教教士为他们祈祷，新郎、新娘交换戒指，接受祝福。农村婚礼的婚宴要持续1~3天。在宴会上，宾客们要把纸币别在新郎新娘的衣服上，直到别满为止。婚礼进行至第三天时，人们一起跳舞狂欢，将婚礼推向高潮。婚礼后宾客要参观新居，赠送礼品。新婚夫妇一般住在新娘陪嫁过来的房子里，不与双方父母一起居住。对希腊族人来说，女儿出嫁是一件大事，父母要给女儿丰厚的嫁妆，其中包括一所新住宅，嫁妆由女儿带进她的新家庭，婚后仍属于她自己。如果父母陪送不起，女儿也许会一辈子嫁不出去。

2.土耳其族人

土耳其族人有自己的独特风俗。土耳其族人喜欢在国庆节、婚礼和丰收等吉庆场面跳民族舞，在大宾馆或旅游场所也能看到土耳其族人的民族舞蹈表演。

土耳其族人的饮食习惯也很有特色，他们喜欢用柠檬汁作为调味品，每顿餐都有鲜柠檬汁或柠檬片，与萝卜片和黑面包一起吃。土耳其族人通常用当地的大米加鸡蛋和柠檬熬汤，味美且开胃。用牛羊肉、鸡蛋和大蒜做成的带有辛辣味的炸肉饼，是土耳其族人的一种特色食品，类似于大米羊肉莱叶包。烤全羔羊和"Qeftali"kebab是土耳其族人的两种风味小吃，到"北塞"浏览，只有品尝了烤全羔羊和"Qeftali"kebab才算完美。土耳其族人热情好客，到土耳其族人家里做客，主人会给你端上浓香的咖啡、含有蜂蜜和坚果的蛋糕，如果是夏天，还会送上带有冰霜水果或果酱的水招待你。[①]

土耳其族人的手工艺品，如莱夫卡纳花边、颇显富贵的头巾、蚕茧工艺品、手工基里姆地毯等，是游人喜欢购买的纪念品。[②]

二、节日

塞浦路斯的节假日较多，有全国性的，也有希腊族人和土耳其族人的。

1.塞浦路斯全民共同的节日

元旦：每年1月1日；

塞浦路斯解放斗争纪念日：每年4月1日；

五一国际劳动节：每年5月1日；

青年和体育节：每年5月19日。

2.希腊族的主要节日

主显节：每年1月6日；

命名日：每年1月19日；

绿色星期一：每年希腊东正教复活节前第50天；

复活节：325年，尼西亚宗教会议规定，每年春分月圆后的第一个星期天为复活节，一般在3—4月，具体日期不固定；

圣灵降临节：每年6月4日；

跳火节：每年6月23日；

圣母升天节：每年8月15日；

圣诞节：每年12月25日；

塞浦路斯独立日（国庆日）：每年10月1日。

---

① *Food and Drink (Cuisine)* , http://www.cyprusive.com/?CID=54, 2011-02-05.

② *Traditional Hand Crafts*, http://www.cyprusive.com/?CID=57, 2011-02-05.

3.土耳其族人的主要节日

伊斯兰教新年：伊斯兰教历每年1月1日；

圣纪节：伊斯兰教历每年3月12日；

开斋节：伊斯兰教历每年10月1日；

宰牲节：伊斯兰教历每年12月10日。

第四节　教育

一、教育体制

塞浦路斯教育发达，大学毕业人数占人口比例的23%，基本扫除了文盲，在全球国民受教育程度排行榜中名列第三，仅次于美国和加拿大。塞浦路斯政府一贯重视教育，教育经费约占政府预算的13%，占国民生产总值（GNP）的4%。中小学和高等专科学校的师生比例为1：15.9。塞浦路斯的私营教育发达。2016年，塞浦路斯私营教育从业者有9 143人，人工成本为200 012.1万欧元，总产值为34 439.9万欧元，附加值为24 186.8万欧元，经营利润为2 289.8万欧元。[①]

塞浦路斯的教育分四级：学龄前教育、小学、中学和高等教育，其中小学和初中为义务教育。设有私立和公立的学龄前幼儿园，其教员必须具备高等师范学校学历才能执教。学龄前儿童从5岁零8个月起开始进入小学，学制为6年，小学毕业后基本全部升入中学。中学按地区划分接受学生，学制为6年，初中、高中各3年。除普通中学外还设有私立的职业中学和技术夜校。

塞浦路斯的教育主要由教育与文化部管辖。另外，部分职业教育和中等职业教育归劳工与社会保障部、农业部和卫生部负责。

教育机构的管理人员和教师的任命、调动、晋升和惩戒，完全由政府控制。各类学校的课程的制定和教材的使用，也完全由政府规定，而且政府经常派检查员到学校进行检查、听取建议和意见，起到监督作用，并对学校的管理和教学情况做出评估。

---

① "Services and transport survey, 2016, main figures (private sector)", Republic of Cyprus, Statistical Service, 2018.

教育与文化部下设有教育委员会，其成员由部长委员会任命。教育与文化部根据教育委员会的建议，制定相关的教育政策法规。此外，各行政区设有地方教育委员会，负责公立学校的校舍建设、设备购置和维护。在管理方面，私立学校也受教育与文化部的监督和检查。

（一）学前教育

学前教育学校遍布整个塞浦路斯，归属教育与文化部管辖，是强制性教育，为期一年，接受3周岁以上（含3周岁）儿童。教育目标是满足儿童的需要，让儿童在一种体验性的环境中发展综合个性，发现自我潜能，提高自我形象认识。

学前教育学校有如下类型：

公立幼儿园：由教育与文化部、家长协会、社区管理机构共同合作建立。

市镇自治幼儿园：由家长协会和社区管理机构共同或社区管理机构独自建立和管理，但必须在教育与文化部登记，每年可获得政府丰厚的补助。

私立幼儿园：经教育与文化部批准，由个人建立和运营。

（二）初等教育

初等教育是由政府拨款和管理的义务教育，学制为6年，入学年龄为年满5周岁零8个月的儿童。所有乡镇和村庄都设有小学，每所学校的学生一般都不少于15人。教师与学生的比例为1∶17。每位老师负责的学生人数绝对不能超过32人，对于一年级学生，一位教师最多只能负责30人。完成6年制初等教育后，学生可获得毕业证书。

（三）特殊教育

塞浦路斯的特殊教育发展较快。将有特殊需要的儿童纳入普通教育，是塞浦路斯教育与文化部的一贯政策，实施特殊教育有利于那些有特殊教育需要的儿童的智力开发和健康发展。

塞浦路斯政府鼓励和支持将特殊儿童教育纳入普通教育之中，对于那些有着严重需要的儿童，特殊教育的教师会被分配到普通学校，为他们提供额外的教育帮助，以支持他们的教育和帮助他们融入社会。听力障碍以及患有孤僻症的学龄前儿童中的一部门，也被并入普通教育，将他们安置到邻近幼儿园和小学的特殊团体中，使他们也能够参加正常班级的部分活动。

对于那些有严重精神、身体、感官和情绪问题的儿童，必须进入特殊学校，但政府努力促进特殊学校与普通学校之间建立各种联系，使每个孩子都能够获得机会均等的教育。

（四）中学教育

中学教育在塞浦路斯教育结构中占有很大比重。中学有公立中学和私立中学。塞浦路斯全国所有15周岁以下的儿童，不论是在城镇还是在农村，都享有免费接受义务教育的权利。

私立中学有非营利性的教会学校、一定营利性的职业技术类学校和外国语（或培训）学校。只有在教育与文化部登记的私立中学，才有资格进行合法的招生和开展教学。私立中学在运营和课程设置等方面享有很大的自主权，但在制订教学计划和对学生的能力培养方面必须符合塞浦路斯政府颁布的教育法的规定。大多数私立中学实行6年制教育，其中前三年主要是基础知识教育。外国语学校，如教授英语、法语、意大利语或阿拉伯语的外语学校，学制一般为6年或7年。

公立普通中学，学制为6年，学习年龄为12～18周岁的儿童。按照国家教育政策，公立中学在学生年龄达到15周岁生日之前的前三年，实行义务教育。在其后的三年中，学校根据每个学生的爱好、才能和兴趣，制订灵活多样的教学计划，提供相应的教育。此外，要求每个顺利完成学业的学生必须参加毕业典礼。公立中学教育的基本宗旨是：普及基础知识，并逐步为学生将来进行学术研究性或职业技术性或商务经营性的专门学习打下基础；为社会提供有知识、信仰民主、遵纪守法、道德高尚的良好公民。

普通中学教育分为初级中学教育和高级中学教育，相当于我国现行的初中和高中。初级中学为12～15周岁的学生提供较为广泛的基础知识学习，是为完成小学学习后顺利进入高级中学学习的一个过渡性学习阶段。从教学大纲看，从小学到初级中学再到高级中学，具有一致性和连续性。在初级中学学习的最后一年，学校的职业指导教师会向学生们提供专业选择的咨询和指导。

高级中学向所有从初级中学顺利毕业的学生开放，实行多元化教学，完成三种类型的任意一种均可获得毕业证书。拿到高中毕业证书后就有资格进入大学学习。此外，由于大学招生名额有限，符合条件的学生必须参加塞浦路斯政府教育与文化部组织的大学入学考试，根据学生的兴趣和成绩，进行分级分类录取。也有很多高中毕业生选择前往海外大学和高等教育机构学习深造。

（五）中等职业技术教育

塞浦路斯中等职业技术教育的首要目标是满足学生的专业爱好和职业需求，为学生获得合适的工作或进入高等学府继续深造打下基础。中等职业技术教育分为两个不同的方向：一是技术方向，主要学习技术方面的课程；二是职业方向，主要学习工艺方面的课程。两个方向课程设置的侧重点有所不同。在技术方向，普通教育和科学科目的课时占总课时的60%，而技术实践课时占40%。与此相反，在职业方向，技术实践课时占总课时的57.5%，而普通教育科目只占42.5%。完成规定的课程学习后，学生可获得毕业证书。职业技术教育的毕业证书与高级中学的毕业证书一样，均得到认可。所以，职业技术学校的毕业生有资格与高级中学毕业生一起竞争，进入国内外大学或高等教育机构学习深造，但技术方向的学生比职业方向的学生更希望继续深造。

随着塞浦路斯社会经济和全球化、信息化的迅猛发展，2001年塞教育与文化部开始对中等职业技术教育进行了一系列改革，改革的主要内容包括：修正中等职业技术教育的目标；修订现有课程并开设新课程；实施终身教育和培训；修订培训计划；在中等职业技术教育课程中引进新科目；引进新学科和新专业；对职业技术学校教师进行系统培训。同时，强调提升中等职业技术教育的地位和进一步普及中等职业技术教育。

（六）高等教育

1984年，塞浦路斯政府在教育与文化部下设立了负责高等教育发展的高等教育司，专门负责塞浦路斯大学的预算、师资结构、国际合作，私立大学的注册、管理、评估，以及塞浦路斯和希腊公立大学的入学考试事宜。

塞高等院校分为公立大学和高等教育公立机构、私立大学和高等教育私营机构。此外，还有与高等教育相关的研究机构，如塞浦路斯研究中心，其任务是使塞浦路斯人和其他学者能够系统地学习塞浦路斯的历史和文化。该中心所进行的都是与塞浦路斯相关的研究，即塞浦路斯的历史、语言、文献、民俗学、民族学，以及根据塞浦路斯社会国家需要开展的其他研究。该中心实际进行的研究有历史、语言文献学、民俗—民族志学。已整理过的档案有民俗—民族志档案、塞浦路斯被占领地区的口述传统档案、历史档案、20世纪战争回忆档案和文学档案。该研究中心出版有历史类的36种出版物、文学语言民俗类的28种出版物，以及该中心年刊《伊皮特斯》和该中心学术会议公报。塞浦路斯教育学会，其主要活动是进行教育、教育研究和评估、教育文献、教育技术的专业培训。这些培训由教育研究评估部、教育文献部、教育技术部和在职教育部四个部门来组织实施。

1.塞浦路斯主要的公立高校

（1）塞浦路斯大学

塞浦路斯大学建立于1989年，1992年开始招收第一批本科生，1997年开始招收首批研究生。该校的宗旨是通过教学科研推广科学与知识，为塞浦路斯文化、社会和经济发展提供智力支持。该校虽然建立时间短，但其教育和科研的高水平已得到国际学术界的高度认可，也是中国教育部认证的海外高等院校。

学校设有4个学院，包含13个系：人文社会科学学院（包括教育系、外语与外国文学系、社会与政治学系、土耳其研究系）、科学和实用技术学院（包括计算机科学系、数学与统计学系、自然科学系）、经济管理学院（包括经济系、公共管理系）、文学院（包括拜占庭与现代希腊研究系、古典文献与哲学系、历史与考古系）。

学校的研究项目学科涵盖广泛，项目经费源于大学预算或塞浦路斯及海外各类组织，尤其是欧盟的研究项目基金。为促进科研、合作和信息交流，该校与国外大学和研究中心建立了广泛的科研合作关系。学校的教学科研人员包括塞浦路斯和希腊的著名学者，以及来自欧洲、美洲和其他地区著名大学的优秀学者。

塞浦路斯大学的大部分本科学生是通过由政府教育与文化部组织的塞浦路斯全国考试录取的。持有所在国有关教育主管部门认可的6年制中学文凭、熟练掌握希腊语或土耳其语的国际学生，如能通过GCSE、GCE或其他同等考试，或通过塞浦路斯4所大学设置的专项考试，也可进入该校就读本科课程。

塞浦路斯大学的研究生录取条件，与欧洲和美国大学的通行标准和程序相同。依照塞浦路斯共和国宪法规定，教学的官方语言是希腊语和土耳其语。跨大学间的研究生合作项目，也可使用其他语言。在某些系，如英语研究系、法语研究系和现代语言系，授课语言分别为英语、法语和相对应语言。

塞浦路斯大学是地中海大学共同体成员（CMU），也是欧洲首都高校网络（UNICA）、英联邦大学协会（ACU）、欧洲大学协会（EUA）、阿拉伯国家和欧洲大学协会（AEUA）及LEONET的成员。该校还与众多国际组织，包括联合国教科文组织、欧洲高等教育中心和欧洲理事会建立了密切联系。此外，该校也在布鲁塞尔设有办事处，提供欧盟政策中有关大学，尤其是有关科研、教育和文化方面及时可靠的信息。此外，该校还组织一年一度的"职业日"讲座和有关就业与介绍国外研究生课程的其他活动。

塞浦路斯大学的学生出示学生证，即可在公立医院接受免费医疗。设立在该大学主楼的健康中心提供急救服务和保健咨询，同时组织预防宣传和捐赠。学校大学住宿办公室提供宿舍的费用和标准等相关信息，同时在每学年初提供公寓和房屋出租信息及需要合租室友的学生名单。[①]

（2）塞浦路斯公开大学

塞浦路斯公开大学成立于2002年，是塞浦路斯第二所国立大学。该大学是随着现代经济、社会和科技的发展，结合单一欧洲公民社会视角，贯彻终身学习理念，在开放和远程学习的基础上运行的一所新型大学。

---

① Cyprus Ministry of Education and Culture: Cyprus Higher Education: The University of Cyprus. http://www.highereducation.ac.cy/en/ucy.html. Retrieved 31 July 2018.

　　塞浦路斯公开大学提供本科和研究生课程（硕士和博士学位），短期培训，开放和远程教育。通过开放和远程教育，持有大学学士学位者有机会学习研究生学位课程，也可以学习有助于未来职业发展的其他课程。该大学课程结构采用欧洲学分转换系统，使学生在传统大学与公开大学之间有相互对应关系。若要申请入读塞浦路斯公开大学课程，申请人应当在大学申请提交期限内（由大学确定并公布）提交入学申请，对同一组申请学生的评估和录取将按照大学评估标准/评分进行。每种课程的评估标准/评分不同，每门课程的学费由塞浦路斯公开大学规定和学校研究决定。①

　　（3）塞浦路斯理工大学

　　塞浦路斯理工大学是一所公立大学，成立于2003年，2007年9月招收第一批本科学生。大学总部位于利马索尔，学校设有五个学院，其中四个设立在利马索尔，另外一个卫生科学学院（包括护理系）暂时设立在首都尼科西亚。该校旨在办成具有开拓性，能够为对经济、技术和科学行业影响巨大的先进领域提供培训和高水平研究的现代大学。在应用研究方向，该校立志成为塞浦路斯国家和社会的主要支持者，解决为之服务的科学、技术和知识等领域的相关问题。该校通过各部门的协调合作实现四个主要办学目标：在教育上提高学生的科技和专业竞争力；超越基础研究和应用研究间的传统界限，为社会和经济领域的重要问题提供解决方案，保持塞浦路斯在现代欧洲，主要是研究资源分配上的重要合作伙伴地位；在课程设置和教职人员上把握方向，进入并保持在地方和国际科学、教育和社会发展等方面的前沿地区；与当地产业和经济合作，为产品和服务的创新及持续改进贡献力量。

　　塞浦路斯理工大学招收的本科学生中，大部分是通过由塞浦路斯政府教育与文化部组织的塞浦路斯全国考试后录取的。持有所在国有关教育主管部门认可的6年制中学毕业证书、熟练掌握希腊语或土耳其语的国际学生，如能通过GCSE、GCE或其他同等考试，或通过塞浦路斯大学设置的专项考试，也可入读本科课程。

---

　　①　Cyprus Ministry of Education and Culture: Cyprus Higher Education: Open University of Cyprus (OUC). http://www.highereducation.ac.cy/en/open-cyprus-ucy.html. Retrieved 31 July 2018.

塞浦路斯理工大学研究生的入学条件，与欧洲和美国大学的通行标准和程序相同。教授和其他教员，由塞浦路斯和国外知名学者组成的选举委员会推荐，教职员选举程序是连续的。当选教职人员的最低资格是拥有博士学位和具备大学的教学及研究能力。2008年，该大学批准了70位当选教授。这些当选的教授与教员在塞浦路斯和国外大学以及高等教育机构享有很高的学术成就和丰富的教学经验，他们中有来自高等职业技术学院（ATI）、塞浦路斯高等酒店管理学院（HHIC）和护理学院的教师。此外，该大学的教学还包括访问专家教授和教学人员。该大学规定，实践教学课程必须由具有博士学位的教职人员承担。①

（4）塞浦路斯高级酒店管理学院

隶属于塞浦路斯政府劳工与社会保障部。设有三年制的酒店和烹饪专业（专攻食品、饮料、客房分配）、三年制的烹饪艺术专业、一年制的前台经理专业和一年制的家务管理专业。教学语言为英语。

（5）塞浦路斯林学院

隶属于塞浦路斯政府农业、自然资源与环境保护部。开设有两年制的林业专业课程、六个月的林业文凭后（post-diploma）课程以及林业知识的短期培训课程。教学语言为英语。

（6）地中海管理学院

隶属于塞浦路斯政府劳工与社会保障部，开设有为期11个月的管理课程，颁发研究生文凭（Post-graduate Diploma，比本科高一级但比硕士低一级的学位）证书。开设时间为每年9月到次年7月。课程涉及公共管理、生产管理和市场管理专业。教学语言为英语。

（7）警察学院

隶属于塞浦路斯政府司法与公共秩序部。教学语言为希腊语，实行三年制教学，学生毕业后可获得见习警察证。

2.塞浦路斯主要的私立高校

塞浦路斯的私立大学是遵照塞浦路斯政府颁布的《1996—1999年高等教育和文化法案》所创办的，并受塞浦路斯政府教育与文化部的

---

① Cyprus Ministry of Education and Culture: Cyprus Higher Education: Cyprus University of Technology (CUT). http://www.highereducation.ac.cy/en/cyprus-university-technology.html. Retrieved 31 July 2018.

管理和监督。私立大学的教学计划必须接受教育评估—鉴定委员会（Symvoulio Ekpedeftikis Axiologisis-Pistopiisis, S.EK.A.P）的评估。该委员会设有专家委员会，检查私立大学教学计划的质量，并就教学计划的质量水平向教育与文化部提出建议。教学大纲的最终评定结果由教育与文化部决定。

塞浦路斯现有5所私立大学和近40所高等教育私立学院。学生在这些私立高校修完专业课程后，可获得毕业证书、结业证书、高级文凭或学士证书。这些学校开设的专业课程领域非常广泛，有公关文秘、商业管理、电子学、城市和机械工程学、酒店与烹饪、银行学、会计学、计算机等。

有些私立高校还开设研究生教育课程。但在教育与文化部注册的私立高校，并不意味着其授予的学位都能得到认可，只有获得教育与文化部评估合格的私立高校颁发的学位，才有可能得到认可。

（1）弗雷德里克大学

弗雷德里克大学建立于2007年9月12日，主校区在首都尼科西亚，另一校区在塞第三大城市利马索尔。该大学专业涉及科学、技术、文化和艺术，招收本科生和研究生，确保毕业生在塞浦路斯及国外的专业性、流动性和竞争力。[①]

（2）塞浦路斯欧洲大学

塞浦路斯欧洲大学招收本科生和研究生，实行三学期制：秋季学期（10月至次年1月），春季学期（1月至次年5月），夏季学期（6月至7月）。

塞浦路斯欧洲大学是美国工商管理学院大学联合会(AACSB)、美国工商管理课程大学与学院联合协会(ACBSP)、欧洲高等教育语言学院(EURASHE)、欧洲工商管理教育理事会（ECBE）、国际高等教育协会(AAIE)的会员。[②]

---

① Cyprus Ministry of Education and Culture: Cyprus Higher Education: Frederick University. http://www.highereducation.ac.cy/en/priv- un- frederick- university.html. Retrieved 31 July 2018.

② Cyprus Ministry of Education and Culture: Cyprus Higher Education: European Univercity Cyprus. http://www.highereducation.ac.cy/en/priv- un- european-university.html. Retrieved 31 July 2018.

（3）尼科西亚大学

尼科西亚大学是一所独立的高等教育机构，倡导多元文化，拥有现代、民主、欧洲化的充满活力的教学环境。招收本科生和研究生，课程设置基于欧美高等教育标准，教学语言为英语。该大学以奖学金形式如体育奖学金以及校内就业项目等形式，为经济困难的全日制学生提供资助。此外，该大学有一个职业中心（培训中心），帮助学生发掘潜力，学会更好地选择职业和发展技能，最大限度地发挥潜能。[①]

（4）塞浦路斯那不勒斯大学

塞浦路斯那不勒斯大学位于帕福斯地区，本科专业有建筑与环境设计、房地产估价与开发、工商管理、金融研究、心理学等；研究生专业主要是房地产、建筑管理、工商管理、金融、教育心理学等。此外，该大学的课程注重学科理论与实践相结合，并及时吸收各学科领域最新知识，关注新兴学科发展趋势。[②]

（5）塞浦路斯中央兰开夏大学

塞浦路斯中央兰开夏大学建立于2012年，位于拉纳卡行政区的皮拉（Pyla）地区，是一所在塞浦路斯政府教育与文化部注册的私立大学。学校的所有研究项目都经过塞浦路斯私立大学评估委员会（ECPU）的评估和批准，并符合英国质量保证局(QAA)要求的标准。该大学通过在塞浦路斯高质量的教育提供世界水平的英国大学体验，学生可获得塞浦路斯中央兰开夏大学和英国中央兰开夏大学共同颁发的学位。这种安排有助于学生在英国中央兰开夏大学和塞浦路斯中央兰开夏大学的互补性课程之间进行选择，这样学生在学习过程中可以选择在任何一个校区学习，而不会影响他们的学业，并在学习过程中获得国际经验。

塞浦路斯中央兰开夏大学是一所领先的现代大学，它坐落于欧、

---

① Cyprus Ministry of Education and Culture: Cyprus Higher Education: University of Nicosia. http://www.highereducation.ac.cy/en/priv- un- university- nicosia.html. Retrieved 31 July 2018.

② Cyprus Ministry of Education and Culture: Cyprus Higher Education: Neapolis University. http://www.highereducation.ac.cy/en/priv- un- neapolis- university.html. Retrieved 31 July 2018.

亚、非三大洲交汇之处，提供本科生和研究生高等教育。该大学致力于学生体验、国际研究、创新学习和现代数字设备，并与塞浦路斯、东部地中海、中东和世界其他地区的高等院校和学术机构有广泛联系。

塞浦路斯中央兰夏大学招收商学（包括会计学和金融、旅游管理和商业管理）、法律和科学（包括数学、计算机和心理学）的本科生，招收企业管理、商务管理、计算机工程和艺术类的硕士研究生。教学语言为英语。[1]

塞浦路斯的私立大学较多，教学水平差异较大，特别需要注意这些大学所颁发的学历学位是否得到我国教育部留学服务中心国（境）外学历学位论证机构的承认。另外，还需注意这些大学的实际学费收取情况。

据塞浦路斯政府统计局的统计数据，1999—2000学年，在塞大学注册学生总计11 744人，其中本科生4 093人，研究生178人，其他在校生7 473人。2011—2012学年，在校注册学生总计31 772人，其中公立本科生11 344人，私立本科生11 961人，公立专科生642人，私立专科生7 825人。在塞注册学习的塞籍学生23 232人，在海外学习的塞籍学生19 199人，塞籍学生总数42 431人，在塞学习的外国留学生8 540人。[2]

第五节　医保、体育与新闻

一、医保

（一）医保体制

塞浦路斯的医疗保障体系是通过三个相互补充的制度来实现的：

---

[1] Cyprus Ministry of Education and Culture: Cyprus Higher Education: University of Central Lancashire Cyprus. http://www.highereducation.ac.cy/en/priv-un-uclan-cyprus.html. Retrieved 31 July 2018.

[2] *About Cyprus* The Press and Information Office of Republic of Cyprus, 2001, p.335.

政府医疗保障、私营卫生机构以及大量涵盖特定人群的医疗计划。

1.政府医疗保障

塞浦路斯政府为符合条件的群体提供免费医疗服务。符合条件的群体包括：公务员、收入低于6 000塞镑的个人、年平均收入低于10 000塞镑的家庭、拥有三个以上孩子的家庭。收入为6 000~9 000塞镑的个人和收入为10 000~14 000塞镑的家庭，可报销50%的医疗费用。

塞浦路斯政府的医保计划提供的服务范围非常广泛，包括普通医师的诊疗、专家会诊、住院、进口药品治疗和所有处方药。此外，不论经济状况和民族成份（包括游客），一旦发生事故和紧急情况，政府均提供免费药品治疗。但如需住院治疗，接下来的治疗费用则需要自己承担。政府提供的医疗服务费用来自政府财政。

塞浦路斯拥有现代医疗体系，在主要大城市如拉纳卡、帕福斯、利马索尔、法马古斯塔等都建有现代化的医院，首都尼科西亚的中央医院拥有完备的现代医疗设施和服务。

2.私营医疗机构

塞浦路斯的私营医疗机构向所有人开放，个人承担全部医疗费用。私营医疗机构的从业人员都是经过正规学习和培训的医师。在市区也建立了大量的综合医院，提供系列医疗服务。

3.特定医疗计划

为特定人群提供的诸多医疗计划，包括：工会给职员及其亲属提供的医疗服务。这些服务主要是初级的卫生保健，当职员需要第二和第三阶段的治疗时，工会能够报销部分的医疗费用。该计划在政府机关和私营机构中同样适用。此外，还有由雇主资助的医疗项目，主要通过国有医疗卫生机构提供免费的卫生保健服务。

除政府和私营部门提供的医疗服务外，公共服务和市政部门也提供疾病预防和卫生服务，其方式包括：健康教育、接种疫苗、流行病和传染病控制、污水处理、饮用水和食品质量监控等。

（二）卫生保健

塞浦路斯的初级卫生保健服务是由全国23个乡村健康中心、各城镇医院的门诊部、首都尼科西亚的3个市级健康中心提供的。所有健康中心都配备有医生、护士、药剂师、卫生巡视员和卫生检查员。健康中心的初级医疗组提供医疗和疾病预防服务，包括母婴健康、防疫接种、健康教育和学校卫生保健。私人诊所也提供初级卫生保健，但私人诊所大多集中于城市。

塞浦路斯拥有较为完善的胎儿护理和教育以及计划生育方面的服务，拥有对胎儿先天性缺陷进行检测的技术，以便进行早期干预。

塞浦路斯政府重视心理健康服务，建立有遍及各地区而且相互联系的心理健康服务网，提供初期和预防服务、家庭护理服务、精神病临床治疗、日间护理服务等。此外，还提供有关儿童精神病学、戒毒和家庭疗法等特殊服务，从而使此类病例急剧减少。

塞浦路斯政府为了实现全民健康目标，把健康倡导和健康教育作为一项重要的民生工程，通过倡导健康的生活方式、健康的物质社会环境以及生活水平的不断提高，确保国民总体健康状况的不断提升。为此，塞浦路斯政府制定了相关政策，学校和社会及媒体进行大力宣传。政府每年为健康倡导和健康教育划拨专款，主要用于减少吸烟和营养补给，艾滋病和肝炎的预防、口腔卫生、中毒和麻醉、癌症检查，以及糖尿病、高血压、冠心病的预防等。

为建立更加完善的医疗保障体系、进一步提高国民健康水平，塞浦路斯政府不断推进医疗体系改革。2001年4月20日，众议院颁布法令，建立覆盖全体国民的国家卫生服务体系，其费用由国家、雇主、雇员、个体经营者、退休人员以及所有拥有非职业收入者按照比例共同承担。国家卫生服务体系由健康保险组织管理，健康保险组织向政府和私营医疗机构提供医疗卫生服务。

❖ 二、体育

（一）发展概况

塞浦路斯的体育发展史可追溯至数世纪以前。塞浦路斯考古遗址中出土的碑文记载，见证了古代塞浦路斯人对体育的热爱，也见证了他们在古代泛希腊和奥林匹克竞赛中所取得的成就。古代城市库里昂、萨拉米纳、帕福斯、克提昂和拉皮索斯，是运动员和体育爱好者聚集的中心，这些运动场一直保留到拜占庭时期。直至中世纪，体育运动依然是塞浦路斯人最热衷的消遣方式。自1897年在利马索尔成立塞浦路斯的第一个体育俱乐部以来，体育俱乐部开始像雨后春笋般遍布塞浦路斯。

2000年，塞浦路斯拥有35个体育联合会和600个体育俱乐部，拥有不同年龄的注册会员45 000人。2004年，拥有42个体育联合会，其注册会员达60 000人。塞浦路斯运动员在2004年雅典奥运会上，参加了田径、游泳、射击和帆船项目比赛。塞浦路斯运动员还参加了雅典残奥会，并取得了突出成绩，18周岁女运动员卡罗莉娜·帕莱迪里乌（Karolina Pelendritou）获得游泳项目金牌。2008年北京奥运会上，塞浦路斯派出17名运动员参加飞碟射击、田径、网球、帆船、举重、游泳等7个项目的比赛，这是塞浦路斯历史上运动员获得参赛资格最多的一届奥运会，而且塞浦路斯奥运代表团员的服装均由中国"匹克"生产厂家赞助。塞浦路斯还发行了2016年里约热内卢奥运会纪念邮票一套四枚，足见其对体育运动的热爱和重视。

（二）体育组织

1.塞浦路斯体育组织

塞浦路斯体育组织（简称CSO），成立于1969年，是半官方机构，负责对各类学校之外的体育活动进行监管，为体育场馆及设施的建设和维修提供资金，为体育俱乐部提供技术服务，为塞浦路斯参加国际运动会提供支持。塞浦路斯体育组织所管理的资金主要用于促进体育联合会和体育俱乐部体育项目的提升，为体育基础设施的建立、维护和运行提供资助。

塞浦路斯体育组织的行政委员会由9名成员组成，由部长委员会任命，任期3年。该组织运营的体育中心、奥林匹克游泳馆和多功能室内体育馆遍布全岛。其中艾列弗瑟瑞亚多功能室内体育馆，能够承担所有运动项目的比赛和训练，拥有两个备有空调和玻璃幕墙的壁球场，极大地推动了塞浦路斯壁球运动的发展。

2000年，隶属于尼科西亚体育俱乐部的帕基皮亚体育场，拥有可容纳25 000名观众的足球场和可容纳2 000名观众的田径运动场，拥有为运动员和记者及观众服务的各种设施，是欧洲最现代化的体育场之一。

塞浦路斯体育组织还下辖有一个体育研究中心，主要进行各种体育运动的理论与实践研究，以提高竞赛水平，而且该中心与欧洲国家的类似机构有着密切交流与合作。该组织还发起"全民运动"活动，由180个体育中心在全岛组织实施，进一步推动提高全民身体素质。

2.塞浦路斯奥林匹克委员会

塞浦路斯奥林匹克委员会成立于1978年。该委员会的主要职责是组织塞浦路斯运动员参加国际大型比赛。2003年，该委员会组织了140名塞浦路斯运动员参加了在马耳他举行的欧洲小国运动会（GSSE），获得了81枚奖牌，奖牌总数居8个参赛国首位。同年还组织运动员参加了在巴黎举行的欧洲青年奥林匹克节（EYOF），塞浦路斯运动员表现出色。该委员会还通过国际奥委会奥林匹克团结基金的奖学金计划为运动员提供经济资助，也为塞浦路斯的具有国内和国际水平的教练提供培训支持。另外，该委员会还通过自身的经营收入支持塞浦路斯的奥林匹克运动。

塞浦路斯奥林匹克委员会办公地设在奥林匹克庄园，拥有42个成员国的奥林匹克联合会在该庄园也设有办事处。奥林匹克庄园已成为塞浦路斯体育运动的中心和塞浦路斯奥林匹克精神的象征。

塞浦路斯奥林匹克委员会还肩负塞浦路斯的奥林匹克教育的任务，尤其是对儿童和青少年的奥林匹克传统和精神的教育。该委员会每年组织"奥运欢乐跑"活动，培养学生的奥运意识。此外，该项委员会还组织奥运义工活动，而且义工人数逐年增加。[1]

（三）体育场馆

塞浦路斯政府十分重视体育运动，在塞浦路斯建有各种体育运动场馆，这些场馆涉及各类基本运动项目，如足球、拳击、乒乓球、羽毛球、体操、柔道、篮球、手球、壁球、排球、举重及各类田径运动和游泳及水上运动设施等，各类体育场馆均按照国际通行标准建设。由于塞浦路斯夏季凉爽而冬季温暖的气候特征，不论是室内运动还是

---

[1] Sports in Cyprus, http://www.cyprusnet.com/article_sports-in-cyprus, 2009-10-20。

露天场所，其训练和赛事基本不受天气影响。①

塞浦路斯的主要体育场馆有：利马索尔市的斯皮罗斯·基普里诺体育中心（Spyros Kyprianou Athletic Centre）、特西诺体育中心（Tsirio Sport Centre）、首都尼科西亚市的马卡里奥斯体育中心（Makarios Sports Centre）、伊利弗思里亚（室内）体育馆（Eleftheria Indoor Hall）、GSP体育中心（GSP Sport Centre）、帕福斯市的帕费克体育中心（Pafiako Athletic Centre）、基罗斯基普体育训练中心（Geroskipou Sports Training Centre）、拉纳卡市的科提体育中心（Kitio Athletic Centre）、GSZ体育馆（GSZ Stadium）。

另外，游泳场馆遍布全岛，主要有尼科西亚奥林匹克游泳馆（Nicosia Olympic Swimming Pools, Nicosia）、利马索尔奥林匹克游泳馆（Olympic Swimming Pool, Limassol）、帕福斯游泳馆（Pafos Swimming Pool）等。②

除了上述体育运动场所外，还有各类私营体育运动场馆。

三、新闻出版

塞浦路斯共和国宪法对新闻自由有明确规定："每个公民都有以任何方式演讲和表达意见的自由。这项权利包括持有意见的自由、接受意见的自由和表达意见的自由，不受任何公共当局的干涉，不限国界。"1989年新闻出版法保障新闻自由，报纸可以不受限制地自由流通，记者有权获得官方新闻但不公开新闻来源。同时，个人、组织或公共机构对出版物和媒体关于他们的不正确或误导性的报道享有投诉的权利。要求新闻记者必须遵守塞浦路斯记者联合会制定的《行为准则》。记者委员会监督该准则的执行情况。③

---

① Sports training facilities in Paphos, Cyprus Geroskipou Municipality Sports Centre, http://www.trainingincyprus.com/ , 2009-10-10。

② Sports Facilities in Cyprus, http://www.cyprussportstraining.com/Home/olympic-training-in-cyprus/sports-facilities-in-cyprus, 2009-09-01。

③ *About Cyprus*, The Press and Information Office of Republic of Cyprus, 2004, p.332.

（一）主要报纸

1878 年 8 月 29 日，塞浦路斯发行了名为"塞浦路斯"（Kypros）的第一份报纸，用希腊文和英文印刷发行。1889 年 7 月 11 日，土耳其人发行了名为"希望"（Sadet）的第一份报纸。塞浦路斯的印刷媒体十分发达，有日报、周报和各类期刊，涵盖各领域，涉及各学科。

塞浦路斯出版发行的主要日报有：

《塞浦路斯邮报》，1945 年创办，以英文出版，无党派，发行量约 4 000 份；

《真理报》（Alithia），1952 年创办，始为周报，1982 年改为日报，希腊文出版，观点倾向右翼，发行量约 11 000 份；

《自由爱好者报》（Phileleftheros），1955 年创办，以希腊文出版，无党派，发行量约 26 000 份；

《黎明报》（Haravghi），1956 年创办，以希腊文出版，为劳动人民进步党机关报，发行量约 14 000 份；

《战斗报》（Machi），1960 年创办，以希腊文出版，观点倾向右翼，发行量约 4 000 份；

《晚报》（Apogevmatini），1972 年创办，以希腊文出版，无党派，发行量约 8 000 份；

《今日报》（Simerini），1976 年创办，观点倾向右翼，发行量约 17 000 份；

《市民报》（Politis），1999 年创办，以希腊文出版，无党派。

塞浦路斯出版发行的主要周刊有：

《工人论坛》（Ergatiko Vima），1956 年创刊，以希腊文出版，为塞浦路斯劳动联盟机关刊物，发行量约 14 000 份；

《政府公报》（Official Gazette），1960 年创刊，以希腊文出版，由塞浦路斯共和国政府出版；

《勇气》（Tharros），1961 年创刊，以希腊文出版，观点倾向右翼，发行量约 3 500 份；

《三叶草》（Trifilli），1973 年创刊，为双周刊，以希腊文出版，发行量约 1 000 份；

《工人之声》（Ergatiki Phoni），1974 年创刊，以希腊文出版，为塞浦路斯工人联合会机关刊物，发行量约10 000份；

《塞浦路斯周刊》（*Cyprus Weekly*）， 1979年创刊，以英文出版，无党派，发行量约2 200份；

《体育论坛》（*Athlitiko Vima*）， 1981年创刊，为双周刊，以希腊文出版，发行量约5 000份；

《塞浦路斯金融镜报》（*Cyprus Financial Mirror*），1993年创刊，以英文出版，为金融类期刊，发行量约3 500份；

《周日体育新闻》（*Athlitiki tis Kyriakis*），1996年创刊，以希腊文出版，为体育类刊物，发行量约4 000份；

《美加体育》（*Mega Sport*），1996年创刊，为双周刊，以希腊文出版，是体育类刊物，发行量约3 500份。

《新信息》（*Neos Typos*），1999年创刊，以希腊文出版，为金融类期刊；

《今日塞浦路斯》（*I Kypros Simera*），2000年创刊，以希腊文出版；

《周末评论》（*Weekly Review*），2000年创刊，以英文出版，无党派；

《经济公报》（*Economiki*），2000年创刊，以希腊文出版，为金融类期刊；

《证券交易信息》（*Chrimatistiriaka Nea*），2000年创刊，为证券类刊物。①

另外还有大量的专业报纸和期刊。

土耳其族创办的主要报刊有：

《灰狼报》，1951年创刊，发行量约5 000份。另有《人民之声》、《统一报》和《新制度报》等。②

（二）新闻机构

1.塞浦路斯新闻社

塞浦路斯新闻社（CAN）是根据塞浦路斯共和国新闻法独立自主运营的非官方新闻社，成立于1976年4月，由7人组成的董事会管

---

① 　*About Cyprus*, The Press and Information Office of Republic of Cyprus, 2001, pp.294-297.

② 　Cyprus Mass Media, http://cyprusnet.com/article_cyprus-mass-media, 2009-10-10.

理，董事会成员主要由代表记者联盟、出版协会、塞浦路斯广播公司、新闻出版办公室以及内政部的记者组成。根据1989年共和国新闻出版法规定，塞浦路斯新闻社不得促进任何政党或经济集团的利益。塞浦路斯新闻社与雅典新闻社有着密切合作关系，塞浦路斯新闻社可以获取雅典新闻社的图片服务，从而为其订阅者提供有关国内外事件的图片服务。

塞浦路斯新闻社作为国家新闻社，密切关注发生在塞浦路斯的事件、与塞浦路斯有关的言论和活动，以及有关塞浦路斯或该区域特殊利益的事件，报道的主要内容包括国内政治、经济、外交、文化和体育等方面的新闻。塞浦路斯新闻社还将新闻稿分发给国内报纸、电台、电视台、通信社、外国驻塞浦路斯共和国大使馆、塞浦路斯共和国驻外使馆和海外塞浦路斯人组织等相关新闻媒体机构。

2002年5月，塞浦路斯新闻社开始播发土耳其语新闻，而且将这些新闻提供给土耳其人新闻媒体和政治团体，以及土耳其的新闻媒体。

塞浦路斯新闻社向英国路透社、法国新闻社和俄罗斯塔斯社等国际新闻社提供英文新闻稿。此外，塞浦路斯新闻社还与雅典新闻社和国际图片服务社合作，提供发生在塞浦路斯、希腊乃至世界各地事件的新闻图片。

塞浦路斯新闻社参加了欧洲新闻社联盟、地中海新闻社联盟和联邦新闻联盟等国际新闻组织。

2.外国新闻社

常驻塞浦路斯的外国新闻社有：美联社、路透社、德新社、法新社、雅典新闻社、俄罗斯塔斯社、新华社、安莎通讯社、埃菲社（西班牙通讯社）等，这些新闻社都将塞浦路斯作为它们在中东的基地。美国广播公司、英国BBC广播和电视新闻、《星期日泰晤士报》《泰晤士报》《华盛顿时报》等诸多国际新闻机构和外国报纸期刊，也都在塞浦路斯派驻新闻记者。[1]

3.新闻信息办公室

塞浦路斯新闻信息办公室是一个政府部门，隶属于塞浦路斯政

---

[1]　*About Cyprus*, The Press and Information Office of Republic of Cyprus, 2004, pp.336-337.

府内政部，职责是宣传和执行政府政策，宣传和推介政府、众议院、司法机构、半官方组织和独立机构的工作。具体而言，新闻信息办公室负责出版政府出版物，维护着共和国网页；负责新闻和电影法的实施以及翻译的官方认定；执行咨询委员会做出的决定所涉及的音像制品和书籍的购买，提交外国出版物和外国记者、学者和学生参观意见书的文本；代表塞浦路斯政府参加欧洲视听机构的董事会议，如欧洲影像基金会；在塞浦路斯筹办的摄影展以及在海外类似的展览；负责监督国内外媒体，使其更加全面地了解塞浦路斯政府的政策和塞浦路斯问题。此外，新闻信息办公室还要协助政府发言人的工作，包括每日通过媒体介绍政府政策和回答有关当前热点问题。

新闻信息办公室也是塞浦路斯最大的报纸收藏机构之一，下辖的报纸收藏室专门负责收藏塞浦路斯出版的各种报纸，其收藏历史可追溯至1879年，其中很多报纸被制成微缩胶片保存，包括1878年英国从奥斯曼帝国手中接管塞浦路斯时出版的第一份希腊人报纸。所收藏的报纸完全对研究者开放。此外，新闻信息办公室还拥有一个图书馆，藏有各类与塞浦路斯有关的希腊语、英语和其他语言的书籍。[①]

（三）广播电视

广播电视局是根据塞浦路斯共和国广播电视法成立的独立的广播电视监管机构，由主席、副主席和5名成员组成，所有成员由部长委员会任命，任期6年。广播电视局的监管职责包括：

（1）为电台电视台颁发和更新运营执照。

（2）监督电台电视台的运营，避免形成垄断，确保多元化。

（3）监督电视台的节目内容必须符合塞浦路斯共和国《电台电视台法规》。

（4）保障媒体从业人员编辑新闻的独立性，免受任何压力和干扰；确保公平对待不同政治团体，尤其是在大选之前；

监测国际传媒领域的发展趋势，并就新闻立法和修订向部长委员会提出建议或意见，以符合欧洲法律体系；受理审查对广播电视节目

---

①   *About Cyprus*, The Press and Information Office of Republic of Cyprus, 2004, pp.346-347.

以及广告内容的投诉。

（5）审查触犯法律、法规和规则的行为，并进行处理，其中包括建议、警告、罚款、暂停或吊销运营许可证。

（6）发布广播电视机构遵守新闻媒体行为规则情况的通告和指示。

广播电视局下设广播电视咨询委员会，负责收集反映公众舆论、政府服务和各种利益集团的观点，以及私营电台电视台的态度。

1952年英国殖民当局成立塞浦路斯广播服务（Cyprus Broadcasting Service，CBS）。1957年，塞浦路斯电视台开始试播。1960年塞浦路斯独立后，塞浦路斯广播服务更名为塞浦路斯广播公司（Cyprus Broadcasting Corporation，CyBC），成为塞浦路斯共和国半官方的广播电视机构。1974年，土耳其出兵并占领塞北部地区，塞浦路斯广播公司遭到严重破坏，失去了设在彭塔扎克蒂洛斯山（Pentadaktylos）的转播台和其他转播站。1982年，彩色电视在塞浦路斯取代黑白电视。2011年，电视模拟传输转变为数字信号。塞浦路斯广播公司还拥有一个视听技术博物馆。[①]

塞浦路斯广播公司是根据共和国《公共法》和《塞浦路斯广播公司法》第300A款建立的法人实体，董事会由9名成员组成，成员由部长委员会任命，任期3年。公司高级主管担任公司总经理，根据共和国《无线电广播法规》，"全权代表公司，高效执行职责"。

塞浦路斯广播公司是欧洲广播联盟（EBU）、电视台地区联盟（Association of Regional Television Stations，CIRCOM）、地中海视听运营商常设会议无线电委员会（COPEAM）的成员，通过这些联盟和委员会，塞浦路斯广播公司将塞浦路斯的节目和新闻转播到整个欧洲和地中海地区，甚至世界各地。塞浦路斯广播公司已在因特网上成立了自己的网站。海外塞浦路斯人或外国人都可以通过互联网收听收看塞浦路斯广播公司的节目。此外，塞浦路斯广播公司强调语言和文化、本土制作、客观性和真实性以及多样性的特点，同时提供多种类型的节目供人们选择，其中包括少数民族语言和文化传统的节目。

---

① *History* - Ραδιοφωνικό Ίδρυμα Κύπρου, http://cybc.com.cy/history/, 2018-12-20.

塞浦路斯广播公司拥有四个电视频道，全天24小时不间断播放。

塞浦路斯广播公司拥有四个广播电台，以希腊语、英语、土耳其语、亚美尼亚语、德语、法语等多种语言，全天24小时不间断播放时事新闻和文化娱乐节目。同时也通过卫星和互联网进行播送。

值得注意的是，1963年年底土耳其族人建立了自己独立的广播电台，1976年土耳其人当局建立了自己独立的电视台。

第七章　外交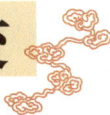

第一节 对外政策概况

❖ 塞浦路斯共和国政府的外交政策概况

　　塞浦路斯共和国政府自成立以来，一直奉行中立和平的外交政策，曾是不结盟运动25个创始国之一。其强调维护国家独立、主权、统一和领土完整，强调塞浦路斯共和国政府是代表整个塞浦路斯的唯一合法政府，重视发展同世界各国的友好关系。塞浦路斯对外政策的优先方向是希腊和英国，坚定保持维护与希腊和英国的特殊关系，十分重视发展同美国和西方国家的政治经济关系，而且自独立以来与苏联（俄罗斯）保持密切关系。塞浦路斯政府一贯主张用和平手段解决地区问题和国际争端，国家不论大小一律平等，呼吁关注小国安全。2004年5月1日，塞浦路斯加入欧盟，宣布退出不结盟运动组织，但仍与不结盟运动国家保持友好合作关系。塞浦路斯已与世界上182个国家建立了外交关系。近年来，塞浦路斯重视发展同阿拉伯国家的友好关系。

　　塞浦路斯外交政策的目标是积极参与旨在促进国际合作、和平、稳定和可持续发展的进程，坚定支持和捍卫保护人权、各国主权和领土完整，大力倡导国际和平与安全，充分发挥欧盟成员国作用并成为欧盟与东部地中海区域国家沟通的桥梁。

第二节　　对大国的外交政策

一、对美国的外交政策

　　塞浦路斯共和国政府一贯重视美国在国际事务中的特殊地位与作用，认为美国对塞浦路斯的国家安全、独立、统一能够发挥无可替代的作用，认为美国能够制定一项公正解决塞问题的方案，而且有能力向相关国家施加压力进而实施方案。因此，塞浦路斯政府一贯把对美关系作为对外关系的重中之重。塞浦路斯独立伊始即与美国建立正式外交关系。1962年马卡里奥斯总统访美，加强了两国关系。

　　塞浦路斯政府对美国在塞浦路斯问题上的政策常存不满。1974年7月，希腊军政府策划军事政变，推翻塞浦路斯共和国总统马卡里奥斯，土耳其以维护塞浦路斯共和国现状为名出兵塞浦路斯。在塞浦路斯共和国的独立、主权、统一和领土完整受到威胁的过程中，美国基于冷战战略，态度暧昧。[①]但塞浦路斯政府认为，美国与希腊军政府关系密切，美国应该知道而且能够阻止此次军事政变，但实际上美国不仅在一定程度上默许希腊军政府策划政变，而且支持政变推翻马卡里奥斯总统。当土耳其武装出兵塞浦路斯时，塞浦路斯政府同样认为美国能够阻止土耳其对塞浦路斯的出兵，而且塞浦路斯政府认为，土耳其利用美国援助的武器装备出兵塞浦路斯，实际上是美国间接地支持了土耳其的侵略行径。1975年2月14日，塞议长克莱里季斯在雅典说："如果没有其他国家的支持，土耳其去年夏天不会发动对塞浦路斯的出兵。"塞总统基普里亚努在接受美国《新闻周刊》记者采访时说："出兵和占领塞浦路斯是用美国为了防御提供给土耳其的武器进行的。直截了当地说，是美国公民在资助土耳其对塞浦路斯的占领。"基普里亚努总统直言不讳地认为，美国对塞浦路斯共和国和马卡里奥斯政府的支持是"理论上的，而不是积极的"。1978年，在美国政府的极力要求下，美国国会取消了对土耳其的武器禁运，但要求其总统必须定

---

　　① "塞浦路斯：基辛格博士的一次失败"，《金融时报》，1975年2月6日。

期向国会提交关于塞问题的进展报告。塞浦路斯政府强烈反对美国取消对土耳其武器禁运，塞总统马卡里奥斯强调："只有土耳其在塞问题上做出让步，才能取消禁运。"而且塞浦路斯政府对美国总统定期向国会提交的关于塞问题进展报告中的某些提法，如对"塞浦路斯问题的解决取得进展""土耳其采取了建设性态度"等极为不满。1979年，塞浦路斯政府对美国提出严正抗议，导致美国总统卡特拒绝会见访问美国的塞总统基普里亚努。

塞浦路斯政府不断督促美国政府重视并斡旋塞浦路斯问题。在塞浦路斯政府的积极努力下，1982年美国任命塞浦路斯问题特别协调员，而且副国务卿、参议院外交委员会主席和许多国会议员先后访塞，寻求尽快解决方案。1982年6月，美国众议院以405票对6票通过决议，要求土耳其从塞浦路斯撤军。1983年11月15日，当土耳其族宣布成立"北塞浦路斯土耳其共和国"时，美国参众两院立即通过决议，反对土耳其族宣布独立，要求土耳其族领导人收回这一决定，并支持联合国安理会号召所有成员国拒绝承认"北塞"的决议。1984年2月，美国接连派出国务院特别顾问德文斯和塞问题特别协调员哈斯访塞，帮助联合国秘书长进行调解。11月，里根总统致信土耳其总统埃夫伦将军，要求从速解决塞浦路斯问题。在美国的压力下，土耳其族做出较大让步，但两民族并未抓住机遇达成协议。

塞浦路斯政府反对美国在北约范围内解决塞浦路斯问题的政策。塞浦路斯共和国政府一贯主张由联合国主导解决塞浦路斯问题，坚决反对北约介入。早在20世纪50年代，美国就极力反对在联合国讨论塞浦路斯问题，曾两度否决希腊提出的要求联合国主持在塞实行民族自决原则的提案，要求英、希、土三个北约成员国协商解决。1963年年底塞希、土两民族发生冲突后，美国要求北约秘书长从中斡旋，由英、希、土三个保证国协商解决。美国还曾试图派北约部队在塞维和，遭塞浦路斯政府断然拒绝。美国的目的是坚决避免苏联介入塞浦路斯问题。在塞浦路斯和谈进程中，塞浦路斯总统马卡里奥斯认为，苏联提出的召开国际会议解决塞浦路斯问题的建议"非常具有建设性"，但美国坚决反对，认为这是苏联为介入塞浦路斯事务寻找契机。在塞浦路斯维和部队组成上，美国也主张在西方盟国范围内，反对苏联领导的华约集团成员国介入，同样也遭到塞浦路斯政府的反对。

美国始终坚持塞浦路斯共和国政府是塞浦路斯的唯一合法政府，不承认"北塞"的合法地位。1988年，塞浦路斯总统瓦西里乌访问美国，督促美国继续推动塞浦路斯问题的解决。1991年，美国国务卿贝克会见了访问美国的土耳其族领导人登克塔什，其后，美国国务院发言人塔特怀勒对此事公开澄清，认为国务卿贝克会见登克塔什并不表明美国对塞浦路斯政策有任何改变。1992年3月21日，美国国务院塞浦路斯问题特别协调员莱兹基访塞，同塞浦路斯总统瓦西里乌和土耳其族领导人登克塔什分别进行了会谈，协调双方立场，推动两民族和谈。

冷战后塞浦路斯政府对解决塞浦路斯问题有紧迫感，竭力督促美国继续推动塞浦路斯问题的解决。杰斐逊·克林顿入主白宫后，曾承诺要在任期内争取解决塞浦路斯问题。1995年11月，克林顿总统派特使詹姆斯·贝蒂访塞，促使希腊人和土耳其族领导人发表承诺政治解决塞浦路斯问题的联合公报。1996年1月，美国负责欧洲事务的助理国务卿霍尔布鲁克访塞浦路斯，先后同塞总统克莱里季斯、外长米海利季斯以及土耳其族领导人登克塔什会谈，听取双方意见，保证美国将继续积极参与塞浦路斯问题解决，并作为美国政府最优先考虑的问题之一，努力推动两民族和谈。1996年7月，为缓解希、土两民族分别与希腊、土耳其两国相继进行军事演习所造成的紧张局势，美国国务卿奥尔布莱特要求希腊族和土耳其族边防军司令会晤，缓解沿"绿线"军事对峙局面，避免可能发生的冲突事件。

美国政府多次表示，认为塞浦路斯的现状是不可接受的，并支持努力达成一项全面解决办法，使塞浦路斯重新成为一个两区两民族联邦。美国支持联合国秘书长为解决塞浦路斯问题所做的努力，曾多次提出塞浦路斯问题解决方案，寻求解决塞浦路斯问题的途径，并同塞浦路斯保证国希腊、土耳其、英国等保持着密切接触。历届美国政府都把在联合国主持下的两民族间谈判视为实现公正和永久解决塞浦路斯问题的最佳手段。美国敦促各方为和平与进步加强工作。[1]

塞浦路斯政府积极配合美国发动的在全球反对恐怖主义的行动，

---

[1]　"U.S. Relations With Cyprus. Country", *Fact Sheets: Cyprus*, 4/6/2018.

推动塞浦路斯问题的解决。2002年9月18日，为加强美塞两国在反对恐怖主义领域的密切合作，两国共同签署《法律援助条约》；2005年7月25日，两国签署《防扩散安全倡议船只登临协定》，加强双边反恐合作。①

塞浦路斯加入欧盟后继续重视并进一步加强与美国关系，但坚决反对美国与土耳其族当局建立联系。2003年4月，美国国务院发表声明，呼吁塞希、土两民族以联合国秘书长方案为框架恢复谈判。6月，美国塞问题协调员维斯顿访塞，敦促希、土两民族尽早恢复谈判。随后塞外长亚科武访美。

2004年9月，美国国务卿鲍威尔访塞，就塞浦路斯问题与塞浦路斯总统举行了会谈。2005年7月，塞浦路斯外长亚科武应美国国务卿赖斯邀请访美，双方签署了安全与大规模杀伤性武器不扩散协议，塞浦路斯成为与美国签署该协议的第一个欧盟成员国。10月，土耳其人领导人塔拉特访美，与国务卿赖斯会谈，讨论在安南方案基础上重启两民族谈判以及解除土耳其族人孤立状况等问题。2008年4月，塞浦路斯外长基普里亚努访美。7月，美国主管欧洲事务的助理国务卿丹尼尔·弗雷德访塞，会见希、土两民族领导人，推动解决塞问题。美国对塞浦路斯政府在联合国秘书长安南统一方案公投上的态度极为不满，在塞浦路斯加入欧盟后，美国开始解冻与"北塞"关系，但塞浦路斯政府坚决反对美国与"北塞"建立联系。2005年10月29日，塞浦路斯总统帕帕佐普洛斯严厉谴责美国政府邀请土耳其族领导人塔拉特访问美国，认为美国此举鼓励了塞浦路斯的分裂。

进入21世纪以来，美国继续推动通过全面解决塞浦路斯问题建立地区稳定。美国推动解决塞浦路斯问题的着力点是，创造有利于解决争端的条件，促进两民族相互了解，通过支持两民族聚会设计解决共同问题的办法。美国通过对塞浦路斯的援助寻求解决两民族之间的经济差距，并促进两民族之间扩大商业和经济关系。②

---

① "U.S.- Cyprus relations", Background Notes on Countries of the World: Republic of Cyprus, 10/31/2011.

② "U.S. Relations With Cyprus", *Country Fact Sheets: Cyprus*, 4/6/2018.

💠 二、对俄罗斯的外交政策

塞浦路斯政府领导人一贯坚持积极发展与苏联的友好合作关系，十分重视苏联在国际政治中的突出作用。塞浦路斯与苏联的关系，最早始于1926年成立的塞浦路斯共产党（后更名为"劳动人民进步党"，简称"劳进党"）。塞浦路斯独立前，苏联一度鼓励"劳进党"支持希腊族的"意诺西斯"运动，后来转为支持在塞浦路斯实施民族自决原则。塞浦路斯共和国于1960年成立后，与苏联建立正式外交关系。1961年年底，塞、苏两国签订一系列贸易协定。1964年年初，希、土两民族冲突扩大，塞浦路斯政府从苏联购置大量武器装备。9月，塞浦路斯政府高级代表团访问莫斯科，在加强两国经贸关系的同时，双方就苏联向塞浦路斯政府提供军事援助达成协议，苏联答应向塞提供战斗机、鱼雷艇、高射炮、雷达设备、火箭和其他常规武器。[①]苏联还通过埃及等第三国向塞浦路斯政府提供价值超过1 000万英镑的武器，其中包括坦克等重型武器。

冷战结束后，世界格局发生了重大变化，塞浦路斯政府继续加强与俄罗斯的关系。苏联解体后，俄罗斯在塞问题上的政策有较大调整，公开支持塞希、土两民族会谈，支持联合国秘书长的斡旋，积极发展同塞的政治、经济、文化等领域的关系。1994年1月19日，塞航空公司与俄民用航空公司达成原则协议，双方将在拉纳卡和莫斯科之间实现通航。1996年3月，塞国防部部长伊利亚迪斯访俄，与俄签订两国军事技术合作协议。1997年1月4日，塞俄达成一项价值6亿美元的武器合同，塞浦路斯政府购置俄制S-300防空导弹，引发"导弹风波"。1月28日，俄罗斯提出成立一个协调解决塞问题的"联络小组"，联合国安理会5个常任理事国和欧盟合作，直接参与塞问题的解决。2月和5月，俄国家杜马主席谢列兹尼奥夫和俄共主席久加诺夫先后访塞，6月和7月，塞外长卡苏利季斯、议长基普里亚努先后访俄，两国高层互访频繁，密切沟通和磋商塞问题及购置俄导弹问题。1998年7月，塞总统克莱里季斯赴俄参加第一届世界青年运动会开幕式，并访问俄罗斯。克莱里季斯总统表示，塞浦路斯政府将"坚持塞俄双

---

① 1964年10月11日，赫鲁晓夫下台，与塞政府签定的协议并未得到认真执行。

方确定的交货时间表"，在塞南部部署俄制 S-300 防空导弹。经多方斡旋协调，后来将导弹部署在了希腊的克里特岛。

进入21世纪以来，塞浦路斯政府更加重视俄罗斯在推动解决塞问题上的独特作用。2003年4月，塞议长赫里斯托菲亚斯访俄。2004年4月20日，塞外长乔治·亚科武访俄，与俄外长拉夫罗夫讨论由美英提出的在安理会表决通过支持联合国秘书长安南制定的塞浦路斯统一方案的决议案问题，会谈后拉夫罗夫强调，应该在塞浦路斯全民公决结束后，再考虑在安理会就这一决议草案进行表决。21日，在安理会的讨论表决中，俄罗斯在安理会15个成员国中投了唯一否决票，该决议案未能通过。俄罗斯更多考虑了塞浦路斯政府的立场和利益。[1]俄罗斯常驻联合国副代表加季洛夫在表决前发言说，俄罗斯不赞成安理会在24日塞岛全民公决前通过任何有关塞岛统一的决议案，全民公决"应在没有外界干涉和压力的情况下自由进行"。俄罗斯副外长费德托夫其后表示，"俄罗斯否决联合国秘书长安南提出的塞浦路斯统一方案是出于程序和技术层面的考虑，而非受到政治因素的影响，如果本周末举行的塞浦路斯全民公决通过了联合国提出的统一方案，莫斯科也会表示支持"。2005年6月，俄罗斯外长拉夫罗夫访塞。2006年1月，塞总统帕帕佐普洛斯访俄，俄罗斯总统普京表示，俄罗斯在塞问题上的原则立场不会改变，俄罗斯将继续积极关注塞问题并在联合国框架下发挥重要作用。2008年6月，塞外长基普里亚努访俄，与俄罗斯外长拉夫罗夫会谈，俄罗斯表示将继续关注塞问题并在联合国框架内发挥积极作用。

2010年10月，俄罗斯总统梅德韦杰夫访问塞浦路斯，这是俄罗斯总统首次访塞，在访塞期间双方签订了15项合作协议。梅德韦杰夫重申俄罗斯支持塞统一会谈，而且坚定支持统一后的塞浦路斯继续保持单一主权的立场。[2]2012年年初，当土耳其对塞浦路斯在其专属经济

---

① Costas Melakopides, "Pragmatic Idealism Revisited: Russia's Post-1991 Cyprus Policy and Implications for Washington", *Mediterranean Quarterly*, Fall 2012, p.112.

② Costas Melakopides, "Pragmatic Idealism Revisited: Russia's Post-1991 Cyprus Policy and Implications for Washington", *Mediterranean Quarterly*, Fall 2012, p.126.

区进行油气勘探而发出军事威胁时，俄罗斯驻塞大使维亚切斯拉夫·舒姆斯基第一时间对此发表评论，"俄罗斯的立场是明确的，我们完全支持塞浦路斯人民有在其专属经济区勘探自然资源的权力，它完全符合国际法和欧盟准则"。[1]塞浦路斯也利用欧盟平台支持俄罗斯，2016年，欧盟政治家私下讨论欧盟制裁俄罗斯问题时，塞外长公开表示反对。[2]塞浦路斯还积极推动俄罗斯与欧盟各机构旅游免签证。[3]

❀ 三、对英国的外交政策

塞浦路斯共和国成立后，与英国保持着特殊关系。1960年8月16日，塞浦路斯共和国成立，英国向塞浦路斯政府移交主权。1961年2月，塞浦路斯加入英联邦。在共和国各级地方政府组建过程中，希、土两民族出现矛盾。1963年年底，总统马卡里奥斯公开提出修改共和国宪法而导致两民族冲突。英、希、土三国协商后，紧急组成了由英国负责的英、希、土三国维和部队。1964年1月，英国提议召开三个保证国代表参加的讨论塞局势的伦敦会议。3月4日，联合国安理会通过关于塞浦路斯问题的第186号决议，决议要求建立由英国等联合国成员国组成的联合国驻塞浦路斯维持和平部队。该维和部队在塞的维和行动一延再延，至今仍在希、土两民族隔离区执行维和任务。

塞浦路斯政府与英国政府坚定地相互支持，保持密切合作。1974年7月，希腊军政府策划推翻马卡里奥斯总统的军事政变发生过程中，英国利用阿克罗蒂里陆军基地为马卡里奥斯提供安全保护，并派飞机护送马卡里奥斯经马耳前往伦敦。与此同时，英国向塞浦路斯基地增兵，增加威慑力。政变发生后土耳其立即提出，土耳其和英国作为两个塞浦路斯共和国独立的保证国，共同干涉恢复塞宪法秩序，英

---

①   Costas Melakopides, "Pragmatic Idealism Revisited: Russia's Post-1991 Cyprus Policy and Implications for Washington", *Mediterranean Quarterly*, Fall 2012, p.128.

②   "Cyprus opposed to sanctions against Russia, but cannot go against EU majority - Cypriot foreign minister", *Interfax, Russia & FSU General News*, 11/8/2016.

③   Cyprus interested in visa-free travel regime between Russia, EU - ambassador, *Interfax, Russia & FSU General News*, Sept 27, 2016.

国拒绝土耳其的要求。特别是当希腊军政府扶持桑普森为塞浦路斯共和国总统后，美国政府欲意承认桑普森政府并将民选合法总统马卡里奥斯改称为大主教时，英国政府仍然继续承认马卡里奥斯总统的合法地位。1975年土耳其族宣布成立"塞浦路斯土族邦"，特别是1983年土耳其族当局宣布成立"北塞浦路斯土耳其共和国"，对塞浦路斯共和国的独立、主权和领土完整构成严峻挑战，但英国政府坚持塞浦路斯共和国政府是代表整个塞浦路斯的唯一合法政府，不承认"北塞"的独立地位。英国政府认为土耳其族当局单方面宣布独立，不仅违反1960年条约，也会损害联合国的和谈斡旋努力，同时也会降低土耳其族人的地位。[①] 在70年代中期至90年代的塞和平进程中，英国支持联合国秘书长为解决塞问题所做的斡旋努力，支持希、土两民族通过谈判政治解决塞问题。尤其值得注意的是，针对苏联提出并反复强调的塞浦路斯非军事化问题，塞浦路斯政府一贯坚持塞浦路斯的非军事化不包括英国在塞的两个主权军事基地问题，实际上是对英国在塞特殊利益的维护。

冷战结束后，塞浦路斯政府更加重视与英国的关系，两国高层互访频繁，双边关系进一步加强，英国支持希、土两民族直接谈判，通过两民族、双区、联邦制解决塞问题，支持塞加入欧盟。1993年10月21日—25日，第12届英联邦首脑会议在塞浦路斯举行，英国女王伊丽莎白二世以英联邦元首的身份首次非正式访问塞浦路斯，首都尼科西亚市政委员会向英国女王赠送尼科西亚市金钥匙。1995年4月，英国外交大臣赫德称，英国希望看到一个两民族双区联邦国家加入欧盟。1996年12月15日—16日，英国外交大臣里夫金德访问塞浦路斯，分别与塞总统克莱里季斯和土耳其族领导人登克塔什会谈，呼吁和平谈判解决塞问题。1997年1月23日，英国外交大臣库克向塞总统承诺，1998年上半年英国任欧盟轮值国主席期间，工党政府将尽其所能帮助塞参与入盟谈判。7月，英国首相布莱尔在伦敦会见塞总统克莱里季斯，重申对两民族直接会谈的支持，指出塞问题的解决有利于塞入盟

---

① James Ker-Lindsay, Great Powers, Counter Secession, and Non-Recognition: Britain and the 1983 Unilateral Declaration of Independence of the "Turkish Republic of Northern Cyprus" *Diplomacy & Statecraft*, 2017, Vol. 28 Issue 3, pp.431-453.

进程，同时鼓励希腊族同土耳其族缓和紧张关系。10月26日，参加英联邦首脑会议的塞外长卡苏利迪斯同英国外交大臣库克会晤，讨论塞入盟谈判和英国作为轮值主席国的特殊作用，以及英联邦首脑会议《最后宣言》中有关塞问题的内容。

21世纪以来，英国更加积极地促进塞问题的政治解决，推动塞加入欧盟的进程。2001年3月，英国负责欧盟事务的国务大臣基思·瓦兹访塞，重申英国支持塞加入欧盟，呼吁登克塔什恢复与希腊族的谈判。7月，英国负责欧洲事务部部长彼得·海恩充分肯定塞入盟对整个塞浦路斯更加有利。12月，英国塞问题特使哈内表示，塞两民族直接谈判应遵循联合国有关决议。2003年6月，塞外长亚科武与英国政府高级专员帕克签署关于英国在塞主权军事基地谅解备忘录，明确塞在2004年5月加入欧盟后，双方对英在塞的主权军事基地实施欧盟原则的权限和义务。2005年7月，塞总统帕帕佐普洛斯访问英国，同英国首相布莱尔就塞问题、欧盟问题等交换意见，并制定未来合作与对话机制。2008年6月，塞外长基普里亚努和总统赫里斯托菲亚斯先后访英，赫里斯托菲亚斯同英国首相布朗等会晤并签署《谅解备忘录》。

作为欧盟成员国的塞浦路斯与英国也存在某些分歧。2004年年初，在联合国秘书长安南统一方案推进过程中，英国力促实现塞浦路斯统一。当土耳其族支持而希腊族否决安南统一方案后，英国推动解除对土耳其族的孤立地位，这显然与塞浦路斯政府长期所坚持的塞浦路斯共和国政府是代表整个塞浦路斯的唯一合法政府的明确立场不一致。而且当塞入盟后，在某些问题上两国仍然存在分歧，特别是在2005年，两国关系相对处于低潮。[①]但英国仍然坚持推动塞统一进程。2015年11月，英国外交大臣菲利普·哈蒙德在访问塞希、土两民族过程中强调，现在已经到了塞实现统一的关键时刻，"很多理由说明现在是最佳时机"，而且哈蒙德还承诺英国愿意为统一提供160亿英镑的资金支持。[②]

---

① James1 Ker-Lindsay; j.ker-lindsay, "A Difficult Transition to a New Relationship: Britain and Cyprus in the European Union", *Journal of Contemporary European Studies*, Aug. 2007, Vol. 15, Issue 2, pp.185-200.

② Catherine Philp, "Britain pushes for reunified Cyprus, *Times*, Nov. 20, 2015.

第三节　同欧盟的外交关系

❀ 一、与欧共体签订《联系协定》和建立关税同盟

独立后的塞浦路斯积极发展与欧洲国家的关系，1961年2月加入英联邦，同年5月成为欧洲委员会成员国。塞浦路斯与欧共体的联系，肇始于1961年英国申请加入欧洲经济共同体(EEC)[①]成员国，间接引起塞浦路斯同欧共体的首次接触。[②]塞浦路斯希望可以通过欧共体广大市场需求以及资本和技术的流动，推动本国经济发展，实现塞浦路斯工农业生产的现代化以及扩展海外市场。[③]1973年，英国加入欧共体后，塞浦路斯积极谋求欧共体联系成员国地位。

1975年2月，塞浦路斯共和国土耳其族邦的成立，标志着在塞浦路斯存在着两个政治实体的事实。根据欧共体与塞浦路斯政府达成的协议，1977年欧共体将开启与塞浦路斯建立关税同盟的第二阶段谈判，但共同体各成员国担心贸然开启谈判会遭到土耳其族和土耳其的强烈反对，可能会造成塞浦路斯局势更加复杂，同时也考虑到1974年塞浦路斯危机对塞浦路斯经济造成的严重破坏，故此欧共体决定延长第一阶段的实施时间。1980年1月，在塞浦路斯政府的要求下，欧共体与塞浦路斯政府进行了商谈，欧共体鉴于塞浦路斯的政治经济状况尚未达标，特别是联合国秘书长斡旋下的两民族谈判未能取得任何实质性成果，使得欧共体各成员国对解决塞浦路斯的信心有所动摇，欧

---

① 1967年7月1日，《布鲁塞尔条约》生效，欧洲共同体正式成立。1993年11月1日，《马斯特里赫特条约》生效，欧洲共同体更名为欧洲联盟。本书对于具体事件，1993年11月1日之前用"欧共体"，之后用"欧盟"，而时间交叉的宏观性论述用"欧盟"。

② James Ker-Lindsay, Hubert Faustmann, FionaI Mullen, *An Island in Europe: The EU and Transformation of Cyprus*, New York: Palgrave Macmillan, 2011, p.16.

③ Jonhn Redmond, *The Next Mediterranean Enlargement of the European Community: Turkey, Cyprus and Malta*, Aldershot: Dartmouth, 1993, pp.65~66.

共体决定再次延长《联系协定》第一阶段实施的期限。1983 年 11 月，土耳其族单方面宣布成立"北塞浦路斯土耳其共和国"，联合国通过决议要求其成员国不承认"北塞"的合法地位，欧共体也发表声明，不承认"北塞"。实际上，欧共体把土耳其族排除在关税同盟的谈判之外。

1987 年，塞浦路斯完成了《联系协定》第一阶段的过渡期。1987 年 5 月，在缺少土耳其族代表的情况下，塞浦路斯政府与欧共体开始进行有关实施《联系协定》第二阶段的谈判。10 月 19 日，双方签署《关税同盟协定》。为促进塞浦路斯的经济发展，欧共体向塞浦路斯提供了 4 次财政援助，旨在促进塞浦路斯希腊族经济与欧盟的进一步整合，寻求政治解决塞浦路斯问题的方案。[1]当然欧共体也要求塞浦路斯政府必须妥善分配款项，使塞浦路斯全民公平受益。[2] 与欧共体关税同盟的建立，使塞浦路斯的商品出口种类、出口对象和国内生产总值结构均发生了重大变化。

❧ 二、塞浦路斯申请加入欧盟与欧盟委员会的评估意见

塞浦路斯与欧共体签署《联系协定》和《关税同盟协定》，加强了双方的经贸联系。1990 年 7 月 4 日，在意大利担任欧共体理事会轮值主席国期间，塞浦路斯共和国向欧共体理事会提交了申请加入欧共体的申请。欧盟委员会对塞浦路斯的申请进行了广泛审查，1993 年 6 月 30 日发表的意见认为："两千多年以来，塞浦路斯的地理位置已使这个岛国成为连接欧洲文化和文明之泉的紧密纽带，欧洲对塞浦路斯人民的价值观及文化、政治、经济和社会生活的深刻影响，与欧洲共同体的广泛联系和交往等，毫无疑问，所有这些因素赋予了塞浦路斯欧

---

①   Kamil Serttoglu, Llhan Ozturk, "Application of Cyprus to the European Union and the Cyprus Problem", *Emerging Markets Finance and Trade*, Vol . 39, No. 6, Nov. – Dec. 2003, p.62.

②   C Tsardanidis, "The EC – Cyprus Association Agreement: Ten Years of a Troubled Relationship, 1973—1983", *Journal of Common Market Studies*, 1984, pp.369~370.

洲身份和特征，也肯定了塞浦路斯加入共同体的使命。"[1]欧盟委员会对塞浦路斯的认知赋予了塞浦路斯欧洲身份及特征，确认了塞浦路斯属于欧洲社会的一员，符合欧共体条约的规定。[2]同时，欧盟委员会的意见也指出，由于塞浦路斯的分裂现状，入盟条约所主张的基本自由，特别是商品、人员、服务和资本的自由流动，设立机构以及在政治、经济、社会和文化上普遍认同的权利无法在塞浦路斯全部领土上得到应用，因此只有在重建塞浦路斯共和国宪法的基础上才能确保这些自由和权利的实施。[3]

1993年10月4日，欧洲理事会完全赞同欧共体委员会的意见，并表明"欧洲理事会完全支持委员会的建议，即在为塞浦路斯问题寻求一个和平、均衡和持久解决方案的同时，利用《入盟协定》所包含的法律法规，与塞浦路斯政府紧密合作，帮助塞浦路斯进行经济、社会和政治变革以实现最终融入欧洲联盟的目标"。此外，理事会邀请委员会同塞浦路斯政府展开实质性磋商，帮助塞浦路斯政府做好在时机成熟的情况下进行入盟谈判的准备工作。[4]1995年7月，欧洲议会表示支持塞浦路斯加入欧盟，指出塞浦路斯入盟凸显了塞岛的欧洲特性，同时声称塞浦路斯入盟对所有欧盟成员国来说意义重大。[5]

❧ 三、欧盟开启塞浦路斯入盟谈判

1993年1月至1995年2月，欧盟委员会与塞浦路斯政府开始实质性磋商，磋商的内容主要在技术层面，旨在帮助塞浦路斯政府提高管

---

① E uropean Union, Historical Overview［EB/OL］, 2014 – 03 – 23, http: // www. mfa. gov. cy /mfa /mfa2006. nsf / eu01_en /eu01_en? Open Document.

② Commission of European Union, Opinion on the Application for Membership from Cyprus, COM (93) 313, Brussels, 1993, p.44.

③ Commission of European Union, Opinion on the Application for Membership from Cyprus, COM (93) 313, Brussels, 1993, p.10.

④ European Council, European Council (1993) Conclusions on the Commission Opinion on Cyprus' Application for Accession, European Council, 4 October 1993.

⑤ European Parliament, Resolution on Cyprus' s Membership Application to the European Union, European Parliament, 12 June 1995.

理水平，以熟悉各谈判领域的欧盟现行法律制度，确定塞浦路斯法律法规需要与欧盟现行法律制度相协调的领域。1994年6月，欧盟科夫峰会评估了塞浦路斯与欧盟的关系，认为塞浦路斯已经完成入盟前的各项准备工作，决定欧盟下一波扩大将包括塞浦路斯和马耳他。[①]欧盟在1994年12月埃森峰会、1995年戛纳峰会和马德里峰会，以及1996年佛罗伦萨峰会上，均重申了科夫峰会关于欧盟下一波扩大将包括塞浦路斯的决议。1995年3月6日，欧盟理事会决定在1996年政府间会议结束后的6个月之后开始进行欧盟与塞浦路斯的入盟谈判。

1995年6月12日，塞浦路斯与欧盟联系委员会举行第16次会议，决定实行"入盟前战略"，[②]其目的在于建立对话机制。该机制包括部长会议以及专家会议，就社会政策、司法和内政事务、财政货币政策等问题进行部长和专家会议。1997年7月16日，欧盟委员会发表《2000年议事日程》，指出欧盟下一轮扩大所面临的挑战、影响和战略，特别强调如果塞浦路斯在入盟谈判前仍未解决塞浦路斯问题。同年12月，欧盟卢森堡首脑会议重申将于1998年3月开始与包括塞浦路斯在内的第一批6个候选国的入盟谈判，并补充称，入盟不仅对塞浦路斯所有族群是有利的，而且能够帮助塞浦路斯实现国内和平和政治和解。[③]

1998年3月，欧盟正式开启与塞浦路斯的入盟谈判，4月3日开始欧盟现行法律制度标准的审视工作。1999年9月，完成了35个谈判领域的审视。1998年11月，欧盟委员会开始塞浦路斯加入欧盟的实质性谈判阶段。欧盟委员会根据塞浦路斯年度谈判进度，定期向理事会提交报告。[④]谈判领域涉及货物、人员、服务和资本的自由流通，以及公司法、竞争政策、农业、渔业、运输政策、税收、经济与货币联盟、

---

① Nnugent, "EU Enlargement and the 'Cyprus Problem'", *Journal of Common Market Studies*, Vol. 38, 2000, p.134.

② Angelos Sepos, *The Europeanization of Cyprus: Polity, Policies and Politics*, Basingstoke: Palgrave Macmillan, 2008, p.42.

③ Angelos Sepos, *The Europeanization of Cyprus: Polity, Policies and Politics*, Basingstoke: Palgrave Macmillan, 2008.

④ Constantin Stefanou, Cyprus and the EU: The Road to Accession, Aldershot: Ashgate, 2005.

统计、能源、工业政策、社会和就业政策、科学与研究、教育与培训、文化与媒体政策、中小企业、环境、共同外交安全政策、对外关系、关税同盟等35个政策领域。1999年12月，欧盟赫尔辛基峰会决定不再把塞浦路斯问题的解决作为塞浦路斯入盟的先决条件。2000年3月13日，为了推进塞浦路斯"入盟前战略"的实施，欧盟理事会决定在塞浦路斯与欧盟之间建立入盟伙伴关系，为塞浦路斯入盟提供了众多政策措施，其中包括入盟前财政监督程序、入盟前经济项目、有组织犯罪的入盟前公约、国家就业战略与欧洲就业战略相一致、入盟后部门计划必须加入结构基金等。[①]

2002年12月，哥本哈根欧洲理事会通过决议，自2004年5月1日起，塞浦路斯与其他9个候选国成为欧盟正式成员国；决议同时指出，"由于塞浦路斯问题未能达成和解，根据委员会的建议，暂缓对'北塞'实施欧盟现行法律制度，直至理事会全体一致同意"。[②]2003年4月9日，欧洲议会通过塞浦路斯入盟决议。4月16日，塞浦路斯总统帕帕佐普洛斯在雅典签署《塞浦路斯加入欧盟协定》。7月14日，塞浦路斯议会正式批准《塞浦路斯加入欧盟协定》，并在正式加入欧盟之前，作为观察员积极参与欧盟及其机构的工作。2004年5月1日，塞浦路斯正式成为欧盟成员国，实现了为之奋斗多年的夙愿，揭开了塞浦路斯历史新的一页。

2004年9月，塞总统帕帕佐普洛斯访问在比利时的欧盟总部。自塞加入欧盟后，塞浦路斯政府表示，希望欧盟在塞问题上发挥积极作用。2005年5月，塞总统帕帕佐普洛斯赴波兰参加第三届欧盟首脑峰会，签署了防止恐怖主义等协定。6月，塞议会通过《欧盟宪法条约》。8月，欧盟任命塞新闻社主任塞米斯特克乐斯为欧盟委员会驻塞代表处主任，这是塞入盟后首次由塞人担任此职。2006年4月，塞议长赫里斯托菲亚斯访问欧盟总部。6月，塞议长赫里斯托菲亚斯出席欧盟议长会议。11月2日，塞浦路斯政府批准关于塞浦路斯将于2008年1月1日正式加入欧元区的决定。2008年7月，塞议会批准《里斯本

---

① Angelos Sepos, *The Europeanization of Cyprus: Polity, Policies and Politics*, Basingstoke: Palgrave Macmillan, 2008, p.45.

② Angelos Sepos, *The Europeanization of Cyprus: Polity, Policies and Politics*, Basingstoke: Palgrave Macmillan, 2008, p.45.

条约》。^①2012年7月1日，塞浦路斯担任欧盟轮值主席国，在欧盟事务中担当起了领导角色，但也面对解决塞希、土两民族分治局面以及欧盟主权债务危机等重要且紧迫的任务。^②同时，塞浦路斯政府不断调整修订相关政策法规，如修改完善公私合作关系法以实施《欧盟2014／24塞浦路斯指令》等，^③以便更好地适应欧盟法规，真正融入欧盟。

第四节　同希腊和土耳其的外交关系

一、同希腊的外交关系

塞浦路斯与希腊的关系历史悠久，最早始于公元前1500年，首批1 200名迈锡尼-阿卡亚人移民来到塞浦路斯。^④随后多次出现古希腊人大量移居塞浦路斯。随着希腊语言、习惯、宗教在塞浦路斯的传播，塞浦路斯的希腊特征开始最初形成。^⑤尽管先后有腓尼基人、亚述人、埃及人、波斯人对塞浦路斯进行部分占领甚至完全控制，但塞浦路斯

---

① 2007年12月，欧盟首脑会议签署了《里斯本条约》。主要内容有：设立相当于欧盟元首的全职欧洲理事会主席；精减欧盟委员会机构；改革欧洲议会；并加强成员国议会在欧盟立法过程中的作用等。

② Georg Christou, "The Cyprus Presidency of the EU: 'Real Achievements' in a 'Filoxenos Topos'", *Journal of Common Market Studies*, Sep. 2013, Supplement, Vol. 51, pp.80-88.

③ Demetris Savvides, Eleftheria Tourva, "Cyprus: The Implementation of the Directive 2014/24 EU in Cyprus and the Metamorphosis of the Prevailing Legal Framework on Public-Private Partnerships", *European Procurement & Public Private Partnership Law Review*, 2018, Vol. 13 Issue 1, pp.56-58.

④ Stavros Pantel, *A New History of Cyprus: From the Earliest Times to the Present Day*, London and The Hague, East-West Publications, p.4. 对于迈锡尼-阿卡亚人最早移民塞浦路斯的时间，还有认为始于公元前1400年，参见Katia Hadjidemetriou, *A History of Cyprus*, Translated by Costas Hadjigeorgiou, Nicosia: Hermes Media Press Ltd., p.32.

⑤ Katia Hadjidemetriou, *A History of Cyprus*, Translated by Costas Hadjigeorgiou, Nicosia: Hermes Media Press Ltd., p.36.

的希腊化进程已经不可逆转。[1]在长达10个世纪的塞浦路斯王国时期，塞浦路斯诸王国与希腊保持密切互动关系。希腊化时期，塞浦路斯的希腊文化特征进一步加强，希腊的"科伊农"（城邦联盟）传入塞浦路斯，对塞浦路斯的社会制度发展产生了重要影响。罗马时期，基督教在塞浦路斯和希腊传播，而且塞浦路斯和希腊的东正教特征，强化了二者的关系。拜占庭统治时期，诸多皇帝皇后对塞浦路斯情有独钟，塞浦路斯的希腊文化最终形成。法兰克和威尼斯人统治时期，塞浦路斯的希腊文化特征经历了磨难和考验后进一步加强。奥斯曼帝国统治时期实行的宗教宽容政策、大主教兼任"埃思纳克"，极大提高了塞浦路斯希腊东正教会的地位，对后来的塞浦路斯政治产生了重要影响。

英国统治时期，塞浦路斯与希腊关系较为复杂。英国接管塞浦路斯后，希腊族人即提出"意诺西斯"。希腊族人视希腊为"母国"，要求英国同意塞浦路斯与希腊合并。第一次世界大战爆发后，奥斯曼帝国公开加入德奥同盟对英、法、俄协约国宣战。为争取希腊加入英、法阵营，英国首次提出，如果希腊加入英、法、俄协约国，对德、奥、土、保同盟国宣战，英国愿意把塞浦路斯让给希腊，但希腊政府没有给予积极回应。1931年，塞浦路斯希腊族人反对英国殖民统治的起义遭镇压后，诸多希腊族人逃往希腊，在希腊继续组织"意诺西斯"运动。第二次世界大战中，希腊被德国占领后，希腊流亡政府多次要求英国政府将塞浦路斯割让给希腊，英国外交大臣艾登认为，希腊"国王可以在塞浦路斯行使的权力，就像任何外国元首在那儿的权力一样"，[2]婉言拒绝了希腊的要求。20世纪50年代，在塞浦路斯希腊族人和希腊部分政治家的强烈要求下，希腊政府两度向联合国提交在塞浦路斯实施民族自决原则的提案，均遭美英和土耳其等国否决。1959年，希腊与土耳其直接谈判，最终形成《苏黎世－伦敦协定》，且不容马卡里奥斯大主教提出任何修改意见。根据《苏黎世－伦敦协

---

[1] Maria Lacovou, Society and Settlements in Late Cypriot III, Edgar Peltenburg ed. *Early Society in Cyprus*, Edinburgh: Edinburgh University Press, 1989, p.57.

[2] Costas P. Kyrris, *History of Cyprus: With an Introduction to the Geography of Cyprus*, Nicocles Publishing House, Nicosia, 1985, p. 353.

定》，希腊是塞浦路斯共和国独立、主权、领土完整的三个保证国之一，且有驻扎一定数量军队的权利。希腊在塞浦路斯共和国享有特殊权利。

塞浦路斯共和国成立后，在组建各级地方政府过程中，希、土两民族产生矛盾，1963 年年底，马卡里奥斯总统公开提出修改宪法，两民族冲突再起。希腊作为三个保证国之一，参加了由英国领导的三国维持和平部队，但维和效果不佳。1964 年 3 月，由联合国驻塞浦路斯维和部队所取代。1967 年 4 月，希腊军政府上台后，秘密向塞浦路斯派出大量部队，最多时超过 1 万多人。随着希腊军政府与塞浦路斯总统马卡里奥斯关系的恶化，听命于希腊军政府的前"埃欧卡"领导人格里瓦斯秘密潜回塞浦路斯，组成"埃欧卡-B"，多次实施针对马卡里奥斯总统的暗杀行动。1974 年 7 月 2 日，马卡里奥斯总统发表致希腊总统的公开信，严厉指责希腊政府干涉塞浦路斯内政，以及对他本人实施的暗杀活动。1974 年 7 月 15 日，希腊军政府策划并发动了由希腊军官领导的塞浦路斯国民警卫队负责实施的推翻马卡里奥斯总统的军事政变，塞浦路斯与希腊关系达到历史最低点。此次政变导致土耳其出兵并占领塞浦路斯北部，也导致希腊军政府倒台，而希腊政府面对土耳其对塞浦路斯的出兵占领，只是在政治上给予塞浦路斯坚定支持。

塞浦路斯政府高度重视与希腊的关系，两国政府保持着特殊的合作关系。在塞浦路斯政府的对外关系中，希腊是第一位的，其他任何国家都不能与希腊相提并论。塞浦路斯政府对于一切重大问题，均保持与希腊政府的沟通和磋商，采取共同立场。土耳其出兵战争刚一结束，塞代总统克莱里季斯立即前往雅典，与希腊卡拉曼利斯①总理磋商处理塞危机的共同政策，以及苏联所提出的解决塞问题的建议。1981 年 2 月，希腊总理帕潘德里欧访问塞浦路斯，这是希腊历届政府总理首次访问塞浦路斯。帕潘德里欧对数千名欢迎他的希腊族人说，要发动一场圣战使全世界都知道塞浦路斯的情况，使塞浦路斯问题"国际化"。他慷慨激昂地高喊，"塞浦路斯的战斗就是我的战斗"，"我向你

---

①   1974 年 7 月 24 日，希腊军政府垮台后，康斯坦丁·卡拉曼利斯（Konstantinos Georgiou Karamanlis,1907-1988 年）从巴黎回到雅典，出任总理。

们保证，希腊政府及其人民将继续毫无保留地支持塞浦路斯人民争取自由和独立的斗争"，"对于这个问题的解决，违反塞浦路斯人民的根本权利的任何妥协，将不仅给塞浦路斯，而且也会给希腊带来灾难性的后果"。1983年4月，基普里亚努蝉联总统后首次正式访问希腊，受到隆重接待，此行旨在处理塞问题上与希腊政府进一步统一立场。基普里亚努总统强调，"塞希两国的团结是塞希腊族谋求生存的基础"，"确保两国之间合作是塞民族事业的最基本前提之一"。但基普里亚努总统同时强调，塞浦路斯不会与希腊合并，并声明，塞浦路斯问题不属希、土两国间的分歧，它们无权谈判该问题。

1983年11月15日，土耳其族人单方面成立"北塞浦路斯土耳其共和国"，希腊政府一方面强烈指责土耳其族违背国际法，破坏国际协定，是对联合国决议的挑战；另一方面利用外交上的有利地位，展开大规模的外交活动，以获得大多数国家的同情和支持。希腊政府不仅向各国驻雅典使节通报塞浦路斯情况，同时通过希腊驻各国的外交官与各国政府进行联系，而且还派出众多政府部长前往许多国家及一些重要国际机构进行活动，要求谴责土耳其族，不承认"北塞"非法政权，并要求向土耳其族施加压力收回独立决定。

冷战结束后，塞浦路斯政府更加重视与希腊的关系。希腊也仍然把塞希腊族看成希腊民族的一部分，把塞浦路斯的安全和稳定看作希腊国家安全战略的重要内容。1995—1998年的四年间，塞总统克莱里季斯九次访问希腊，其中1997年和1998年均三度访问希腊。在2003—2005年，塞总统帕帕佐普洛斯五次访问希腊，而在同一时期，希腊总理和总统分别访问塞浦路斯两次和一次。2008年3月，赫里斯托菲亚斯当选塞总统后不久即访问希腊，分别与希腊总统和总理会谈。塞希两国首脑频繁互访，主要讨论塞两民族会谈、塞加入欧盟和塞浦路斯与希腊共同防务等问题。塞希两国首脑互访频繁之程度，在现代国际关系中并不多见，这也充分说明塞希两国之间不同寻常的特殊关系。

塞浦路斯与希腊的特殊关系包括两国共同防务，双方签订了共同防务信条，共同应对外部威胁。两国共同防务信条规定，希腊向塞浦路斯政府提供军事装备等援助，希腊的军事采购计划中部分武器装备部署在塞浦路斯。1995年9月，希腊空军首次实地参加塞浦路斯的军事演习。1996年1月，希腊总理西米蒂斯在施政纲领中强调，塞希共同防务信条是支持塞问题公正、合理政治解决的选择，希腊国防政策的长期目标是抵抗外国对希腊和塞浦路斯的军事威胁。为具体实施共同防务信条，两国军政领导频繁互访磋商。希腊国防部部长阿尔塞尼斯多次访问塞浦路斯，同塞领导人讨论进一步落实共同防务问题，考察塞军队训练及设施，为具体落实两国共同防务信条制定规划。此外，希腊还帮助塞浦路斯建成新的帕福斯空军基地。1998年10月，希腊国防部部长卓哈卓普洛斯在参加塞浦路斯独立38周年阅兵式时称，只要土耳其坚持扩张政策，希塞两国就会继续加强共同防务信条。在塞希共同防务信条影响下，出现了塞浦路斯"导弹风波"，经多方斡旋，塞浦路斯购置的俄制导弹部署在了希腊的克里特岛。2000年，希腊海军向塞国民警卫队移交"克诺索斯"号巡逻艇，希腊国防部部长表示，希塞两国在反对威胁确保国家安全及维护地区和平方面负有共同的责任。2000—2001年，希腊海、空军与塞国民警卫队举行了三次联合军事演习。塞浦路斯政府希望通过与希腊的联合军演显示捍卫国家安全的决心，而希腊也通过积极参与以宣示对塞浦路斯政府的坚定支持。

希腊坚定支持塞浦路斯加入欧盟，是塞希两国特殊关系的另一表现。1990年塞浦路斯政府正式申请加入欧共体，但欧盟长期坚持把塞入盟与塞问题的解决联系起来，认为实现塞浦路斯的国家统一是塞浦路斯加入欧盟的先决条件。但希腊坚持认为，塞加入欧盟对于公正、合理地解决塞问题能起到"催化剂"作用，尽快接纳塞入盟是朝着解决塞问题迈出的第一步。在希腊的不懈努力下，欧盟终于放弃了只有统一的塞浦路斯才能加入欧盟这一前提条件。1999年，欧盟赫尔辛基会议正式确认"解决塞问题不是塞入盟的前提条件"。2001年11月，欧洲议会主席表示，塞问题解决与否不会妨碍塞入盟进程，欧盟扩大不会不包括塞浦路斯。2004年5月1日，塞浦路斯成为欧盟正式成员国。

塞浦路斯成为欧盟成员国后，与希腊的关系更加密切，但两国在某些问题上也存在不同观点。2016年6月，塞浦路斯政府试图反对欧盟对土耳其在科学和研究领域的开放，这是土耳其加入欧盟的第一步。与此同时，希腊与土耳其关系紧张，而且出现两国战机对抗事

件，似乎出现了一个新的反对土耳其的希腊人阵线。[1]其实，希腊和
塞浦路斯在土耳其加入欧盟问题上有不同观点，希腊把土耳其加入欧
盟视为从深层改造土耳其的政治和文化的一种力量，缓和希、土两国
双边关系，而塞浦路斯则视欧盟为一种体制标杆。塞浦路斯否决欧盟
开启与土耳其的入盟谈判，且事前并未与希腊商议，这让希腊非常气
愤，希腊官员甚至称，希腊政府不再愿意把塞浦路斯包含在希腊的利
益之中。[2]

　　希腊每年向塞提供2 000万美元的财政援助，支持塞浦路斯经济
发展。当然，塞浦路斯与希腊关系也存在另外一面，即塞浦路斯土耳
其族与希腊政府及人民之间的敌对情绪。土耳其族人认为，希腊和塞
浦路斯希腊族长期致力于把塞浦路斯与希腊合并，损害土耳其族人的
利益，而且至今仍然不承认土耳其族作为塞浦路斯主体民族之一的客
观事实。由于希腊政府一贯不承认"北塞"政权的合法性，因此两者
之间很少交往，唯有相互指责。

❀ 二、同土耳其的外交关系

　　塞浦路斯与土耳其的关系，最早可追溯于1571年奥斯曼帝国征服
塞浦路斯，从此在塞浦路斯出现了信仰伊斯兰教的土耳其人。1878
年，英国迫使奥斯曼帝国签订《塞浦路斯条约》，占领和管理塞浦路
斯，但主权仍属奥斯曼帝国，直到1914年11月，因奥斯曼帝国加入
德、奥同盟向英国宣战，英国政府宣布兼并塞浦路斯。1923年，土耳
其与协约国签订《洛桑条约》，彻底放弃对塞浦路斯的一切权利，从
国际法上真正结束了奥斯曼帝国与塞浦路斯的主权关系。第二次世界
大战后随着希腊族"意诺西斯"运动的发展及其与英国矛盾不断激
化，1955年英国邀请土耳其参加英、希、土三国伦敦会议，讨论塞浦
路斯问题，土耳其再次介入塞浦路斯事务。1959年2月，土耳其与希
腊谈判达成《苏黎世-伦敦协定》，土耳其既是该协定的签字国，也是
塞浦路斯独立的三个保证国国之一，与希腊一样享有在塞浦路斯驻扎

---

[1]　James Ker-Lindsay, "The Policies of Greece and Cyprus towards Turkey'
　　s EU Accession", *Turkish Studies,* Vol. 8, No. 1, Mar. 2007, p.71.

[2]　James Ker-Lindsay, "The Policies of Greece and Cyprus towards Turkey'
　　s EU Accession", *Turkish Studies,* Vol. 8, No. 1, Mar. 2007, p.78.

一定数量军队的特权。

1960年8月，塞浦路斯共和国成立后，塞浦路斯与土耳其建立正式外交关系。1964年8月，希、土两民族发生激烈冲突，土耳其战机轰炸和扫射希腊族阵地，并向土耳其族人提供援助。1974年7月20日，希腊军政府策划军事政变，推翻总统马卡里奥斯合法政府，土耳其以保证国身份，以恢复塞浦路斯共和国宪法秩序为借口，出兵占领塞浦路斯北部，而且驻军3万直至今日。塞浦路斯共和国断绝了与土耳其的外交关系。

塞浦路斯政府不承认土耳其族当局的合法地位，土耳其政府认为在塞浦路斯存在两个政治实体，不承认共和国政府是代表整个塞浦路斯的唯一合法政府。1975年2月，土耳其族领导人登克塔什宣布成立"塞浦路斯共和国土耳其族邦"，国际社会为之震惊，对土耳其族的单方面行动纷纷表示指责、遗憾或关注，而土耳其政府表示尊重土耳其族人的决定，并希望全世界也表示同样的"谅解和尊重"（土耳其总理语）。1983年11月，土耳其族领导人宣布成立"北塞浦路斯土耳其共和国"，国际社会再次为之震惊。联合国安理会召开紧急会议，通过第541号决议，要求塞浦路斯土耳其族当局撤销独立决定，号召所有成员国拒绝承认"北塞"。土耳其政府不仅立即给予承认，而且要求其他国家也承认这个新诞生的国家，次年4月双方还互派大使。从此土耳其坚定地支持"北塞"的独立地位，并公开宣称塞浦路斯存在两个国家。

冷战结束和塞浦路斯共和国正式加入欧盟，给塞土耳其族与土耳其关系带来新变化。2003年4月，土耳其副总理兼外长居尔访问"北塞"，支持土耳其族领导人登克塔什提出的关于在塞岛两民族间建立信任措施的建议。随后土耳其总理埃尔多安在访问"北塞"时重申，解决塞问题必须以塞存在"两个国家、两种语言、两种宗教"的现实为基础，呼吁国际社会，特别是欧盟解除对土耳其族的贸易限制。同时土耳其副总理谢内尔访问"北塞"，与塞土耳其族签署关税同盟框架协议。

2005年7月，土耳其与欧盟正式签署关税同盟扩大协定，同时附带声明表示，在塞问题没有解决之前，土耳其不会承认塞浦路斯共和国政府。2006年1月，土耳其外长居尔提出解决塞问题的行动计划，包括根据关税同盟协定，土耳其向塞希腊族开放机场和海港，但必须解除对塞土耳其族的经济封锁，向国际社会开放土耳其族区内的港口和机场，将"北塞"作为经济实体纳入欧盟关税同盟等。2008年7月，土耳其总理埃尔多安访问塞土耳其族区，仍然坚持塞问题的解决必须基于塞浦路斯存在两个民族、两个国家的现实，两民族之间建立新的伙伴关系。

2011年以来，塞浦路斯与土耳其两国围绕东地中海大陆架油气资源勘探出现矛盾，核心在于油气资源的归属权和开采权。塞浦路斯与以色列、希腊三国多次磋商，甚至有媒体报道称三国已经结成"准联盟"。[①]2017年12月5日，以色列、塞浦路斯、希腊和意大利四国能源部部长，在塞浦路斯签署关于铺设以色列—塞浦路斯—希腊—意大利水下天然气管道（Israel - Cyprus - Greece - Italy gas pipeline，又称East MED gas pipeline）谅解备忘录，将东地中海油气资源输往欧洲。南欧领导人峰会期间，上述四国部长发表联合声明，称该基础设施项目具有长远战略性，符合以色列及欧盟相关国家在天然气能源上的共同利益。东地中海油气资源开发问题，成为塞浦路斯与土耳其继土耳其出兵占领塞北部地区之后，两国之间出现的新问题。

---

① Zenonas Tziarras, "Israel- Cyprus- Greece: A 'Comfortable' Quasi- Alliance", *Mediterranean Politics*, 2016 Vol. 21, No. 3, pp.407-427.

第八章　经济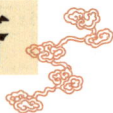

第一节　概述

　　塞浦路斯共和国成立之初，基本经济状况是以农业为主，全国绝大多数人口是靠天吃饭的农民，农业劳动力占总劳动力的40%[①]。之所以靠天吃饭，是因为塞浦路斯的河流都是季节性河流，缺乏水利设施，耕地浇灌不足，而且耕地分割太小，不利于机械化生产，农业生产率相当低，生产粮食不能自给。基本没有国民经济的支柱性工业产业，只有简单的食品和饮料及服饰加工、采掘和传统手工业，而且规模小。进出口贸易主要是出口附加值极低的农产品和矿产品，而进口附加值很高的日用工业品。在整体经济基础差，而且受民族冲突困扰的情况下，塞浦路斯政府制订实施了两个发展国民经济五年计划，成效显著，基本摆脱了依附型经济结构。但1974年土耳其的出兵占领，使刚刚步入全面发展之路的塞浦路斯经济濒临崩溃边缘。在国家危难之时，塞浦路斯政府果断制订并连续实施了四个"紧急经济行动计划"，不仅恢复了经济，而且取得了可观的发展成就，一举成为中东地区屈指可数的富国之一。而且塞浦路斯经济长期持续、稳定、快速发展，其失业率低、通货膨胀率低、经济增长率高，即"两低一高"的整体经济特征，为中东国家所称道。

　　[①]　[英]迈克尔·李、汉卡·李著，北京师范学院《塞浦路斯》翻译小组译：《塞浦路斯》，北京人民出版社1977年版，第83页。

❧ 一、经济结构转型

塞浦路斯共和国成立后，塞浦路斯政府发展经济的首要任务是调整不合理的经济结构，即改变农业劳动生产率低、生产的粮食不能满足国民生活需要、国民经济主要依赖农产品和矿产品出口，而矿藏已经基本枯竭的状况。为此，塞浦路斯政府制定了加大农业生产和促进工业化运动的总方针，制订了发展国民经济五年计划，在实施五年计划过程中进行经济结构改革。在农业经济改革方面，塞浦路斯政府实施了将农民的小块土地合并成大块土地，以适应农业机械化大生产的土地改革；政府提倡支持大力兴修水利，修筑蓄水坝20座，农业灌溉面积从1960年的25 800公顷，增加到1974年的37 600公顷，极大改善了水源不足状况，为农业增产增收奠定了坚实基础；塞浦路斯政府还大力提倡科学种田，政府根据各地自然环境特点，科学规定各种农作物的收割起始日期，科学精细耕作，挖掘农业潜力。与此同时，塞浦路斯政府为激发农民种粮积极性，规定农产品保护性收购价格，以确保农民增产增收。此外，塞浦路斯政府鼓励重视发展畜牧渔业，1970年，畜牧业产值在农业总产值中约占35%。

农业的改革发展为发展工业打下了坚实基础，塞浦路斯政府确定工业为整个国民经济的主体，在市场经济范围内有选择地鼓励工业发展，政府参与建设兰尼卡综合炼油厂，有效利用关税政策，鼓励向工业领域投资，对创办企业实行投资补助并享受三年免税。另外，塞浦路斯政府还鼓励国民"购买国货"，为民族工业发展筹集资金。经过两个多五年计划的实施，到1973年，国民生产总值达到9.94亿美元，比独立之初的1961年增加了两倍多[1]。国民经济整体发展较快，特别是工业得到了较大发展，经济结构调整成效显著。

❧ 二、紧急经济行动计划

1974年7月，土耳其出兵并占领塞浦路斯北部地区，给塞经济造成严重破坏，使塞浦路斯政府实施两个"发展经济五年计划"所取得的经济建设成就几乎丧失殆尽，其中46%的工业、48%的农产品出

---

[1] 邝广生："塞浦路斯"，《西亚非洲》1982年第2期，第73页。

口、41%的牲畜、56%的采矿业和采石业、40%的学校、20%的森林、65%的旅游业、87%的旅馆、法马古斯塔港口83%的货运设施遭到严重破坏,使塞丧失了整体经济能力的70%[1]。工厂停工、土地荒芜、港口瘫痪、尼科西亚国际机场被迫停止使用,塞浦路斯经济濒临崩溃边缘。更为严重的是,在土耳其出兵过程中,为了安全或迫于无奈,相邻而居数世纪的希、土两民族居民背井离乡,逃往本民族所控制的区域,其中有20万希腊族人从土耳其军队出兵占领的北部逃到南部希腊族控制区,沦为难民,无家可归的难民人口达到希腊人总人口的1/3,造成了严重的社会问题和经济负担。

面对巨大经济问题和难民安置问题,塞浦路斯政府果断终止执行发展国民经济第三个五年计划,从1975年至1991年,连续制订并实施了五个"紧急经济行动计划"。前三个"紧急经济行动计划"的首要目标是安置难民、恢复经济,塞浦路斯政府为此相继颁布了一系列新政策、法规,在大力扶植农业、优先发展粮食生产的同时,积极鼓励私人投资和引进外资,在首都尼科西亚市郊和沿海城市规划工业区,重点发展和扶植投资少、见效快的出口加工、旅游、食品加工、服装、鞋帽、皮革等劳动密集型企业,尽快安置难民,减少失业人口,改善难民的生活条件,实现社会稳定。前两个"紧急经济行动计划"(1975—1976年,1977—1978年)完成后,失业率降到了3.8%,国民生产总值首次达到1974年土耳其出兵前的水平,经济基本得到了恢复。第三个"紧急经济行动计划"(1979—1981年)实施后,失业率进一步降至1.8%。前三个"紧急经济行动计划"的实施,不仅恢复了经济、重建了家园,而且使农业、旅游、建筑、交通运输等部门得到了较大发展,塞经济已经进入了正常发展轨道。

在如此巨大的经济建设成就面前,塞浦路斯政府继续抓住机遇,加快发展,又连续制订实施了两个"紧急经济行动计划"。在制订实施第四个"紧急经济行动计划"(1982—1986年)过程中,有计划、有步骤地进行经济调整,稳定国内价格,减少国际收支逆差;改善国民收入分配,实现充分就业;吸引外资,加大工业投资,实现工业现代化。为了实现计划规定的目标,塞浦路斯政府制订了新的政府保证计

---

[1] *Republic of Cyprus: From 1960 to the Present Day,* The Press and Information Office, Republic of Cyprus, 2002.

划，改进税收激励制度，大力鼓励国内外投资，引进先进技术，努力扩大出口，建立新的工业区，把塞浦路斯建设成为中东地区的服务中心。在第五个"紧急经济行动计划"（1987—1991年）实施过程中，塞浦路斯政府制定了以扩大出口生产为目标，重点发展加工制造业、积极开发旅游业、大力扶持农业，以促进出口贸易的发展方针，使加工业和旅游业得到迅猛发展。1989年，塞纺织品、服装和皮革制品出口额达4.47亿美元，其成衣销往近40个国家，其中阿拉伯国家是最大买主。塞制造的服装已取代英国服装在沙特阿拉伯、叙利亚和黎巴嫩等国服装市场的传统地位[1]。1990年，塞国民生产总值达55.66亿美元，人均国民收入9 860美元，通货膨胀率为4.5%，失业率为1.8%。五个"紧急经济行动计划"实施的15年间，塞国内生产总值年均增长率为7.73%。[2]

"紧急经济行动计划"的实施，不仅恢复了经济，重建了家园，国民经济得到了快速发展，而且经济结构进行了调整优化，为90年代经济全面繁荣发展打下了坚实基础。同时经济建设成就为整个社会进步提供了坚实基础，文化、卫生、教育也有了较大发展，社会福利得到了极大改善，80%的人享受国家免费医疗，平均寿命男性为75.3，女性则高达79.8，达到发达国家水平。

❀ 三、经济全面繁荣发展

冷战结束后，和平与发展成为时代主题，更加宽松的国际和平环境，为塞浦路斯经济的全面繁荣发展提供了难得机遇，塞浦路斯政府紧抓机遇，创造条件，加快经济发展。

第一，塞浦路斯政府大力推动以旅游、金融、保险为主体的第三产业的发展。塞浦路斯政府充分利用得天独厚的自然环境和众多人文景观，大力开发旅游资源。接待游客人数从1989年的137.76万人增加至1999年的240万人，旅游创汇也从1989年的9.56亿美元增加至1999年的20亿美元，旅游业对国民生产总值的贡献达到20.4%。旅游业的

① 钱乘旦主编，韩文宁、洪霞著：《塞浦路斯、马耳他》，四川人民出版社2002年版，第157页。

② 国家统计局国际统计信息中心编：《亚洲发展中国家和地区经济和社会统计资料汇编》（1992年），中国统计出版社1992年版，第11-13页。

发展带动了相关产业的发展。1999年，餐饮业的收入高达国民生产总值的8.8%。同时，金融、保险业也有较快发展。1999年，金融、保险及旅游服务业产值为65.46亿美元，占国民生产总值的72%，从业人员占劳动总人口的68.37%，显然已成为国民经济的支柱产业，[①]并成为国家外汇收入的主要来源和拉动经济增长的主要产业。

第二，塞浦路斯政府大力推进农业和加工制造业的现代化，提高劳动生产率。塞浦路斯政府大力提倡科学种田，推进农业现代化，发展现代农业。同时采用现代机械设备，提高加工制造业的现代化水平，大幅提高农业和加工制造业的劳动生产率。1989年，农业和加工制造业产值分别为1.56亿塞镑和3.34亿塞镑，1999年分别增至2.02亿塞镑和5.23亿塞镑。在产值平稳增长的同时，劳动生产率却大幅提高。1989年，从事农业劳动力人口为3.58万人，占总劳动力人口的13.2%；加工制造业为4.81万人，占总劳动力人口的17.7%。到1999年，从事农业劳动力人口降至2.69万人，占总劳动力人口的比例降至9.3%，而同期从事加工制造业人口降到3.8万人，占总劳动力人口的比例也降至13.3%。农业和加工制造业的现代化程度有大幅提高，提高了劳动生产率，节省了劳动力资源，为第三产业的迅速发展提供了劳动力支持。

第三，塞浦路斯政府力保经济健康发展，大幅提高人民生活水平。从1990年代至21世纪初，塞经济持续保持健康稳定增长，第三产业更是突飞猛进，农业和加工制造业的产值和劳动生产率持续提高，整个经济健康平衡运行，"两低一高"的整体经济特征更加明显，至1997年的近十年来，失业率、通货膨胀率、经济增长率分别平均为2.3%、4.66%、5.46%，这种良好的经济运行态势为世人所称道。国民人均收入近十年增长4倍多，达14 000美元。一系列经济指标表明了塞经济的发展水平，世界银行已将塞列入发达国家行列。根据联合国开发署计算的国际比较综合指标，早在1990年，塞浦路斯的人文发展

---

① 根据近十年《世界知识年鉴》的有关统计数据所得。

指数①已高达 0.923，而同一时期，创造经济发展奇迹的亚洲四小龙之一的新加坡也只有 0.879②。

塞浦路斯巨大经济建设成就的取得，是多方面因素促成的。自1974 年土耳其出兵占领塞北部从而形成南北分治的局面后，在联合国驻塞维和部队的长期存在、两民族维持着"和平共处"的局面，为塞浦路斯政府控制下的南部希腊族区赢得了和平稳定的社会环境。塞浦路斯政府紧抓发展机遇，从本国的实际情况出发，制订了明确的经济建设计划和目标，政策灵活、措施得当，而且能够适时调结构、促发展，根据不同的发展阶段，有计划、分步骤地驱动新的经济部门刺激经济持续稳定增长。另外，美国、希腊、欧盟等对塞长期提供的经济援助，也是塞经济繁荣发展的不可忽视的重要因素。1979—1999 年，欧盟对塞的四次财政援助金额总计达 2.1 亿欧洲货币单位，其中塞浦路斯政府得到了 2.018 亿欧洲货币单位。2000 年，欧盟再次援助塞 5 700万欧元，用于塞入盟前希、土两民族和解③。塞浦路斯政府严格合理使用援助资金，促进了经济发展。值得注意的是，联合国驻塞维和部队的开支和英国在塞两个军事基地的消费，几乎成为塞浦路斯政府的间接"外援"。仅 1998 年 7 月至 1999 年 6 月的经费预算就达 4 300 万美元，这些经费使塞产品"内销"也能"创汇"。塞浦路斯良好的教育体制和拥有大批优秀管理人才，在经济发展中发挥了积极作用。

❀ 四、欧元区金融危机的影响

2004 年 5 月 1 日，塞浦路斯终于实现了加入欧盟的夙愿，成为欧盟正式成员国，迎来新的发展机遇。早在 2000 年，塞浦路斯政府就开始致力于把塞发展成为东部地中海地区的海外投资中心，并制定了相

---

① 人文发展指数是联合国开发署计算的国际比较综合指数。它包括了 160个国家和地区的资料，是将各国的预算寿命、识字率和人均国民生产总值三个指标排序打分，然后加综合得出的指数。它表示各国社会发展程度的高低，数值越接近 1，社会发展程度越高。

② 国家统计局国际统计信息中心编：《亚洲发展中国家和地区经济和社会统计资料汇编》（1992 年），中国统计出版社 1992 年版，第 21 页。

③ *The Republic of Cyprus: An Overview*, The Press and Information Office, Republic of Cyprus, 2003, p.24.

应的政策法规。塞所拥有的社会稳定、经济发达，以及与中东各国关系密切的优势，使欧盟各国早就将其作为与中东国家贸易的桥梁和总部所在地，这一切无疑将对塞浦路斯努力实现中东地区金融中心地位的目标有积极的促进作用，塞经济将进入一个新的发展阶段。2005年塞浦路斯GDP达到148.223亿欧元，连续增长至2008年达到190.062亿欧元，2009年回落至186.735亿欧元，2010年重回增长，达到192.995亿欧元，2011年达到历史最高记录197.310亿欧元。其后受希腊债务危机影响，塞浦路斯经济出现连续三年衰退，2014年，GDP降至176.056亿欧元，相当于2007年（175.116亿欧元）的水平，从2015年逐渐恢复增长，2017年为192.138亿欧元，尚未达到2011年的水平。[①]由此可见，小国经济易受他国经济波动的影响。

2008年1月1日，塞浦路斯顺利加入欧元区，此后经济进一步融入欧洲。2009年年底国际三大评级公司先后下调希腊主权信用评级，寓其在短期内将要违约，导致希腊国债的价值不断下跌，各大银行纷纷抛售持有的希腊债券，而塞国内银行仍然反其道而行之大量持有并采取各种方式秘密买入希腊国债。欧盟进行"压力测试"而公布的数据表明，塞第一大银行塞浦路斯银行(BOC)累计买入34亿欧元的希腊债券，塞第二大银行大众银行（CPB）则总共购买了24亿欧元希腊国债，与欧洲前10大银行相比，塞两大银行所进行的对希腊债券的风险性投资规模几乎是最高额。截至2011年，根据IMF的统计，塞银行资产包括所发放的贷款相当于国内GDP的8.35倍，其中一大部分贷款提供给了外资银行对希腊的借款人的贷款，相当于国内GDP的1.6倍。塞银行业不理性地持续、单一买入大量的希腊国债是引起这次塞银行危机的导火索。[②]

2012年，塞国内生产总值出现负增长（-2.4%）；失业率为8.8%，大约为2009年的2倍。塞浦路斯政府公共债务在2012年达到233.6亿欧元，占GDP的130.6%。在经济萎缩和债务累累的背景下，失业率上升，就业困难，更多人无法按期归还住房贷款，同时企业发展停滞，银行业不良资产增加，资本充足率严重偏低，银行危机爆发。就经济

---

① 　"National accounts", Republic of Cyprus, Statistical Service, 2018.

② 　刘京：《塞浦路斯银行危机救助法律问题研究》，上海师范大学硕士学位论文，2014年，第7页。

总量而言，塞只占欧元区经济总量的 0.2%，但次贷危机以来的 2007 年至 2012 年 5 月，塞银行资产扩大了 1 倍，整个银行业资产达到 GDP 的 7 倍约 1200 亿欧元。据估计，当时在塞金融系统中俄罗斯资金约为 250 亿欧元。

2012 年 6 月，受希腊债务减记影响，塞陷入财政危机，塞浦路斯政府宣布将需要 18 亿欧元的外国援助支持塞浦路斯大众银行，随后惠誉国际评级将塞信誉降至垃圾级。惠誉表示，塞将需要额外 40 亿欧元以支持其银行，评级下调主要是由于塞三大银行，即塞浦路斯银行、塞浦路斯大众银行、希腊银行受到希腊金融危机的严重影响所面临的困境。[①]

2012 年 6 月 25 日，塞浦路斯政府发表声明，正式向欧盟提出 175 亿欧元援助申请，成为继希腊、爱尔兰、葡萄牙、西班牙后第五个寻求欧盟救助的国家。

2013 年 3 月 16 日，塞浦路斯政府与欧盟、欧洲央行、国际货币基金组织（IMF）"三驾马车"就银行危机救助达成第一轮协议，欧盟、欧洲央行和 IMF 基于"欧洲金融稳定机制"确认对塞国施以总额为 100 亿欧元的流动救助资金。但这次对塞浦路斯的救助，不像救助希腊等国那样欧元区从银行存款中寻找资金，欧盟集团给塞浦路斯政府提出了极为严苛的条件，协议要求塞浦路斯政府必须以向所有银行储户普遍征收一次性存款税的方式来先行完成 58 亿欧元的自筹资金。具体的实施方式是，存款金额低于 10 万欧元的银行账户将一次性征税 6.75%，数额在 10 万欧元以上的储户被加以 9.9% 的一次性存款税，并将公司税由 10% 提升至 12.5%；将 14 亿欧元的国有资产私有化。该救助方案确保塞银行具备偿债能力，但引起了本国公民的强烈不满和国内外投资者对塞金融投资和银行信用失去信心。

2013 年 3 月 18 日，塞银行危机引起了全球金融市场动荡。亚洲股市领跌，欧洲市场也未能幸免，纽约股市金融板块领跌，同日道琼斯指数下跌 0.43 个百分点。3 月 19 日，塞议会以 0 票赞成、36 票反对、19 票弃权的投票结果否决了"存款税"提案。3 月 21 日，塞政党就新方案达成一致。该计划包括政府仍将提交一份存款征税案，但征税率

---

① "Cyprus's credit rating cut to junk status by Fitch", *BBC News Online*, 25 June 2012.

要比之前提交的少得多；同时塞浦路斯财长访问俄罗斯，向俄罗斯求助，向俄申请贷款并提出延长以前的贷款还款期限，以油气开发权作为条件。塞浦路斯政府在国内采取资本整顿、扩大国有资产等方式来获取资金，将那些资不抵债或者经营不善的银行重组、以政府名义发债券，将债券收益与能源收入挂钩以及接受塞浦路斯天主教会援助等。塞浦路斯政府之所以把目标转向非欧盟国家俄罗斯，是因为欧元区其他国家都受到危机影响，没有足够资金援助，同时俄罗斯与塞有着密切的经济联系。塞银行业存款中，多数来自俄罗斯，俄罗斯储户存款额占比达到23.7%。塞俄彼此又是对方最大的外资直接投资国。如果塞两大银行倒闭，也会损害俄罗斯投资者的利益，甚至冲击俄罗斯经济，但俄罗斯没有接受塞浦路斯政府的求助计划。3月25日，塞与欧盟经过进一步的协商达成协议，主要内容包括：保留塞浦路斯银行(第一大银行)，而大众银行将被清算并被拆分。其中，第一大银行会接收大众银行的存款，以10万欧元的额度为限，第一大银行超过这个额度的存款将承受近60%的损失，而大众银行低于10万欧元的存款归入塞浦路斯银行中，但要冻结10万欧元以上的存款，然后被清算及解决债务问题。

2013年4月，塞浦路斯银行已经收到10万欧元以下的存款并且完成了重组工作，将塞浦路斯银行10万欧元以上存款中37.5%转成银行股份，另有22.5%存款将视银行重组情况被全部或者部分转成银行股份。这次银行重组是以牺牲股东、债权人和大储户的利益为代价。这份救助协议使人们对银行的信心大失。同时这次救助协议还伴随着资本管制，以防止出现挤兑现象。

2013年5月，塞获欧洲金融稳定机制(ESM)首批援助资金20亿欧元，还有10亿欧元在6月份将获得。这些救助金缓解了塞财政吃紧情况，其中包括金融机构的重组工作。

2014年，塞浦路斯政府债务达到GDP的109%，私人债务高达620亿欧元，相当于当年塞GDP175亿欧元的350%。[1]2015年，欧盟委员会主席称赞塞浦路斯政府采取了紧缩政策，毫不犹豫地实施了艰难的

---

① Savvakis C.Savvides, "Overcoming Private Debt: Unblocking and Rebuilding the Loan-Burdened Real Economy in Cyprus", *The Journal of Private Equity*, Vol.19, No.4(Fall 2016), pp.51-59.

改革计划。2016年3月，塞成功退出"三驾马车"救助计划。同年穆迪投资服务公司对塞银行体系的预期从稳定调整为积极，表明塞银行体系正在恢复盈利能力，并改善资产质量。经济的快速复苏是由旅游业、商业服务和消费支出的快速增长所推动的。债权人增强了信心，允许塞银行业减少紧急流动性援助20亿欧元(从2013年的94亿欧元)。2016年，塞经济增长率为2.7%，国内生产总值为198.1亿欧元，人均国内生产总值为2.35万欧元，国内生产总值同比增长2.8%，全年财政收入70.19亿欧元，财政支出69.55亿欧元，财政盈余6 440万欧元，相当于GDP的0.4%，失业率为12.1%，通胀率为0.7%。塞金融财政走出了困境，走上了正常发展的道路。

第二节　农牧渔业

一、农业

塞浦路斯本来就是个农业国，农业在国民经济发展中起着举足轻重的作用，不仅生产全国人口所需要的食粮，而且以农产品出口创汇，同时为工业生产提供原材料。塞浦路斯政府农业政策的总体目标是实现农业现代化，使农业在国民经济发展中做出更大贡献，提高农产品在国内外市场的竞争力。具体目标是：促进完全适应欧盟的共同农业政策，提高农业收入，促进农产品出口，提高公众健康，促进水资源的合理利用，保护自然环境。随着塞浦路斯政府农业现代化政策的实施，从事农业生产的劳动力不断减少，而同期农业总产值却不断增加，农业产值对GDP的贡献也不断降低。1960年，从事农业生产的劳动力为9.48万人，占总劳动力人口的40.3%；1980年下降至3.69万人，占16.8%；2000年为3.11万人，占9.4%；2015年进一步降至1.58万人，仅占总劳动力人口的3.8%。相应地，1960年，塞农业总产量为38.4亿塞镑，1980年上升至216.5亿塞镑，至2000年进一步上升至571.9亿塞镑，2015年达到了698.1亿塞镑。而同期的附加价值分别为25.1亿塞镑、124.6亿塞镑、320.9亿塞镑和300.4亿塞镑，对GDP的贡献率分别为16.0%、10.0%、3.0%和1.7%。2017年，农业对GDP的贡献率仍保持在1.7%，农业劳动力占总劳动力的4%。[1]这些数据充分反映了塞浦路斯农业现代化的不断发展，且已达到极高的程度。

塞浦路斯的农业用地走过了一个逐渐减少的过程。1960年，农业总用地432.5万公顷。1973年，农业用地达到独立以来最大规模455.0万公顷，其后逐渐降低，近年来，基本维持在约130万公顷。2014年是126.2万公顷，2015年是140.1万公顷。[2]

2016年，塞浦路斯主要农作物耕种面积为96 807公顷，其中农作物62 480公顷，菜类和瓜类7 916公顷，果树类26 411公顷。农作物中谷物23 795公顷，豆类498公顷，油料作物（工业作物）78公顷，饲料作物38 109公顷。而农作物中小麦、大麦、燕麦、黑小麦播种面积分别为8 386公顷、14 536公顷、367公顷和506公顷。油料作物中芝麻1公顷，花生77公顷。果树中葡萄6 052公顷，柑橘类3 408公顷，鲜果类2 718公顷，坚果类2 661公顷，橄榄树和角豆树11 572公顷。

塞浦路斯的可灌溉用地面积相对稳定，1960年为20.1万公顷，1973年达到独立以来最大记录42.8公顷，近年来基本稳定在25万公顷，2014年是23.2公顷，2015年是25.3公顷。[3]

塞浦路斯主要出口农产品种类有柑橘、柠檬、葡萄柚、土豆、葡萄、瓜类等。近年来，农产品出口创汇不断增加。1960年，出口创汇仅805万欧元，2007年达到历史上最大记录12 009.2万欧元，近年来基本稳定在1亿欧元左右，2014年是9 770.5欧元，2015年是8 914.5万欧元。[4]

奥斯曼帝国统治时期，塞浦路斯曾经是帝国伊斯坦布尔的木材和木炭供给地，特罗多斯山和基里尼亚山盛产木材。1960年，生产各种软木38 980立方米，各种硬木3 620立方米。1977年，各种软木产量达到独立以来最大记录151 874立方米。1963年，各种硬木材生产量

---

①　Cyprus Profile: Cyprus country report 2017, pp.44-45.

②　"Agricultural land, 1960-2015", Republic of Cyprus, Statistical Service, 2017.

③　"Irrigable agricultural land, 1960-2015", Republic of Cyprus, Statistical Service, 2017.

④　"Exports of agricultural products, 1960-2015", Republic of Cyprus, Statistical Service, 2017.

达到最大6 742立方米。塞浦路斯政府重视保护自然环境，特别是森林资源，同时，随着天然气的开采使用和各种替代产品的出现，木材生产量呈下降趋势。2015年，生产各种软木和硬木材总量分别为10 879立方米和2 307立方米。[①]塞浦路斯长期重视保护森林资源，森林覆盖率高，拥有森林面积1 735平方千米。

塞浦路斯的农业生产因各地区地形和气候的差异而呈现地区性特征。在中央平原地区，主要种植由冬季雨水灌溉的小麦和大麦。马铃薯和柑橘属果树集中于沿海地区，是塞浦路斯主要的农作物。在海拔较高的特罗多斯山山区，生长着落叶果树、坚果、葡萄属植物和各种蔬菜。帕福斯地区和利马索尔地区的山地则是葡萄的主要产地，这些葡萄主要用于酿造葡萄酒，而食用葡萄则主要产于东南沿海地区。帕福斯地区主要种植香蕉。在塞浦路斯的许多地方都种植橄榄树，用于生产橄榄油。

❄ 二、畜牧业

牲畜饲养是塞浦路斯农业生产的重要组成部分。牛、绵羊、山羊、猪和家禽是畜牧业的主要产品。新鲜猪肉、家禽肉和蛋类生产完全可以满足国内需求，而牛肉、小牛肉、羊肉和羔羊肉则通过进口来补充。

为了提高牲畜产量，农业及自然资源和环境部主要通过改进饲养和管理方法、改进兽医服务来控制和治疗动物疾病、提高饲料营养以及提高农民的管理水平等措施，来提高牲畜产量。此外，政府还制订了畜牧业整体发展计划，政府和银行等金融机构加大对畜牧业的投资，以支持畜牧业的发展。

农业及自然资源和环境部下辖的兽医服务中心，主要负责预防、控制和治疗动物疾病，预防人兽共患传染病和食源性疾病的传播，通过人工饲养从根本上提高动物质量。兽医服务中心特别重视预防动物疾病传入国内并扩散，尤其是那些周边或其他国家存在或出现的动物流行病。为此，兽医服务中心组织和实施了动物疾病疫苗接种和传染病监控。同时，还制订实施了消灭和预防在国内出现的各种传染性疾

---

① "Production of timber by type, 1960-2015", Republic of Cyprus, Statistical Service, 2017.

病的控制计划。在塞浦路斯已经被完全消灭的主要疾病有炭疽病、猪烧、牛皮瘤、蝇蛆病等。此外，政府规定只允许从无传染病的国家进口肉产品。对于本国生产的用于国内消费和出口的动物产品，要求定期进行抗生素、激素、磺胺和反微生物因子残留物的检查，而且要求在产品的生产地对动物进行定期的检查。对活体动物、鸟类、鱼料和奶酪等物品的进口，实行进口通行证制度。

为了改良动物的品种，兽医服务中心还下设动物人工繁殖和动物生殖疾病两个研究室，为牲畜饲养者提供服务。

塞浦路斯养殖的家畜有牛、绵羊、山羊、猪、家禽等，随着养殖技术的不断提高，养殖的质量和规模也不断提高。

✿ 三、渔业

塞浦路斯四周环海，拥有发展渔业的天然资源。1999年，塞浦路斯的水产品产量为3 679吨，总价值超过1 377万欧元。塞水产品主要来自本国沿海及国际水域的拖网捕鱼和水产养殖。1999年塞渔民首次使用了曳网捕鱼，提高了水产品产量。

渔业与海洋研究部的主要职责是保持海洋生物的生长，负责水产养殖业的发展和研究，以及保护和研究海洋环境。为保护和开发渔业资源，政府制定了相关立法，为渔民提供资金和技术支持，鼓励投资。1996年渔业和海洋部提出了一个为期五年的水产养殖业贷款津贴计划。2000年，政府制定了水产养殖法。1999年塞浦路斯共有4个私人海上养鱼场、1个内陆养虾场和8个海上养虾场。1999年，可上市鱼的总产量达1 422吨，价值约500万欧元。鱼苗产量为1.86亿尾，其中1.28亿尾被出口，其价值约150万欧元。同时，在特罗多斯山地区还有5个养殖场。1999年，鳟鱼的产量达到了66吨。

设立、改善和维护护渔区是渔业与海洋研究部的主要工作之一。1995年政府出台了《渔场管理和保护法》。目前，塞浦路斯共有13个护渔区，它们分别分布在帕拉利姆尼（Paralimni）、阿基亚特里亚达（Agia Triada）、阿基亚纳帕（Agia Napa）、波塔莫斯（Potamos）、克西洛法古（Xylophagou）、德凯利亚（Dhekelia）、拉纳卡、利基（Lygi）、阿吉欧吉欧斯（Agios Georgios）、拉特西（Latsi）、波莫斯（Pomos）和波基尔基斯（Pgrgos）。在帕福斯、利马索尔和拉纳卡的港口也都有渔船停泊。

渔业和海洋研究部也重视研究东地中海以及塞浦路斯周围海域的海洋环境，包括研究、检测和控制海洋污染，尤其是预防和治理石油污染；通过研究物理海洋学来掌握东地中海的水压特征；研究鱼类的动态数量和评定其种类；通过研究海洋生态学来探索深海有机物与其周围环境的关系；保护濒临灭绝的水生物及其栖息地，保护已处在危险中的海洋生态系统。

此外，农业研究会通过对农作物育种和蔬菜、水果种植及家畜饲养的研究为农业提供服务。

塞浦路斯独立半个世纪以来，其渔业也有较大发展。1960年，捕鱼总量为514吨，价值232万欧元。1965年上升至1 112吨，价值达415万欧元。1983年，增至2 042吨，价值586.7万欧元。2000年，增至4 097吨，价值达2 290.4万欧元。近年来基本保持在6 000吨。2015年达到历史最高记录6 948吨，价值4 287.6万欧元。[①]

四、水利

塞浦路斯不仅地表水缺乏，地下水也缺乏，缺水是塞浦路斯的一个严重问题。地下水的开采利用相对成本低，曾经是塞浦路斯主要的饮用和灌溉水来源，但过量使用使地下蓄水层急剧下降，并且在沿海的大多数蓄水层都发生了海水渗透的情况。塞浦路斯政府长期以来采取了积极理性的开发和利用水资源的政策，提出了"不能让一滴水流入大海"的口号，修建了大小水坝108个[②]，其中储水在200万立方米以上的大概有15个，所有水坝总储水量从1960年的600万立方米，增加到现在的327 500万立方米。值得注意的是，塞浦路斯在国际大坝委员会（International Commission on Large Dams，ICOLD）成员国中名列第一。

塞浦路斯水资源的开发经历了两个阶段。第一个阶段是独立后至1974年土耳其出兵，第二个阶段是从1974年至今。第一阶段的显著特

---

①　"Fish caught and imports of fish, 1960-2015", Republic of Cyprus, Statistical Service, 2017.

②　Dam of Cyprus, Water Development of Department, Republic of Cyprus, 2018.

点是塞浦路斯政府农业、城乡发展与环境部与国际及其他机构合作研究有关的水资源开发建设工程，并制订出短期和长期开发建设计划，研究项目实施的可行性，许多大坝工程如波莫斯水坝（Pomos）、艾伊亚－马里纳水坝（Ayia Marina）、阿伽卡水坝（Argaka）、莱夫卡拉水坝（Lefkara）、耶尔马索伊亚水坝（Yermasoyia）、波莱米迪亚水坝（Polemidhia）和马沃罗克利姆伯斯水坝（Mavrokolymbos）都是在这一阶段所修建的，乡村的民用供水得到满足。第二阶段的突出特点是在水资源开发方面大规模工程建设取得巨大成就，帕福斯灌溉工程、克里索克乌灌溉工程（Khrysokhou Irrigation Project）、瓦西利科斯－彭达斯基勒斯工程（Vasilikos-Pendaskinos Project）、皮特西利亚农村综合开发工程（Pitsilia Integrated Rural Development Project）、南部引水工程（Southern Conveyor Project），有乔伊鲁科蒂亚（Khirokitia）水处理厂、库尔勒斯（Kornos）水处理厂、利马索尔水处理厂、特尔塞福勒乌（Tersephanou）水处理厂、阿斯罗克尔莫斯（Asprokremmos）水处理厂，把水输往帕福斯。此外，在这一阶段还建成了下水道系统，污水处理和脱盐工厂。

1997年之前，塞浦路斯的主要水资源来源于降雨。根据长期观测，年平均降水量（包括降雪）约为503毫米。从2000年至2015年，减少至463毫米。塞浦路斯年降水总量约为2.75000万立方米，但仅有10%约27 500万立方米可以有效利用，其余90%直接蒸发又回到了大气之中。

塞浦路斯的降雨分布极不均匀，在两大山脉地区降雨量最大，而在东部低地和沿海地区降雨最少。近几年时常伴随干旱，年均纯降雨量为27 500万立方米，地表和地下储水比例为1∶3，而地下储水大约1/3流入了大海。

2016年，供水系统工业产值为279 000万欧元，增长2.5%；附加值增长3.5%，增加至143 700万欧元；固定资产消耗从2015年的33 100万欧元，减少至21 400万欧元，降低了35.4%。该系统就业率增长3.0%，增加至1 677人。城市用水从2015年的31 500万吨，增加到33 000万吨，增长了4.7%。[1]

---

[1] The Printing Office of the Republic of Cyprus, *Republic of Cyprus: Industrial statistics, 2016*, The Printing Office of the Republic of Cyprus, 2018, p.14.

塞浦路斯北部土耳其族区同样也缺乏水资源。在土耳其政府的帮助下，土耳其族区修建了一项国际引水工程，是通过地中海海底管道，把土耳其南部的淡水引到塞浦路斯北部的土耳其族区。该工程在世界上独一无二，工程设计使用年限为50年，总计引水7 500万立方米，其中50.3%即37.76万立方米为饮用水，剩余49.7%用于农业灌溉，灌溉迈萨奥里亚平原农业面积达4 824公顷（11 920英亩）。该工程预算为43 200万美元，其中土耳其段造价为2 520万美元，34 800万美元用于海底管道铺设，1 490万美元用于北塞境内建设，但工程实际投资45 000万美元。管道全长80.15千米。整个工程分四期建设，并于2014年9月竣工。2015年10月8日，土耳其南部阿纳穆尔－德拉贡河（Anamur-Dragon Creek）上的阿拉库普卢大坝（Alaköprü Dam）的水到达了塞浦路斯土耳其族区的盖西特库伊水坝（Geçitköy Dam）。

第三节　　工业

塞浦路斯的工业主要有四个部门：采矿业、制造业、电力供给和供水与废水处理。

2016年，采矿业产值为44 900万欧元，比2015年减少54.3%，而附加值从2015年的28 900万欧元减少至18 900万欧元，减少了34.8%。据估计，就业人数减少了4.3%，降至402人。

2016年，国内生产工业品出口额达到638 900万欧元，比2015年的622 500万欧元增长了2.6%。国内出口最主要的工业品是医药品、食品、非金属产品、再生产品、机器及设备。与2015年相比，出口量增加最快的是乳制品、果脯和蔬菜，而减少最多的是水泥和碱金属。塞对欧盟出口额占塞工业品出口总额的44.3%，中东国家占22.6%，其他国家占33.1%。[1]

2016年，工业产值从2015年的5.1%降为3.7%。制造业产值降低了0.8%，采矿业降低了0.6%，电力供给降低了16.9%，供水与废水处

---

[1]　The Printing Office of the Republic of Cyprus, *Republic of Cyprus: Industrial statistics, 2016*, The Printing Office of the Republic of Cyprus, 2018, pp.14-15.

理降低了6.5%。对于工业产值，国内市场降低了3.8%，出口市场降低了3.0%。①

2015年，塞浦路斯有5 318家企业从事各个部门的工业生产，从业劳动力为32 052人，创造国内生产总值（GDP）1 374 400万欧元。其中食品加工业产值对GDP的贡献最大，为22.1%；电力供给贡献21.6%；食品加工业是吸收按劳劳动力最多者，达33.5%；其他对产值贡献大和吸收劳动人口多的是药品制造、非金属加工、金属焊接和污水处理。工业是吸收劳动力人口最多的行业，劳动力人口中68.6%为男性、31.4%为女性。在制造业，有66.5%男性和33.5%女性。女性劳动力人口有68.0%在服装加工业、59.0%在制药业、48.2%在食品加工业。相反，在木材加工行业，女性劳动者仅占7.5%。②

就塞浦路斯的整体工业而言，经营开支占生产费用的68.4%，原材料和包装费用占经营开支的55.3%，其余生产费用占13.1%。劳动力成本占经营开支的23.6%，管理费用占4.5%。在制造业，原材料和包装费用占经营开支的56.1%，其他生产费用占12.6%，而劳动力成本占24.2%，管理费用占4.7%。具体就劳动力成本占经营开支的23.6%而言，其中82.9%为工资和薪金，其余17.1%为企业主投入各种基金，如社会保障基金、年度休假基金、公积金等。2015年，塞浦路斯工业整体人均成本是217 000欧元，制造业是192 000欧元。不同行业有所差异，采矿业和电力供给行业是462 000欧元，而服装加工业为112 000欧元。③

劳动生产率是企业的核心指标，反映了企业投入与产出的效率，也定义了每个生产者的附加价值。2015年，劳动生产率最高者是污水处理系统，达到1 990 000欧元；采矿业和电力系统为1 286 000欧元；

① The Printing Office of the Republic of Cyprus, *Republic of Cyprus: Industrial statistics, 2016*, The Printing Office of the Republic of Cyprus, 2018, p.15.

② The Printing Office of the Republic of Cyprus, *Republic of Cyprus: Industrial statistics, 2016*, The Printing Office of the Republic of Cyprus, 2018, pp.15-17.

③ The Printing Office of the Republic of Cyprus, *Republic of Cyprus: Industrial statistics, 2016*, The Printing Office of the Republic of Cyprus, 2018, pp.18-19.

最低者是服装加工，仅133 000欧元；皮革加工业为148 000欧元。工资调节后的劳动生产率，工业整体是198%，最高者仍然是污水处理系统，达到595%，制造业是169%，皮革加工业最低，仅113%。[①]

一、制造业

制造业在塞国民经济中占有重要地位，主要有食品加工、饮料加工、烟草加工与成品油加工、纺织品加工、服装加工、皮革加工、木材加工、纸制品加工、印刷、化学化工产品加工、制剂、橡胶塑料、非金属器物加工、金属加工、金属焊接、计算机与电子及光学元器件加工、电器设备加工、机载设备加工、车辆制造及运输器材、家具、机载修理安装等，基本无重工业。从事制造业的劳动力，2008年是36 166人，2012年是31 933人，2016年29 312人，近年来基本稳定在3万人左右。2016年，从事制造业劳动力最多的行业分别是食品加工11 141人、金属焊接3 120人、机载修理安装1 878人、非金属器物加工1 873人、木材加工1 795人、制剂生产1 573人、印刷953人、橡胶塑料生产889人。[②]

2016年，塞工业继续保持增长势头，增长率在2015年6.1%的基础上，超过预期达到了6.3%，特别是制造业作为塞浦路斯工业中最大部分，其增长率在去年5.9%的基础上达到了6.3%，成为塞工业增长的主要推动力。2016年的工业总产值，在2015年3 599 400万欧元的基础上增加了1.5%，达到3 654 900万欧元。按价格估计，工业附加值已经达到1 437 300万欧元，相比2015年的1 374 400万欧元，增加4.6%。按当时市场价格计算，工业对GDP的贡献率达到了7.5%，与去年持平。据估计，整个行业的就业人数已从2015年的321 000人增至334 000人，占有收入就业人口的8,8%。登记失业人数从2015年的3 965人下降到2016年的3 264人。制造业是构成塞浦路斯工业的最大部分，2016年产值达到2 734 400万欧元，相比2015年的2 569 000万欧元，增加6.4%。附加值相比2015年的909 500万欧元，增加8.2%，

---

① The Printing Office of the Republic of Cyprus, *Republic of Cyprus: Industrial statistics, 2016*, The Printing Office of the Republic of Cyprus, 2018, pp.20-21.

② "Industry", Republic of Cyprus, Statistical Service, 2018.

达到984 000万欧元。就业人数从2015年的279 000人增加到2016年的292 000人。固定资产支出达72.1亿欧元，比2015年的60.2亿欧元增加了19.7%。

❧ 二、电力

塞浦路斯的电力工业由共和国电力局管辖。塞浦路斯电力局是一个独立的、非营利性的半政府组织，其成员由部长委员会任命。电力局的主要职责是：以合理的价格提供安全可靠的电能，同时应注意环境、员工和公众的健康与安全，保持较高的生产效率；提供符合国民要求和需要的高标准的服务；向贸易、工程与旅游部通报有关电力的生产、传输和分配的所有事宜；促进电力在家庭、农业、工业和商业中的合理高效使用。

塞浦路斯的进口能源主要用于发电。发电所消耗的能源量占塞浦路斯能源总消耗量的15%，占进口原始能源总需求量的38%。由于电力消耗在国家能源消耗中的巨大比重，电力局在制定国家能源政策中起着重要作用。

近年来，由于工业、农业和商业的快速发展和人民生活水平的不断提高，对电力供应的需求不断增大，使电力生产、传输和分配系统迅速扩大，电力销售也迅速增长。1995—1999年，平均每年电力销售增长率接近5.73%。

塞浦路斯电力局所辖发电系统的总容量是98.8万千瓦，分布于如下三个发电厂：

德凯利亚《B》发电厂，总装机容量为36万千瓦，由6个油/汽机组组成，每个机组6万千瓦，分别在1983年、1989年和1993年三个阶段建成。

莫尼发电厂，总装机容量为33万千瓦，有6个油/汽机组，每个机组3万千瓦，在1976—1996年相继建成。2个燃气轮机站于1992年建成投入使用，每个机组3.75万千瓦。1995年2个同等容量的燃气轮机站建成。

瓦西里科斯发电厂距离塞浦路斯南部港口城市利马索尔25千米，是塞浦路斯历史上最庞大的基础设施建设工程，在选址、燃料使用及对环境的影响方面，均进行了充分的研究和评估，可以说瓦西里科斯发电厂是一个高科技工程。1999年7月23日，建成容量为3.8万千瓦的燃气轮机站。2000年7月，2个容量均为13万千瓦的蒸汽轮机站建成投入运行。2004年和2008年，装机容量均为12万千瓦的第3号、4号和第5号、第6号机组建成投入发电运行。

随着信息技术在电力系统上的运用，特别是使用了监督控制和数据获取/能源管理系统（SCADA/EMS），电力局能够及时修复网络故障，还可以对电力生产、传输和主要分配系统进行有效控制，降低运营成本。

2016年，塞电力供给减少了9.6%，附加值减少2.1%，劳动力减少1.2%。电力耗废从2015年的4 036 100万千卡增加至2016年的4 358 500万千卡，增加了8.0%。家用耗电增加了6.2%，占总电力耗费的36.0%。工业耗电增加了19.5%，商业耗电增加了4.1%，农业耗电增加了20.2%，公共用电增加了2.9%。[①]

❖ 三、电信

塞浦路斯信息产业发达，固定电话、移动通信、网络宽带、无线接入、数字电视发展迅速，已成为政府办公、企业经营、个人生活中不可或缺的重要组成部分。加入欧盟以前，其电信业由塞浦路斯电信局（Cyprus Telecommunication Authority，简称CYTA，是塞浦路斯国有企业）垄断经营。2004年加入欧盟后，塞根据欧盟有关法令要求，逐渐开放其电信市场，鼓励投资、促进竞争、提高服务质量。市场准入条件有所放宽，垄断经营局面有所改善，但国有企业CYTA在固定电话、移动通信、网络宽带等方面所占份额仍然均超过80%。统计数据显示，2012年，塞浦路斯固定电话用户数量为373 200，居世界第108位；移动电话用户为110万，居世界第155位；互联网用户为694 223，居世界第126位，人口普及率为61.0%，居世界第63位；固定宽带用户为218 783，居世界第82位，人口普及率为19.2%，居世界第51位；无线宽带用户为384 270，居世界第98位，人口普及率33.8%，居世界第47位；互联网主机总数为252 013，居世界第67位；互联网协议第四版签约用户地址（IPv4）总数为110万，占全球比率

---

① The Printing Office of the Republic of Cyprus, *Republic of Cyprus: Industrial statistics, 2016*, The Printing Office of the Republic of Cyprus, 2018, p.13.

不足0.05%。

1.主要电信企业

塞浦路斯电信局(Cyprus Telecommunication Authority，CYTA)。它是塞浦路斯最大的电信企业，其前身是成立于1955年的塞浦路斯岛电信局(Cyprus Inland Telecommunications Authority，CITA)，1961年控制了国外有线和无线电有限公司后更名为现在名称(Cyprus Tele-communications Authority，CYTA)，是半官方机构。1988年提供移动电话服务，1995年提供宽带服务。2008年营业收入4.84亿欧元，同比增长7%；成本支出3.72亿欧元，同比下降4%。员工总数为2352人，主营业务有固定电话、移动通信、宽带网络、有线电视。电信局的战略目标是将自己打造为地中海东南部的电信交换中心，其在岛内拥有自己的固定电话网、移动通信网、宽带互联网和卫星通信网，并且通过海底电缆与希腊、意大利、以色列、叙利亚、黎巴嫩、埃及相连，作为该地区重要的宽带互联网结点，有多条国际光纤主干网连接电信局，如SEA-ME-WE 3（通过地中海和中东连接西欧和东南亚）、MED NAUTILUS（连接地中海地区和西欧）、MINERVA（直连塞浦路斯和欧洲）。电信局的通信网和光纤网由其子公司中CYTA GLOBAL负责管理和运营。电信局还大力拓展国际业务，在希腊建立了塞浦路斯电信局希腊（CYTA HELLAS）公司，主营网络宽带和固话业务，在英国成立了塞浦路斯电信局英国（CYTA UK）公司，以IPMPLS虚拟专用网技术为平台，为商业客户量身订做网络解决方案。除传统业务外，电信局还进入了有线数字电视市场，为公众提供数字电视服务。

MTN CYPRUS。MTN是总部设在南非的国际移动业务运营商，主要业务在非洲和中东一些国家，主要提供移动通信、固定电话、网络宽带等服务，在塞浦路斯设有分公司，在塞浦路斯的用户约有43.6万。

PrimeTel公司成立于2003年，是塞浦路斯最大的私营通信公司，拥有自己的区域网，连接塞浦路斯、德国、希腊、俄罗斯和英国，主要向欧洲和中东地区提供城市间互通、数据通信、光纤固定网络基础设施与基于IP的服务，是该地区为数不多的能够提供全波段光谱连接服务的通信公司。2009年，该公司从塞南部帕福斯行政区的沿海城市基罗斯基普（Geroskipou）通过海底电缆接入印度最大综合电信服务提供商（Reliance Communications）的子公司（Reliance Globalcom）2.7兆兆位HAWK海底电缆服务系统，使PrimeTel成为塞浦路斯第一个拥有此服务设施的私营公司，而该设施长期以来为CYTA所独有。2011年5月，PrimeTel成为移动虚拟网络运营商（MVNO），是塞浦路斯第三家便携无线电话运营商，成为塞浦路斯第一家提供固定电话、网络电话、移动电话三网合一服务的电信公司。2015年4月，Prime-Tel宣布成为塞浦路斯第三大移动网络运营商（MNO）。

Cablenet是塞浦路斯唯一独立拥有自己的电缆设施向塞浦路斯国内外提供宽带、固定电话和电视服务的电信公司。公司投入巨资，率先采用HFC（Hybrid Fiber Coaxial，HFC）有线电视网络，将其升级至DOCSIS3.0，被认为是下一代网络系统，提供网速超过400 Mbps，支持多倍HD TV频道。Cablenet在塞浦路斯的三个主要城市设有5个用户服务中心，首都尼科西亚有2个，利马索尔有2个，拉纳卡有1个。此外，Cablenet在欧洲主要城市也有业务。

OTEnet公司，是成立于2003年的互联网接入服务提供商，最初是希腊电信巨头OTE在塞浦路斯的分公司，2008年由MTN控股，最初租用CYTANET的网络平台，自2007年起，该公司开使建立自己的宽带网络，作为CYTANET的网络平台的补充。

NETWAY公司，主要业务包括互联网接入、主机托管、软件开发等。该公司租用CYTANET和PRIMETEL的网络平台，对应有不同的计费标准。

SPIDERNET，是塞浦路斯第一批涌现的互联网接入服务商之一，成立于1995年，其主要业务有互联网接入、主机托管、网业设计和开发等。该公司租用CYTANET和PRIMETEL的网络平台，对应有不同的计费标准。

塞浦路斯还有其他电信公司，但都规模小、服务单一，主要提供互联网接入服务，没有自己的网络，租用CYTANET或PRIMETEL的网络平台，主要有LOGOSNET公司、WAVESPEED公司、AVACOM-NET公司等。

2.主要电信业务

固定电话：塞浦路斯电信局是岛内最大的网络和服务运营商，市场占有率超过90%，在岛内拥有庞大的语音通信网。其他运营商如 TELEPASSPORT、TELECOMMUNICATIONS、OTE、THUNDER-WORX 等，规模都比较小，自有线路和用户均比较少，主要是租用电信局的通信线路。

移动通信：塞浦路斯有两套移动电话蜂窝网络，即 CYTAMOBILE VODAFONE 和 MTN。1988 年塞浦路斯电信局与 VODAFONE（英国电信业巨头，是全球最大的移动通信运营商之一）合作，推广移动电话业务，命名为 CYTAMOBILE VODAFONE，提供 GSM、GPRS、EDGE、UMTS、HSDPA 技术和服务，2009 年二季度市场占有率达到 82.7%，用户数为 106.5 万。MTN 于 2004 年进入塞浦路斯，获得塞浦路斯第二块移动运营牌照，MTN 技术为 GSM、UMTS，用户数约为 22.3 万，市场占有率为 17.3%。CYTAMOBILE VODAFONE 和 MTN 均能够提供 2G（以 GSM 和 TDMA 为代表的第二代数字通信技术，除语音通话外，还可收发短信、电子邮件，浏览网页）和 3G（第三代数字通信，在数据传输速度上有很大提升，能够处理图像、音乐、视频流等多种媒体形式）网络。电信局于 2006 年开始采用 3G/GPRS 技术，2008 年开始以高速下行分组接入技术 HSDPA 升级网络，使用户能够更方便、更稳定地接入互联网，而且速率将为目前 3G 网的 8 倍，目前覆盖范围还仅限于塞浦路斯主要城市。MTN 自 2009 年开始升级自己的 3G 网络，其网络基站项目由中国华为公司承建。

塞浦路斯移动电话 ARPU（每用户平均收入）较高，达到 45 美元，使得移动运营商利润较高。移动电话充值卡随处可以买到，MNP（手机带号转网）免费，4 天内就可以办好。

宽带互联网：塞浦路斯宽带互联网以 ADSL 为主，另外还有少量的 CABLE 接入方式，提供 ADSL 接入的网络平台运营商有两个（CYTANET 和 PRIMETEL），可以提供 256 kbps 到 8 Mbps 的带宽，并可以加载数字电视（IPTV）和语音通话（IP PHONE）业务，提供 CABLE 平台接入的网络运营商只有 CABLENET 一家，最大可以提供 10 M 的带宽。主要的互联网服务运营商（ISP）有 CYTANET、PRIMETEL、CABLENET、OTENET、NETWAY、SPIDERNET、LOGOSNET、WAVESPEED、AVACOMNET 等，其中 CYTANET 在宽带互联网市场占有率达到 88%。

塞浦路斯电信市场容量小，高科技产业及信息技术主要依靠国外引进或者与国外电信公司开展合作。与其他欧洲国家相比，塞浦路斯宽带网费用也比较高，用户需支付的费用包括电话月租费、网络运营商连接费、宽带服务运营商服务费。

塞浦路斯共和国控制区域，电话代码是+357，国际电话代码是00。土耳其族区既没有本国代码，也没有国际电联的官方前缀，国际电话通过土耳其拨号代码(90 392)。同样，土耳其族区没有互联网顶级域名，只有属于土耳其的二级域名。

第四节　旅游业

一、旅游业发展概况

塞浦路斯拥有丰富的旅游资源，塞浦路斯政府长期重视发展旅游业，旅游业在塞经济中占有非常重要的地位。1974年7月，土耳其出兵对塞旅游业造成严重打击，其损失包括1.3万个供游客住宿的床位，占塞当时所有供旅客住宿床位总量的71.7%，还有0.5万个在建的旅客床位，以及国内旅游设施中40%的餐厅、咖啡馆、酒吧和夜总会。此后，塞浦路斯政府采取切实可行的措施，迅速在其控制区恢复了旅游业，并得到了快速发展。

塞浦路斯旅游业归贸易、工程与旅游部管辖。为了促使旅游业综合快速发展，塞浦路斯政府成立了半官方的塞浦路斯旅游组织（Cyprus Tourism Organisation，简称CTO），总部设在首都尼科西亚，在利马索尔、拉纳卡、阿依纳帕（Agia Napa）、普罗塔拉斯（Protaras）、帕福斯、新帕福斯（Kato Pafos）、戈尔马索基亚（Germasogeia）、普兰特里斯（Platres）和波利斯 – 科里索契乌斯（Polis Chrysochous）等地设有办事处，同时在尼科西亚、利马索尔、拉纳卡、帕福斯、阿依纳帕和波利斯 – 科里索契乌斯六个城市设有巡视员。另外，还在伦敦、法兰克福、巴黎、斯德哥尔摩、雅典、苏黎世、莫斯科、米兰、阿姆斯特丹、布鲁塞尔、维也纳、纽约、东京、特拉维夫、布达佩斯、华沙和布拉格设立了17个办事处。这些办事处的职能是为塞开放旅游市场、促进旅游业发展、为贸易服务以及为塞提供潜在游客的信息。

　　由于塞浦路斯政府通过各种政策措施支持旅游业发展，塞浦路斯旅游组织的有效宣传和周到服务使塞旅游业得到了快速发展。"塞浦路斯入境旅游统计（1999—2017年）"①显示了塞旅游业的巨大变化。2000年，到塞入境旅游的人数为2 686 200人次，2015年增至2 659 405人次，2016年又增至3 186 531人次，2017年飙升至3 652 073人次，达到历史最高。数十年来，英国是到塞浦路斯旅游人数最多的国家。2000年，到塞旅游英国人有1 362 900人，2001年达到1 486 700人，创近年来英国人到旅游的最高记录。2017年，到塞旅游人数最多的几个国家分别是：英国1 253 839人，俄罗斯824 494人，德国188 826人，希腊169 712人，瑞典136 725人。值得注意的是，自2007年以来，俄罗斯人到塞旅游人数增长很快。此外，到塞旅游者超过43.3%是第二次或多次前往。

　　旅客在塞的人均消费额也达到44 567塞镑，旅游收入达11.94亿塞镑，占国内生产总值的21.3%。塞每年外汇收入的42%来自旅游业，直接或间接从事旅游业的人员约有4.05万人，占总就业人口的13.77%。截至2000年12月底，塞为旅客提供的床位达到了85 303个。2008年，塞旅游收入为17.9亿欧元，同比减少3.5%；塞出境旅游人数达121万人，同比增长12%，主要去希腊（44.7万人）和英国（24.6万人）。2000年，塞旅游收入20 401亿欧元，2016年增至23 634亿欧元，2017年继续增长至26 391亿欧元。塞浦路斯的旅游机构，2000年有618家，2001年猛增至965家，达到近年来最大规模，随后逐渐稳定在800家，2016年是790家，可提供住宿床位84 238个。塞浦路斯出国旅游人数也不断增长，《塞浦路斯出国旅游统计，1999—2017年》②反映了近20年出国旅游人数的变化。2000年为587622人，2007年达到1 080 512人，超过百万大关，2016年是1 267 894人，2017年增至历史最高记录1 407 227人。而塞浦路斯出国旅游者，过半去了希腊，达到537 968人，其次是英国260 501人、俄罗斯66 813人、罗马尼亚50 303人、德国43 581人。

---

①　"Tourism statistics, 1999—2017"，Republic of Cyprus, Statistical Service, 2018.

②　"Return of residents travelling abroad,1999—2017"，Republic of Cyprus, Statistical Service, 2018.

塞浦路斯旅游除了传统的阳光和沙滩外，吸引游客的还有当地人的殷勤好客和悠久的历史及优美的自然风光。游客们可以"躲进"松木覆盖的山林之中，考察考古遗址、原始部落遗址、大量墓葬，以及精美的镶嵌工艺品、大量的教堂。此外，还可以尽享当地人的殷勤、友好和热情。前往塞浦路斯旅游的游客多为"回头客"，这是塞浦路斯拥有完善的旅游设施和周到服务的体现，也是旅游者对塞浦路斯旅游胜地的最高奖赏。

二、主要旅游城市

1.首都尼科西亚

尼科西亚城始建于青铜器时代，距今已有5000多年的历史，但它作为塞浦路斯首府，最早如于10世纪，距今也有千余年历史。尼科西亚坐落于迈萨奥里亚平原的中心地带，北临美丽的凯里尼亚山脉奇观"五指山"。尼科西亚是塞浦路斯政治、经济、文化中心，400多年前威尼斯人修建的坚固城墙环抱老城，经不断的扩建已经成为一个拥有17.1万人口的现代大都市。莱夫里亚广场连接着老城和新城区。老城外布满了酒店餐馆、办公大楼、公园等，相间还夹杂着古色古香的老式房屋及殖民地时期的建筑。

尼科西亚的主要旅游点：

塞浦路斯博物馆，位于博物馆大街，该馆收藏着从新石器时代至拜占庭帝国初期的文物和艺术珍品。还有拜占庭博物馆和艺术画廊、民俗艺术博物馆、国家革命博物馆。

圣伊奥尼斯大教堂(Ayios Ioanis Cathedral)，由尼科弗罗斯大主教修建于1662年，教堂的墙壁上有18世纪圣经人物壁画。

大主教府，是塞浦路斯希腊东正教的中心，1960年按照新拜占庭风格修建，其中包括马卡里奥斯大主教私人居住区。大主教府只在有特殊活动时才对普通公众开放。

哈迪吉杰奥科斯·科恩尼斯西奥斯府(House of Hadjigeorgakis Kornessios)，曾经是奥斯曼帝国统治时期希腊人口译官哈迪吉杰奥科斯·科恩尼斯西奥斯的府邸，始建于威尼斯统治时期，是18世纪尼科西亚最重要的建筑，经重修后为塞浦路斯民族博物馆。1988年，哈迪吉杰奥科斯·科恩尼斯西奥斯府荣获欧罗巴-诺斯特拉奖。

　　法马古斯塔门，威尼斯统治时期修建的尼科西亚城墙保存完好，全长4.5千米，分布着11个要塞，在北、南、东有3个入口，即城门，朱丽安娜门是其中之一，被称为法马古斯塔门，经过重修，是尼科西亚市政文化中心。该门的壮观之处在于其长长的通道的中央有一个圆顶塔，隔断了城墙，通向了护城壕沟，两侧是高高耸立的石头修筑的卫兵室。法马古斯塔门的通道和卫兵室已被重修一新，成为陈设展览、会议报告和各种演出的场所。

　　克里萨尼奥提萨教堂(Chrysaliniotissa Church)，是尼科西亚最古老的教堂，据传说，1450年由圣海伦资助修建。

　　欧麦尔清真寺(Omeriyeh Mosque)，原为始建于14世纪的奥古斯丁修会的圣玛丽教堂，1571年奥斯曼帝国征服塞浦路斯后，穆斯塔法帕夏认为，教堂所在地是当年欧麦尔访问尼科西亚时曾经住过的地方，故将其改建成了欧麦尔清真寺。

　　帕尼罗莫尼教堂(Phaneromeni Church)，建于1872年，曾经是尼科西亚最大的教堂，教堂东部是1821年被奥斯曼帝国屠杀的主教们的大理石陵墓。

　　特里皮奥提斯教堂(Tripiotis Church)，由大主教吉尔莫奥斯二世（Germanos II）建于1695年。该教堂颇具法兰克-拜占庭建筑风格。

　　圣保罗-安吉利克-卡特赫迪纳教堂，建于1893年，保留了英国农村教堂的特色。

　　国家当代艺术馆，主要收藏了1930—1980年塞浦路斯艺术家的油画和雕刻作品。

　　手工艺品服务中心。该中心既有手工艺品展览厅，也有商店。

　　国际会议中心。该会议中心能够接待千余代表参加的大型国际会议。

　　此外，在尼科西亚郊外，但仍在尼科西亚行政区内，还有诸多古迹遗址。如在尼科西亚—特罗多斯公路距尼科西亚27千米处的波里斯特罗纳(Peristerona)，有建于10世纪初期专奉圣巴纳巴斯和圣赫拉里昂两位著名圣徒的修道院，该修道院代表了拜占庭建筑艺术的最高成就。在修道院旁，还有一个土耳其族人的清真寺。

　　2.第二大城市利马索尔（又译"莱梅索斯"）

　　利马索尔位于南海岸，也是塞浦路斯最大的海滨度假胜地，雄伟壮观的特罗多斯山脉沿着海岸延绵20多千米，山脚下肥沃的土地上是一望无际的葡萄园。12世纪英"狮心王"理查率领十字军占领塞浦路斯时期，利马索尔就曾以经营葡萄酒和甘蔗糖而著称。现在利马索尔拥有13.5万人口，是塞浦路斯的糖业中心、重要的商业中心和旅游胜地。

利马索尔城堡，始建于拜占庭帝国时期。1191年，英"狮心王"理查与贝伦加里娅在这里举行婚礼，贝伦加里娅被加冕为英国王后，这是英国本土之外举行的首次加冕礼和皇家婚礼。威尼斯占领和奥斯曼帝国统治及英国统治时期，利马索尔城堡均有局部重修，反映了不同的历史文化特征。利马索尔还有塞浦路斯中世纪博物馆、考古博物馆、民俗艺术博物馆，以及王国时期的库里昂王国和阿马修斯王国遗址等人文景观。[1]阿马修斯王国遗址位于利马索尔市东边，而库里昂王国遗址在该市西边，这里还有罗马帝国时期的露天剧场遗址和公共浴池遗址，以及14世纪的蔗糖加工场遗址。

利马索尔东部是旅游休闲区，靠近海边，各类娱乐休闲设施、从豪华宾馆到普通招待所，以及村庄附近的希腊传统酒馆、迪斯科厅、夜总会，应有尽有。有很多海滩可供选择，有些海滩很适于在盛夏休闲，房间、咖啡厅、酒吧等场所宽敞舒适。市郊更加宜人，诸如新港口西部的著名沙滩——"太太小姐"（Ladies Mlle），令人心旷神怡。

3.海滨城市拉纳卡

拉纳卡位于塞浦路斯南海岸，靠海的一边是棕榈树环绕的拉纳卡湾，[2]风和日丽，景色宜人。拉纳卡市内有各种咖啡厅、酒馆、购物商场等。古代城堡昭示着其悠久的历史，这些城堡已被用作拉纳卡夏日文化中心。拉纳卡是塞南部的重镇，拥有国际机场，豪华酒店和宾馆林立，秀美海滩成为休闲度假首选。拉纳卡最早是历史名城克提昂，传说是塞岛首批古希腊移民的定居点，是由诺亚的孙子克提姆所建。而拉纳卡（Larnaca）之名可能源于希腊词"Larnax"，意即从该地下出土很多大理石棺。拉纳卡的全盛时期是公元前13世纪迈锡尼人的城市王国克提昂，当时它既是繁忙的港口，也是铜贸易的重镇。今天仍

---

[1] Limassol Second City，http://www.kypros.org/Cyprus/limassol.html，2010-03-12.

[2] Larnaka: Town of Kimon，http://www.kypros.org/Cyprus/larnaca.html，2010-03-12.

然能够在克提昂遗址看到巨石墙和结构复杂的迈锡尼神殿。

拉纳卡是世界著名哲学家——斯多葛学派的创始人芝诺（Zeno，约公元前336—约公元前264年）的出生地，也是圣徒拉撒路①的第二故乡。拉撒路复活后成为拉纳卡的首位主教，圣拉撒路教堂就在拉纳卡市中心。17世纪，拉纳卡再次走向繁荣，在此设有领事馆，成为塞浦路斯的商贸中心。1878年英国人从拉纳卡登陆，从此统治塞浦路斯。与尼科西亚和利马索尔相比，拉纳卡小得多，仅6.2万人口。主要商业区是芝诺·克提奥斯大街，街道两旁的小商店鳞次栉比。拉纳卡每年一度的希腊东正教徒庆祝圣灵降临节活动，吸引了各方游客，庆祝活动中还举办水上运动、宴会以及演唱会和舞会等。

拉纳卡有许多博物馆和人文景观。如拉纳卡地区考古博物馆，收藏了考古发现的从新石器时期至罗马帝国时期的文物。皮厄里得斯博物馆，这是一个私人收藏品博物馆，最早只收藏着德梅特里奥斯·皮厄里得斯(1811—1895年)的收藏品，后来增加了其家族的收藏品。哈拉·苏丹·特克·哈拉姆之墓，据传说哈拉姆是先知穆罕默德的亲属，649年阿拉伯人袭击塞岛时死于此地，土耳其人1816年在此建了清真寺，该地也就成为继麦加、麦地那、耶路撒冷之后穆斯林的朝觐之地。另外，还有距拉纳卡西11千米的克提村的天使教堂等。②

4.爱神故乡帕福斯

帕福斯是希腊爱神和美神阿佛洛狄忒的故乡，是塞浦路斯西海岸迷人的港口城市，人口2.8万，是一个天然良港。帕福斯西部就是塞浦路斯最大的山脉——风景如画的特罗多斯山。帕福斯国际机场使得帕福斯更加开放，迎接着来自世界各国的宾客。沿着海岸线建有豪华宾馆和酒店。帕福斯与希腊神话密不可分。传说中阿佛洛狄忒诞生的海岸，吸引着成千上万的信徒前来顶礼膜拜。阿佛洛狄忒出生的那块高耸在岸边的巨大岩石，被誉为阿佛洛狄忒岩石。守护阿佛洛狄忒的库克利亚村（Kouklia）成为信徒崇拜的圣所。阿佛洛狄忒洗浴的波利斯（Polis）——距阿卡马斯半岛（Akamas）几英里的海滩，被誉为生育

---

① 拉撒路（Lazarus），圣经人物，被耶稣从坟墓中唤醒复活，参见《圣经·约翰福音》第11章44节。
② Nicosia: The Capital，http://www.kypros.org/Cyprus/nicosia.html，2010-03-11.

和爱情之泉。

公元前2世纪，托勒密王朝统治者下令，将塞浦路斯总督府从萨拉米斯迁到了帕福斯。帕福斯是塞浦路斯最繁忙的港口。7个多世纪中帕福斯一直是塞浦路斯最重要的城市，而且持续到罗马统治时期。45年，圣保罗与圣巴纳巴斯第二次来到塞浦路斯首府帕福斯，使塞浦路斯总督塞尔吉乌斯·保罗斯皈依基督教，成为塞浦路斯悠久而绚烂的历史上最突出的插曲之一。

帕福斯的很多文化遗址表明了帕福斯的悠久历史。如帕福斯地区考古博物馆，收藏着在该地考古发现的从新石器时代至1700年的大量文物。拜占庭博物馆，收藏着从12世纪至18世纪拜占庭帝国时期发行的各种钱币。公元前4世纪诸王的陵墓遗址、建于2世纪的帕福斯剧场，还有很多建于不同时期的修道院和教堂等。[①]

5.黄金沙滩法马古斯塔

法马古斯塔又名阿莫霍斯托斯，位于塞浦路斯东部海岸的法马古斯塔湾，始建于公元前3世纪，曾是岛上最大的海港城市，其黄金沙滩延伸至塞岛的东北角。法马古斯塔最负盛名的休闲旅游中心，是阿依纳帕和帕纳里姆尼，被誉为喜欢大海和爱好水上运动者的天堂。法马古斯塔的迷人之处，在于它的袖珍型的阿依纳帕渔港、位于村庄中心的中世纪教堂、风力磨坊和围绕村庄的小教堂。法马古斯塔盛产马铃薯，以"库克诺奇里亚"（Kokkinochoria），意即"红土地村"著称。实际上，这种红土是因土壤中含有大量金属氧化物所致。这些村庄因为有塞浦路斯最著名的民间诗人而更彰显文化特色。[②]

6.土耳其族区的旅游城市

莱福克萨[③]，即尼科西亚北部，为土耳其族控制区最大的城市，也是土耳其族当局的政治、经济、文化中心，拥有人口7.3万。从2003年起，希、土两民族对在塞浦路斯的欧盟成员国公民，只要带上身份

---

① Pafos:Town of Aphrodite, http://www.kypros.org/Cyprus/paphos.html, 2010-03-13.

② Famagusta Area Paralimni-ayia Napa，http://www.kypros.org/Cyprus/famagusta.html，2010--3-13.

③ Lefkoşa (Nicosia), http://northcyprus.cc/index.php/front/regions/getregion/1，2010-03-13.

证或护照，可以全天候随意穿行。现在有5个步行穿越通道，其中莱德纳宫和莱德纳街这两个关卡经常开放。莱福克萨作为尼科西亚的一部分，其古代建筑特征与尼科西亚一致，主要体现的是哥特式建筑与奥斯曼建筑特色，只是在莱福克萨有更多的清真寺，反映了穆斯林的文化特征。莱福克萨的主要人文景观有谢利姆清真寺（由原圣索菲亚大教堂改建）、苏菲博物馆、鲁西格南宫（Lusignan House）、梅夫拉维·特克博物馆（Museum of Mevlevi Tekke）等。

　　格兹马古萨，为土耳其族控制的法马古斯塔部分，拥有风和日丽的沙滩，被誉为地中海型的城市。东部海岸的格兹马古萨湾（土耳其族的称呼，即法马古斯塔湾）是一处天然浴场，拥有良好的设施。格兹马古萨靠近格兹马古萨古城（即法马古斯塔古城），格兹马古萨古城可谓是名副其实的古代建筑和遗址的"露天博物馆"。而且格兹马古萨古城距离萨拉米斯古城遗址不远，吸引了大量游客。格兹马古萨城最早由古埃及人修建，其古城墙被认为是世界上已发现的最坚固的城墙。古城的中心耸立着纳拉·穆斯塔法帕夏清真寺，还有奥赛罗塔等文化遗址。萨拉米斯古城始建于公元前11世纪，是塞浦路斯岛上古罗马遗址中影响最大的。相传希腊萨拉米斯岛的英雄阿雅克斯之弟托塞，被一场风暴刮到塞浦路斯，创建了塞浦路斯的萨拉米斯城。公元前312年，托勒密王朝占领塞浦路斯，萨拉米斯成为塞浦路斯历史上首次实现全岛统一的塞浦路斯的首府。罗马时期（公元前58年—公元395年），兴建于1世纪的萨拉米斯大商场，全长230米，是迄今发现的最大的罗马式商场。342年，萨拉米斯城被大地震完全摧毁。350年，拜占庭帝国皇帝君士坦提乌斯下令重建，并将重建后的萨拉米斯城命名为君士坦丁亚。萨拉米斯古城附近有恩科米古城遗址，恩科米是塞浦路斯历史上最早的王国——阿拉西亚（或阿赛）王国的首都或中心，公元前13世纪被"海上民族"所摧毁。此外还有圣巴纳巴斯修道院、圣像及考古博物馆、南希帕夏清真寺（原圣彼得和圣保罗教堂）、阿克清真寺（Akkule Mosque）等。①

　　吉尔尼，即凯里尼亚，位于塞浦路斯北部海岸，背依森林密布、陡峭耸立的五指山。沿海有威尼斯人曾经使用过的港口城市吉尔尼

①　Gazimağusa (Famagusta), http://northcyprus.cc/index.php/front/regions/get-region/2#，2010-03-13.

（凯里尼亚）古城遗址。该港口的奇特之处是它依五指山而建，且呈新月形。古城中有威尼斯人修建的城堡、门廊、鹅卵石铺的街道、石材建成的仓库。现在，这些古代建筑已经变成了迷宫般的引人入胜的工艺品商店。吉尔尼既是渔港，同时也有各种各样的当地小吃店。此外，吉尔尼还有诸多人文景观，如安提芬尼提斯教堂（Antiphonitis Church）、班德凯墓和圣安德鲁斯教堂（Baldoken Graveyard & St Andrews Church）、班达布利亚（Bandabulya）、贝拉佩斯寺院（Bellapais & Bellapais Abbey）、布法文托要塞（Buffavento Castle）、吉尔尼要塞（Girne Castle）、吉尔尼港口和海事博物馆（Girne Harbour & Shipwreck Museum）、装饰艺术博物馆、民间艺术博物馆、圣赫拉里昂要塞（St. Hilarion Castle）等。[①]布法文托要塞和圣赫拉里昂要塞，是8世纪拜占庭帝国统治时期，岛上居民为躲避阿拉伯人袭扰所修建的城堡。

古斋里尔特，是法马古斯塔区一个城市，该名称的土耳其语为"美丽的村庄"，因盛产柑橘类水果和每年举办的柑橘节而闻名，是塞浦路斯最绿色的地区。每周六是古斋里尔特的赶集日，附近城镇和村庄的商贩和居民赶来进行水果和其他产品的交易。古斋里尔特的主要人文景观有莱福卡古城、古代铜矿遗址、索利古城遗址、弗尼古城的山顶波斯宫殿遗址，以及考古发现的从史前时期至拜占庭帝国不同时期的文物遗迹及教堂等。[②]索利城是塞浦路斯王国时期的城市王国之一，索利城的罗马剧场可容纳3 500人。

伊斯克莱，位于塞岛最东端的卡尔帕斯半岛。卡尔帕斯半岛是塞岛最为壮观的地标，它犹如锅柄，从格塞马古萨延伸至塞岛最北端，指向叙利亚。卡尔帕斯半岛有世界上最长的"黄金沙滩"，也是塞岛自然环境保护最好的地区，土耳其族的自然保护区就设在该半岛，保护区内生活有400～500头野驴。卡尔帕斯半岛的最北端，有一个叫迪普卡尔帕兹（Dipkarpaz）的村庄，土耳其族人与希腊族人相邻而居，和平快乐地生活着。在半岛顶端是圣徒安德烈角，耸立着阿普斯特鲁斯·安德烈修道院（Apostolos Andreas Monastery）。另外，伊斯凯尔

---

① Girne (Kyrenia)，http://northcyprus.cc/index.php/front/regions/getregion/3，2010-03-13.

② Güzelyurt，http://northcyprus.cc/index.php/front/regions/getregion/4，2010-03-14.

的坎塔腊城堡也值得一看。[1]坎塔腊城堡也是拜占庭帝国修建的抵御阿拉伯人出兵的要塞。

此外，值得注意的是，土耳其族区民用电力供应是240伏特，电源插头一般是英国三针型。

第五节　交通通信

❀ 一、公路交通

塞浦路斯国土面积小，人口少，岛上没有铁路交通，国内运输为公路，去往其他国家可选择航空或海运。塞浦路斯已经建成了较为完善的公路系统，基本可满足工业、农业、商贸、旅游和大众交通的需要。塞浦路斯统计局统计数据显示，在塞浦路斯政府控制区，2004年，公路总里程为12 059千米，其中高速公路268千米；2016年，公路里程达到12 901千米，其中高速公路272千米。[2]

塞浦路斯的公路交通大概有如下五种类型：

高速公路，每个方向双车道，没有任何一级交叉路口，是岛上最重要的公路网，政府编号为"A"级公路。高速公路通常与编号"B级"城市间公路平行行驶，有时这些公路被改为高速公路。利马索尔—赛特塔斯（Saittas）公路曾为"B8"公路，后来升级为"A8"高速公路。

主要公路，即城市间公路，绝大多数为单车道，除了有时在居民区是双车道，政府编号为"B"级公路，有2位数。随着公路交通的发展，大多"B"级公路逐渐升级为"A"级公路，如尼科西亚—利马索尔"B1"公路，后来升为"A1"公路。

一般公路，即二级公路网络，主要连接农村地区，为铺设的单车道。政府编号为"E"级公路，有3位数。第一个数字是次要道路开始的主要道路的序号(或次要公路，从另一个主要公路开始的次要公路

---

[1]　Iskele(Karpaz)，http://northcyprus.cc/index.php/front/regions/getregion/5#，2010-03-14.

[2]　"Transport sector"，Republic of Cyprus, Statistical Service, 2018.

等)，最后两个数字是公路的序号。在主干道开始的地方，数字要小一些；在主干道结束的地方，数字要大一些。

地方公路，在80年代政府进行公路交通编号时，还是泥土路，后来完全铺设了路面，并升级为"F"级公路，计数方式与"E"级公路相同。

未分类公路，这些公路是在"B"级、"E"级公路编号以后才修筑的公路，尚未划定级别，没有序列号，直到下一次道路编号评估时才能定级。

较为完善的公路建设为公路运输创造了便利条件。塞浦路斯政府统计局资料显示，2008年，塞浦路斯注册各种机动车辆达到创历史记录的67 722车辆，随后逐渐回落，2013年减少至18 567车辆，其后逐渐增加，2017年底，注册总机动车数量为43 640车辆。[①]其中，轿车36 067车辆，而轿车中，私家车31 803车辆，出租车178车辆，租赁车3 811车辆，教练车45车辆，病人用车230车辆；长途汽车和公共汽车200车辆，其中私家14辆，公共186辆；货运车4396辆，其中载重货车408辆，轻型货车3738辆，公路牵引车250辆；轻型摩托车（小于50 CC）254辆；机动摩托车（大于50 CC）2435辆；拖拉机132辆，其中农用拖拉机111辆，非农用拖拉机21辆；其他车辆156辆。[②]

2017年，国内公路货运总量25 599 500吨，行程80 240万千米；[③]国际公路货运总量262 560吨，行程25 275 400万千米[④]。2016年，塞浦路斯私营运储从业人员17 099人，人工成本46 176.5万欧元，总产值265 217.5万欧元，附加值73 938万欧元，经营利润18 451.7万欧

---

① 　"Registration of motor vehicles, 2002—2018, by month and registration type", Republic of Cyprus, Statistical service, 2018.

② 　"Registration of motor vehicles, 2017—2018, by month and category of vehicle", Republic of Cyprus, Statistical service, 2018.

③ 　"National road transport: January-December, 2017, National road transport according to load capacity of the vehicle and type of transport", Republic of Cyprus, Statistical service, 2018.

④ 　"International road transport, January-December, 2017, International transport according to gross vehicle weight and type of transport", Republic of Cyprus, Statistical service, 2018.

元。①

塞浦路斯对在其境内行使的所有机动车辆颁布有车辆通行规定。规定所有车辆都需要取得由车辆登记机构所颁发的车辆通行证。公共服务车辆也需要取得一个特殊的由通行证管理局颁发的道路服务许可证。通行证管理局是由部长委员会决定设立的一个独立机构。公共服务车辆的许可证的有效期为五年。所有司机都必须持有经过相关考核而颁发的驾驶许可证，方可在公路上驾车行使。

塞浦路斯车辆靠左行驶，道路指示牌主要以希腊语和英语为主，某些道路也会出现土耳其语。塞浦路斯路况普遍良好，单行道居多，某些山间道路可能会在冬季封闭。在22:00—次日06:00及靠近医院的区域内禁鸣喇叭。黎明和黄昏时候，车辆行驶必须打开车灯。在环岛处应遵循顺时针的车流行驶方向，环岛内的车辆拥有先行权。在无标识的十字路口处，来自右方的车辆拥有先行权。一般情况下应从车辆的右侧超车。一般在市区限速50千米，普通公路限速65～80千米，高速公路限速100千米。超速罚款额度视情节严重程度而定，每小时内每超速1千米罚款1~3欧元不等。塞浦路斯境内高速公路均不收费。

塞浦路斯的恶性公路交通事故相对较少。近几年，公路交通事故致死年均约50人。2016年，为46人，仅占百万人口之5.4。

公共共享自行车是塞浦路斯的最新公共系统。"自行车行动"是尼科西亚地区最新的交通系统，类似于巴黎、巴塞罗那、阿姆斯特丹、墨尔本等世界许多城市的成功项目。自行车能够在阿基奥斯—德米特奥斯(Agios Dometios)、阿戈兰德基亚（Aglandjia）、达里（Dali）、恩科米（Engomi）、拉特西亚（Latsia）、帕勒里奥提萨（Pallouriotissa）、斯特罗乌勒斯（Strovolos) 等所有参与该项目城市的车站找到，并可在任何车站使用后放回。

土耳其族区没有铁路，各大城市之间的交通运输完全依赖高速公路。21世纪以来，这些高速公路被升级为双车道。土耳其族区大约有7000千米的道路，其中三分之二铺设了公路。近年北海岸高速公路的建成，极大地促进了土耳其族区经济的发展。另外值得注意的是，土

---

① "Services and transport survey, 2016, main figures (private sector)", Republic of Cyprus, Statistical Service, 2018.

耳其族区公路交通是靠左行驶。

二、航空运输

塞浦路斯共和国是国际民航芝加哥公约的签字国之一，也是联合国国际民航组织（ICAO）的成员国。此外，塞还是欧洲航空飞行安全组织的成员。加入欧盟后，塞执行欧盟的飞行惯例和指令。拉纳卡国际机场和帕福斯国际机场到欧盟、中欧、东欧、中东和南非地区均有直航。

为了适应乘客和货运不断增加的需要，两大机场均进行了扩建。2008年11月，帕福斯新机场建成并投入使用，运送旅客能力达到年270万人；2017年，运送旅客达2 518 169人。拉纳卡新机场也于2009年底建成投入使用，成为塞浦路斯最大的国际机场，有30多条航线提供国内、地区和国际旅客和货运服务，2017年的旅客运送量达7 734 290人。

塞浦路斯航空公司（Cyprus Airlines），是塞浦路斯共和国的国家航空公司，总部设在首都尼科西亚，枢纽机场是拉纳卡国际机场，次要枢纽机场是帕福斯国际机场。其公司代码（ICAO）是CYP，主要机场代码（IATA）是CY。塞浦路斯航空公司成立于1947年9月24日。1960年，塞浦路斯共和国成立，塞浦路斯政府成为塞浦路斯航空公司的最大股东，持有53.2%的股份，公司大量使用塞浦路斯飞行员。1960年，塞浦路斯开始在其涂装上加入欧洲盘羊的标志，并一直保留。1969年，塞浦路斯航空引入了霍克·西德利三叉戟飞机，增加了飞往欧洲的航线。1974年7月，土耳其出兵并占领塞北部，尼科西亚国际机场及客机破坏严重，塞浦路斯航空被迫撤出尼科西亚国际机场，公司停运。1975年2月，塞浦路斯航空在拉纳卡国际机场逐步恢复运营。1979年，塞浦路斯航空首次引进波音飞机。1985年5月，塞航的空中客车A310-200飞机开辟飞往苏黎世的航线。1992年，塞航设立了欧洲塞浦路斯航空公司（Charlie Airlines），主营包机业务。①2003年，塞航又设立了另一家包机航空公司Hellas Jet，以雅典为枢纽，经营至欧洲城市的包机业务。塞航已建立了飞往欧洲大陆、中东和海湾地区的30条航线，对于塞旅游业和经济的发展发挥了重要作用，并成为塞与国外交流的一个重要桥梁。2015年1月，塞航因债务问题被迫停止运营。在塞航破产之前，塞浦路斯政府持股93%，其余则为私人股份，公司员工有550人。随后俄罗斯最大航空公司S7集团和塞方合作伙伴共同投资设立了查理航空公司（Charlie Airlines），并以204万欧元中标"塞浦路斯航空公司"十年品牌权。2017年6月1日，查理航空公司首飞俄罗斯圣彼得堡，次日顺利返回拉纳卡国际机场，标志着该航空公司正式投入运营。截至2018年5月，该航空公司拥有2架空客A319-100客机，主要有飞往希腊克里特岛伊拉克利翁、希腊罗德岛、以色列特拉维夫和俄罗斯圣彼得堡等的航线。

图斯航空（Tus Airways），由前塞浦路斯航空公司飞行员Efthymios Liastos于2015年6月创立，得到了欧洲和美国投资者的支持，是塞浦路斯航空公司于2015年破产后成立的第一家塞浦路斯航空公司。2016年2月14日，公司以一架Saab 340B从拉纳卡飞往以色列的特拉维夫和海法开始了运营。2016年7月，公司获得了首架Saab 2000。2017年6月，公司又增加了第一架喷气式飞机和两架Fokker 100s，其服务范围从塞浦路斯扩大到地中海地区。截至2018年6月，图斯航空

---

① 欧洲塞浦路斯航空公司（Eurocypria Airlines）成立于1991年，是塞浦路斯首家包机航空公司。1992年，公司以2架全新的空中客车A320客机开始运营。1992年3月25日，首航从塞浦路斯拉纳卡飞往英国伯明翰。这一年，欧洲塞浦路斯航空开通了飞往6个国家、15个机场的航班，全年共执行675对往返班次，运送195650名乘客。次年，公司引进了第三架空客A320。2001年起，欧洲塞浦路斯航空在包机业务的基础上，也开通了定期航班。2003年上半年，公司对机队进行全面更新，用4架波音737-800W客机更换了原有的空中客车飞机。欧洲塞浦路斯航空在成立时是塞浦路斯航空的全资子公司。2006年，塞浦路斯航空将欧洲塞浦路斯航空以1345万塞浦路斯镑的价格完全转让给塞政府。2006年和2007年，欧洲塞浦路斯航空相继引进第5和第6架波音737-800W。欧洲塞浦路斯航空的主要基地设在拉纳卡国际机场，次要基地是帕福斯国际机场。

拥有7架客机，其中2架Fokker 70和5架Fokker 100。2018年7月6日，图斯航空推出了飞行常客奖励计划，扩大运营量。该航空公司代码（ICAO）是CYF，主要机场代码（IATA）是U8。

深蓝航空公司（Cobalt Air，简称Cobalt），成立于2015年，总部设在塞浦路斯共和国的拉纳卡国际机场，是继图斯航空公司之后，在2015年塞浦路斯航空公司破产后成立的第二家塞浦路斯航空公司。该航空公司利用塞浦路斯航空公司的前员工，建立了自己的成本低、效益高的服务，重点是内部连接。该航空公司代码（ICAO）是FCB，主要机场代码（IATA）是CO。2016年6月1日开始首航，从拉纳卡飞往雅典。随后开辟了从拉纳卡到都柏林、赫拉克利翁（Heraklion，克里特岛首府）、伦敦的斯坦斯特德、曼彻斯特和塞萨洛尼基5条新航线。根据公司5年发展计划，公司机群规模将扩大至15~20架A320s和6~10架A330s。2016年7月7日，公司宣布在初期阶段运营通往北欧、中东和北非的短途航线，同时考虑开通飞往南非、北美、中国和印度的长途航班。2018年6月，深蓝航空与阿提哈德航空公司(Etihad Airways)签署联运协议，乘客可以通过联运航班托运行李。该协议意味着，从塞浦路斯出发的乘客能够通过阿布扎比连接到阿提哈德网络上的100多条航线，旅行者可以与中东航空公司预订前往目的地的航班，并可以将行李托运到最终目的地。

另外，土耳其族有自己的航空公司，即北塞浦路斯土耳其航空公司（Kibris Turkish Airlines），航空公司代码（ICAO）是KYV，主要机场代码（IATA）是YK，成立于1974年。航空运输是土耳其族区的主要通道。土耳其族区有两个机场：埃尔詹国际机场（Ercan International Airport）和基西特卡莱机场（Geçitkale Airport），目前只有埃尔詹国际机场在营运。2010年埃尔詹国际机场整修后客流量大增，仅2014年前7个月输送乘客就达176万。但土耳其族区的机场只有土耳其一国承认，并有航班通行。其他国家的航班不能直航土耳其族区。

土耳其族区的交通通信业产值在生产总值中所占的份额，从2008年的12.1%下降到2011年的8.5%，2012年又上升到9.3%。

❁ 三、港口海运

塞浦路斯拥有完善的现代港口海运体系，而且由政府经营和管理。拥有多用途的利马索尔港口和拉纳卡港口，在瓦西里科斯有工业货运港口，在拉纳卡、德凯利亚、莫尼和瓦西里科设有4个供油轮停泊的专用港口。塞浦路斯是世界第十一大海运国、欧盟第三大海运国，几乎所有国家都有悬挂塞浦路斯国旗的船只。

利马索尔港口位于利马索尔市，是塞对外贸易和海上交通的最重要港口，是利马索尔地区的航运中心，也是塞浦路斯最大的港口。其港口的码头长达2 040米，水深14米，拥有能起吊第四代船舶集装箱的起重机，同时提供轮船维修、集装箱维修、燃料补充、船泊用品等相关设备服务。利马索尔港口吞吐能力居欧洲第二，年运送乘客百余万，已经成为东部地中海地区海上交通的枢纽。

拉纳卡港口的码头长666米，水深12米，是商贸专用港口之一。较小的港口如帕福斯港口、腊基（Latchi）港口、瓦西里科斯港口（拉纳卡与利马索尔之间临近西基（Zygi））和利马索尔老港口，主要是游艇停泊港和渔船停泊处。

1978年塞成立了海运贸易部门，总部设在利马索尔。1989年1月，塞浦路斯航运商会成立，是塞浦路斯航运业的行业协会。

在塞浦路斯注册船只有明确规定，注册船只必须被确认属塞船只，也就是说该船只股份的50%以上应属塞公民，或根据塞浦路斯共和国法律所建立和注册的公司，或由塞控股的外国公司，或获得共和国部长委员会特别批准，才能在塞正式注册。此外，在塞合法使用15年以上船只，就可在塞注册。

塞浦路斯船只登记注册的种类有临时、长期和平行注册。临时注册的船只使用期只有6个月，到期后还可以延长3个月。船主也可以把临时注册变更为长期注册，但必须在临时注册后的9个月内完成变更。塞浦路斯法律规定允许光船①（Parallel）注册，而且按照国际惯例提供光船租入（Parallel-in）和光船租出（Parallel-out）两种国际形式。塞浦路斯光船注册与20多个国家的相关法律相一致。

根据塞浦路斯港务局统计数据，2013年，利马索尔港口、拉纳卡

---

① 光船，是租船业务上的术语，是在光船租船合同下，符合合同约定的并且没有配备船员的适航船舶，包括船舶上的附属设备、航海仪器以及其他相关的证书和文件。需要注意的是，光船不同于"空船"，空船在租船业务上通常是指配备了船员却没有载货或者载客的船舶。

港口、瓦西利科斯港口、德克莱亚港口、拉纳卡石油港口（Larnaka oil terminal）、姆尼港口（Moni）、阿克罗蒂里港口注册船舶总量为4 534艘，其中，利马索尔港口达3 430艘。2014年港口注册船舶总量为4 181艘，其中利马索尔港口为2 933艘。2013年和2014年，利马索尔港口和拉纳卡港口运送旅客总计分别为270 382人和180 827人，其中利马索尔港口运送旅客分别达215 962人和139 623人；两个港口集装箱吞吐量分别是277 276件和307 660件，其中利马索尔港口分别是227 215件和307 660件；塞上述7个港口货运总量分别是784 379万吨和784 583.4万吨，而利马索尔和拉纳卡两个港口的货运总量分别是337 091.7万吨和410 087.9万吨，其中利马索尔港口分别是305 696.5万吨和321.254万吨。

土耳其族区拥有13艘商船的船队，总吨位为1.9万吨。

❀ 四、邮政通信

塞浦路斯的邮政系统，是从前殖民地时期的邮政系统发展形成的。塞浦路斯共和国成立后，塞浦路斯政府设有邮政局，专门负责共和国的邮政事务。同时塞浦路斯政府决定把邮箱的颜色由原来殖民地时期的红色改成黄色。1994年10月1日，塞浦路斯政府实行新的邮政编码系统，在城镇名称前采用字母数字混合编码，如"CY-1900 NICOSIA"，从塞浦路斯境外邮寄往塞浦路斯的邮件必须写上前缀"CY"。

塞浦路斯的邮政编码是：尼科西亚行政区：1000—2999；利马索尔行政区：3000—4999；法马古斯塔行政区：5000—5999；拉纳卡行政区：6000—7999；帕福斯行政区：8000—8999；凯里尼亚行政区：9000—9999。

邮政局下辖47个分局和4个包裹邮递局。邮政局负责为国内和国际提供可靠、快速、高效的邮政服务。邮政局通过51个邮政通道和750个邮局，收集和传送本国及海外的信件、集邮产品和财政服务。邮政局除提供国际邮政联盟所规定的基本邮政服务之外，还提供诸如邮政付费服务、商贸应答服务、地址不详邮件投递服务、政府邮资已付服务等各种专项服务。

随着塞浦路斯成为欧盟成员国，其邮政通信业务迅速扩大。早在2003年1月1日，隶属于交通与工程部的邮政服务部就开始规划，按照欧盟标准发展邮政通信业务。同时，为适应全球化发展的需要，塞浦路斯邮政局加强与世界各国的邮政联系，并且参加了各种国际邮政组织，包括国际邮政联盟、英联邦邮政管理会议、国际邮政公司、欧洲公共邮政操作员协会和欧洲财政邮政服务委员会。

塞浦路斯邮政系统覆盖整个塞浦路斯，包括土耳其族区，但土耳其族区的邮政必须经过土耳其的一港口城市梅尔辛10号（MERSIN 10, TURKEY）转投。特别注意的是，这里写的是土耳其（TUR-KEY），而不能写成 Northern Cyprus（北塞浦路斯），因为土耳其族区的邮政不为国际邮政联盟所承认。

第六节　财政金融

一、银行税制

塞浦路斯有一套完善的银行系统，可以为政府、企业和个人提供全方位的服务。其国内银行系统包括：塞浦路斯中央银行、12个商业银行和3个专业金融机构。1974年土耳其出兵占领北部后，3个位于北部的商业银行脱离了塞浦路斯中央银行的管辖。

塞浦路斯中央银行成立于1963年，是塞浦路斯货币发行单位，并负责制定和实施政府的金融和信贷政策，管理国家外汇储备，监督管理各商业银行和金融机构，以及为政府理财。2004年塞浦路斯加入欧盟后，2008年1月1日，塞浦路斯加入欧元区，欧元取代塞镑，塞浦路斯中央银行成为欧元区中央银行系统（European group of Central banks）成员，塞浦路斯中央银行行长是欧洲央行理事会成员。2014年4月，克莱斯泰拉·乔诺夫艾吉（Chrystalla Georghadji）接替（Panicos O. Demetriades）帕尼克斯-德米崔德斯担任塞浦路斯中央银行行长。

在银行管理中，塞浦路斯政府严格执行《欧盟2001年反洗钱和反恐怖融资法》。根据该法案，银行有权防止洗钱和恐怖主义融资；从塞浦路斯共和国境内或境外银行转出或转出的每次超过百万欧元的资金，需要支付0.1%的管理费给银行；银行对所转资金存放14个工作日，在此期间，塞浦路斯共和国反恐怖融资机构对该资金进行详细调查，经过认真调查，反恐怖融资机构出具一份证明，表明塞浦路斯中央银行已完全被查清，同时反洗钱/贩毒也出具其证明。这样，转移资金需要支付资金总额0.22%的服务费，塞浦路斯共和国境内的律师会提供咨询。向相关机构支付转移资金总额0.32%的费用后，才能签发资金转移证明，资金才能成功转移。

塞浦路斯政府控制区的银行有：塞浦路斯阿尔法银行（Alpha Bank Cyprus）、安克里亚银行（Ancoria Bank）、阿斯特罗银行（Astro-Bank）、塞浦路斯银行、塞浦路斯合作银行（Cyprus Cooperative Bank）、塞浦路斯欧洲银行（Eurobank Cyprus）、塞浦路斯希腊银行（Hellenic Bank）、塞浦路斯希腊国家银行（National Bank of Greece (Cyprus)）、RCB银行（RCB Bank）、塞浦路斯法国兴业银行（Societe Generale Bank (Cyprus)）、USB银行（USB Bank）。

三个专业金融机构是：塞浦路斯发展银行（Cyprus Development Bank）、住房贷款公司（Housing Finance Corporation）、塞浦路斯抵押有限银行。塞浦路斯发展银行成立于1963年，为企事业提供中、长期的发展资金，同时还向企事业机构提供技术和管理咨询服务。房地产金融公司负责长期的房地产贷款。

塞浦路斯银行股份有限公司(Bank of Cyprus Public Company Ltd.)是一家从事银行、金融和保险业务的公司。该银行提供零售和商业银行产品和服务，如网上银行、存款和储蓄账户、信用卡、贷款和信用服务，还提供分期付款、经纪、保理、基金管理、公司财务、投资银行及人寿保险等服务。该银行通过在塞浦路斯、罗马尼亚和希腊的分行网络运营。在2016年12月31日，塞浦路斯银行总资产为221.719亿欧元，总存款为177.945亿欧元，总股本为30.711亿欧元。[①]

此外，塞浦路斯国内还有一个完善的海外银行系统，其中包括如下国际银行机构、管理银行机构和外国银行设在塞浦路斯的办事处：阿拉伯约旦投资银行（Arab Jordan Investment Bank）、Avtovaz银行（Avtovazbank）、ABLV银行（ABLV Bank）、贝鲁特银行（Bank of Beirut）、地中海银行（BankMed）、Banque BEMO、Banque SBA、巴克莱银行（Barclays）、BBAC、布洛姆银行（BLOM Bank）、比布鲁斯

---

① MarketLine Company Profile: Bank of Cyprus Public Company Limited, 11/20/2017, pp.1-16.

银行（Byblos Bank）、中央合作银行（Central Cooperative Bank）、黎巴嫩信托银行（Credit Libanais）、卢森堡盈丰银行（EFG Bank (Luxembourg)）、Expobank、FBME银行（FBME Bank）、第一投资银行（First Investment Bank）、IBL银行（IBL Bank）、约旦阿里银行（Jordan Ahli Bank）、约旦科威特银行（Jordan Kuwait Bank）、黎巴嫩海湾银行（Lebanon & Gulf Bank）、希腊国家银行（National Bank of Greece）、普里瓦银行（PrivatBank）、Promsvyazbank、丹麦盛宝银行（Saxo Bank）、拉脱维亚 Trasta Komercbanka 银行（Trasta Komercbanka）。

国际银行要进入塞浦路斯，必须符合塞浦路斯政府的相关要求，这些要求包括具有良好的国际声誉、按照塞浦路斯中央银行的规章对银行进行有效管理、遵守巴塞尔银行管理委员会颁布的"协议"（"关于银行的国外分行的管理原则"）。在塞浦路斯的约30家国际银行主要从事国际银行业务，对塞国内经济影响有限。[1]

塞浦路斯拥有发达的合作社。第一个合作社成立于1909年。目前塞合作社已形成一个有力而完善的体系。在塞浦路斯政府控制区的城镇和乡村，活跃着471个合作社，其中包括360个信贷合作社、48个储蓄合作社以及63个其他种类的合作社。信贷合作社的储蓄占全国总储蓄的1/3左右，拥有自己的合作中央银行。储备合作社也拥有自己的合作供应机构。另外还有贸易和工业部门的合作社，负责其成员的农产品的收集、运输和销售。服务业也有强大的合作社，为成员提供重要的服务。塞浦路斯政府大力支持合作社的发展，专门在商务、工业和旅游部下设立了合作社发展局，为合作社的发展提供服务。随着塞加入欧盟，合作社迎来了新的发展机遇，尤其是信贷合作社，必将得到更大发展。[2]

塞浦路斯国内银行业由塞浦路斯央行(Central Bank of Cyprus)监管，并与欧盟法规完全一致，而商业银行的经营则遵循英国模式。但在2014年11月，随着欧盟单一监管机制(SSM)的改革，欧元区所有最

---

[1] "Banking: Rising to the challenge", Banking - Cyprus Profile http://www.cyprusprofile.com/en/sectors/Cyprus-banking.

[2] *About Cyprus*, The Press and Information Office of Republic of Cyprus, 2001, pp.180-182.

大银行的监管都转移到欧洲央行(ECB)，更易于对欧洲所有大银行的协调监管。对塞浦路斯而言，这意味着塞浦路斯银行、合作央行、希腊银行和RCB银行将处于欧洲央行的监管之下。根据塞浦路斯央行统计数据，2016年，储蓄总额30亿欧元，截至2017年4月，储蓄总额升至49.2亿欧元。塞浦路斯银行业正在走出欧洲债务危机所造成的影响。

塞浦路斯没有外汇管制立法，居民和非居民也可以在任何管辖区内以任何外币持有和管理资产和负债，包括塞浦路斯岛上可自由兑换和转移的余额。除了很少的经济战略部门，即被认为与国家和公共安全有关的战略部门外，外国投资者现在可以不受限制地参与股权持有，且没有规定最低水平的资本投资。一般来说，外国投资者不再需要塞浦路斯中央银行的批准，可以在塞浦路斯的大多数部门投资和开展业务，与当地投资者享有同等条件。塞2003年《资本流动法》第115条第1款明确规定，从塞浦路斯到欧盟成员国或第三国的任何人的资本流动不受限制，包括利润和股息。对于欧盟和第三国投资者，在塞房地产、高等教育、公共事业、广播电视台、报纸、杂志和航空公司领域的收购仍然受到限制。

塞浦路斯拥有完善的税收制度，主要税种及税率有：企业所得税，适用12.5%的单一税率；个人所得税，在一个纳税年度内，在塞居住超过183天的人被认为是纳税意义上的塞居民，应就其来自塞国内和国外的收入总和缴纳个人所得税；增值税，企业提供商品和服务或进口货物时应缴纳增值税，其标准税率为19%，低税率为9%和5%，部分商品和服务适用零税率。具体而言，适用零税率的商品和服务包括航海船舶和飞行器的销售、租赁和维修，不动产租赁，财务服务，博彩，医疗服务等；适用5%税率的商品和服务包括作家和艺术家提供的服务，水和果汁，医疗产品等；适用9%税率的商品和服务包括餐馆服务，烈酒、白酒和啤酒的销售，乘客及其行李的海运服务等。凡不适用零税率和低税率的商品和服务都按照标准税率征收增值税；资本利得税，按20%的单一税率征收；社会保险费，塞浦路斯通过"社会保险计划"为员工提供产妇津贴、疾病津贴、失业救济金、老年养恤金等福利，以员工工资为基数计算，有最高金额限制，每年进行调整；其他税费，包括不动产税和国防费等。①2014年的最高计算基数为每月4533欧元。

土耳其族区的税收包括企业所得税、个人所得税和增值税。根据土耳其族当局税法，除了合作社外，所有企业和其他法人团体均必须缴纳企业所得税。除企业所得税外，《公司税法》规定的公司必须从源征收所得税，税率标准为企业增值税后净收入的15%。企业缴纳10%的企业增值税后，按照企业留存收益/已缴资本税率（该税率不得超过标准税率）征收所得税。产权转让税作为消费税于1996年实施，通常有五种税率：0%、3%、9%、13%、20%。②

❧ 二、货币体系

2008年1月1日塞浦路斯加入欧元区之前，塞浦路斯通用货币是塞浦路斯镑（Cyprus Pound，简称塞镑，简写C￡），1塞镑为100分。1997年5月6日，塞浦路斯中央银行发行了1塞镑、5塞镑、10塞镑的现钞。1998年3月4日，塞浦路斯中央银行又发行了20塞镑现钞后，流通现钞有C￡1、C￡5、C￡10和C￡20，流通硬币有1分、2分、5分、10分、20分、50分。③根据2004年10日1日的外汇牌价，1塞镑相当于1.92欧元，约合2.2美元。外汇不可自由兑换。

塞浦路斯对现金支付不设限制。大部分支付由各商业银行根据中央银行赋予的权限处理。由于采用了欧盟的现行标准，大部分资金可自由流动。而对部分资金流通设限，主要是居民资金汇往国外、不动产和有价证券投资国外、短期贷款和在国外银行进行储蓄，随着塞浦路斯加入欧盟，这些限制将逐步取消。

2004年5月1日塞浦路斯正式加入欧盟后，2005年4月29日加入欧洲汇率机制，2008年1月1日加入欧元区，流通货币由塞镑改为欧

---

① 中国商务部国际贸易经济合作研究院等：《对外投资合作国别（地区）指南·塞浦路斯》，2016年，第36-37页。

② North Cyprus Properties, Property Taxes, VAT, Income Tax, Real Estates, http://www.northcyprusonline.com/North- Cyprus- Online- Property- Taxes. php.

③ *The Republic of Cyprus: An Overview*, The Press and Information Office of Republic of Cyprus, 2003, p.37.

元，当时1欧元=0.585274塞镑，这个比率可以上下波动15%。

欧元由欧洲中央银行(European Central Bank，ECB)和各欧元区国家的中央银行组成的欧洲中央银行系统(European System of Central Banks，ESCB)负责管理。欧洲中央银行的总部设在德国的法兰克福，欧洲中央银行拥有独立制定货币政策的权力，欧元区国家的中央银行参与欧元纸币和欧元硬币的印刷、铸造与发行，并负责欧元区支付系统的运作。

欧洲货币局发布的欧元草样有7张，面值分别为5欧元(灰色)、10欧元(红色)、20欧元(蓝色)、50欧元(橘黄色)、100欧元(绿色)、200欧元(黄色)和500欧元(紫红色)。票面由窗户、大门和桥梁三个基本建筑要素构成，分别代表欧盟之间的开放、合作与沟通精神。欧元自创建以来，其纸币共有七种面额，分别是€5、€10、€20、€50、€100、€200和€500。第一套欧元纸币于2002年1月1日至2013年5月1日发行，2013年5月2日发行第二套。欧元纸币的设计在整个欧元区完全一致。为了使纸币更耐用和更容易通过触摸识别，印制纸币的纸张由纯棉纤维制造。欧元纸币的尺寸最小为120mm × 62 mm，最大为160mm × 82mm，不同的纸币使用不同的主题色调以便区分。新版10欧元上印有神话人物欧罗巴的肖像水印作为安全标记。欧洲央行于2014年1月13日发布了新版10欧元的纸币样本，新版10欧元于2014年9月23日上市流通。

欧元硬币有1分、2分、5分、10分、20分、50分、1元、2元一共8种面值。欧元区16个国家的硬币有一面的图案相同，另一面则不相同。塞浦路斯流通的欧元硬币与其他欧元区国家的不同之处是：1分、2分、5分的一面印有塞浦路斯特有的摩弗伦羊图像，10分、20分、50分的一面则印有古希腊货船基乐尼亚号图像，而1元、2元的一面上印有塞浦路斯出土的史前珀莫斯人像。

土耳其族区的流通货币采用土耳其的币制里拉，其币值与土耳其族区经济状况和土耳其经济紧密联系。2009年1月1日，土耳其央行发行新里拉，流通币值有5、10、20、50、100、200六种，辅币是库鲁，1里拉=100库鲁。

❧ 三、投资证券

随着放宽经济限制和吸引外资政策的实施，塞浦路斯政府放松了对外来投资的限制。特别是在2000年1月，中央银行取消了对欧盟成员国自然人或法人直接投资的限制。而来自非欧盟成员国的投资仍需要由塞浦路斯中央银行颁发许可证。如果投资额适度，不会对国家安全构成损害，对国内经济环境不会造成不利影响，政府一般会发放许可证。外国直接投资产生的资金（包括资金增值）、利润、红利和利息可以汇回母国。塞浦路斯对每年由外国投资者转移回母国的利润没有规定最大比例，对非本国居民处理其投资也没有规定最短时限。

塞浦路斯政府鼓励境内外居民进行证券投资。如果用外币支付，非塞浦路斯居民就可以在塞浦路斯证券交易所购买证券（股票、债券、栈单等），不需要办理交易许可证，对非本国居民购买上市公司的股票也没有限额，除了金融公司和来自非欧盟国家的投资。金融公司最多可以非本国居民的名义注册50%的股份。非金融公司最多可以非欧盟国家居民的名义注册49%的股份，而对欧盟国家居民购买的股份数额则没有上限。非塞浦路斯居民出售上市证券所得收益，可以通过设在塞浦路斯的外国银行汇往国外。

1993年和1995年，塞浦路斯共和国众议院分别通过了证券交易法和具体证券交易规则。1996年3月29日，塞浦路斯证券交易市场正式运行，主要从事股票、债券和认股权证的交易。证券交易的参与者主要是证券经纪公司、股票发行者和投资者。[①]根据2001年《塞浦路斯证券交易委员会（设立和责任）法》第5条，成立塞浦路斯证券交易委员会（The Cyprus Securities and Exchange Commission）。委员会由1位主席、1位副主席、3位成员共5人组成理事会，实行独立管理。理事会会议由中央银行行长的代表出席，代表有权在议程中提供议题、参与讨论和发表意见，但无投票权。理事会成员由财政部长提出建议名单，由塞浦路斯政府部长委员会提名，任期为五年；其中，第一次任命的副主席和另外2名其他成员，任期分别是4年和3年，以确保理

---

①   Cyprus Stock Exchange – History: http://www.cse.com.cy/en/Profile/about.asp 2009-10-12.

事会组成成员的连续性，所有成员可连续任期5年。塞浦路斯证券交易委员会有如下职责：

1. 监督管理证券交易所的业务和在证券交易所进行的交易。

2. 监督管理证券交易所上市公司、持牌投资服务公司和投资理财计划。

3. 对在证券交易所上市的公司、经纪人、经纪公司、投资顾问、共同基金管理公司进行检查。

4. 要求并收集履行其职责所需的信息，以书面形式要求能够提供该等信息的所有自然人或法人或组织提供相关信息。

5. 向投资公司，包括投资顾问、经纪公司及经纪公司颁发营运牌照。

6. 根据《塞浦路斯证券交易委员会设立法》所公布的条例更具体的规定，因特殊原因召回这些经营许可证。

7. 对违反证券市场法规的经纪人、经纪公司、投资顾问以及其他法人、自然人，给予行政处罚和纪律处分。①

在过去的三年里，塞浦路斯证券交易所（Cyprus Stock Exchange's，CSE）的交易总量稳定增长，总市值从2014年的7500万欧元增加至2015年的1.5亿欧元，2016年达到约3.07亿欧元。然而，2016年12月，包括债券市场，其总市值达到39亿欧元，但与2015年年底的57亿欧元相比，减少了31.5%。金融业是股市市值最大的行业，占69.53%；其次是消费服务业，占12.54%。2016年证券交易量达到8.306亿欧元，股票交易量约占总成交量的30.5%，而公司和政府债券占总成交量的69.4%。投资者主要关注塞浦路斯银行股份有限公司（Bank of Cyprus Public Company Ltd.）和希腊银行股份有限公司（Hellenic Bank Public Company Ltd.）的股份，持股占总市值的比例分别为25.19%和1.11%。②

---

① "Cyprus Securities and Exchange Commission (CySEC): Company overview", Cyprus Securities and Exchange Commission (CySEC) - Cyprus Profile, http://www.cyprusprofile.com/en/companies/overview/cyprus-securities-and-exchange-commission-cysec.

② "Capotal markets: Boutique services for niche markets", Capital Markets - Cyprus Profile http://www.cyprusprofile.com/en/sectors/capital-markets.

　　土耳其族当局长期坚持积极引进外资政策。土耳其族区地域狭小，内部市场小，当局特别强调扩大出口市场和国外投资者，在政策上尤其鼓励引进资金和技术性项目，优先支持引进促进现代科技转化和新型管理技能的项目，鼓励外国投资者与当地企业建立合资企业，当局给予诸多优惠措施保护外国投资者，包括充分保护外国投资者的财产。①

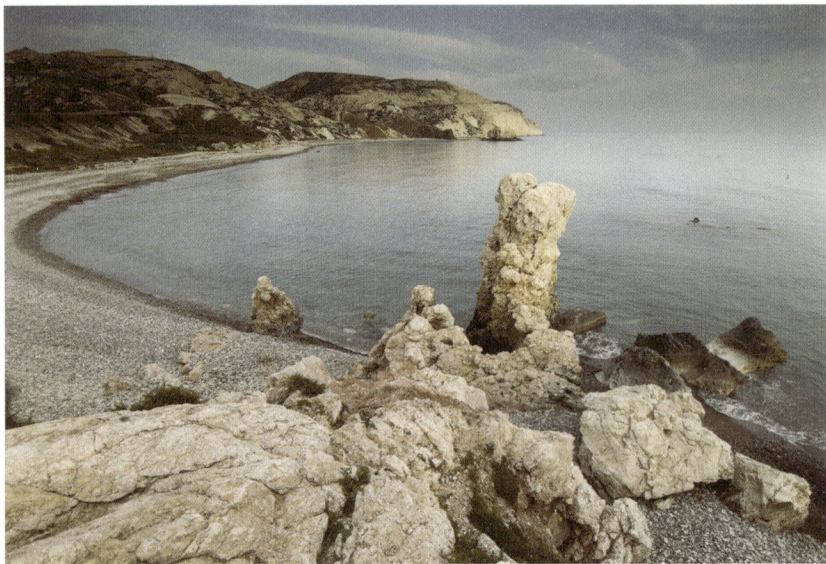

----

① Economy and Finance in North Cyprus TRNC, Banking, Foreign Investment - North Cyprus Villa, http://www.north- cyprus- villa.com/north- cyprus-economy.htm.

第九章　对外经济关系

🌀 一、对外贸易

由于塞浦路斯国内市场狭小，经济具有开放性的特征，进入国际市场就显得极为重要。因此，塞浦路斯政府长期实行对外开放政策，积极发展进出口贸易和转口贸易。对外贸易一直是塞主要经济部门之一，对经济发展起着重要作用。塞独立之初至20世纪70年代，对外贸易中主要出口加工制成品、酒、水泥等工业品及水果等产品，进口机械设备、工业原料、石油及石油制品等。70年代中后期至90年代，塞浦路斯政府制订实施了一系列"紧急经济行动计划"，并在实施过程中不断进行经济结构调整，强调出口生产导向。特别是进入21世纪，随着塞加入欧盟，其作为欧盟成员国在欧盟与中东、北非及亚太国家贸易中的桥梁作用突显，塞对外经济关系有较大发展。

首先，进出口总额有较快增加。2005年，塞进出口总额均创历史新高，其中进口50.69069亿欧元，出口12.28743亿欧元，贸易逆差同样创历史新高达38.40325亿欧元，出口与进口比率为24.2%，出口价值占GDP的8.3%。其后塞对外经贸持续发展，2008年，塞进口总额达到73.6665亿欧元，但出口基本保持稳定并略微回落为11.90369亿欧元，而贸易逆差达到加入欧盟后至2017年的最高记录，为61.76281亿欧元，出口与进口比率为16.2%，出口价值占GDP的6.3%。其后受欧洲债务危机影响，塞对外贸易有所回落，特别是出口受到较大影响，2009年，出口总额仅为9.70447亿欧元，是塞加入欧盟后至2017年的最低水平。2013年，塞进口总额为48.3036亿欧元，是塞加入欧盟以来最低水平，而出口总额却创加入欧盟以来最高，达16.092 65亿欧元，贸易逆差为32.210 95亿欧元，出口与进口比率为33.3%，是加入欧盟以来最高水平。塞对外贸易持续发展，2015年，进口和出口总额均创历史新高，其中，进口总额达64.347 13亿欧元，出口总额达30.273 38亿欧元，贸易逆差也达34.073 75亿欧元，出口与进口比率为47.0%，出口价值占GDP的17.1%。2017年，塞进出口总额达到111.932 46亿欧元，是加入欧盟前的2003年进出口总额47.513 33亿欧元的2.36倍；其中，进口总额再创新高，达到82.288 97亿欧元，是加入欧盟前的2003年进口总额39.366 73亿欧元的2.09倍；出口总额达29.643 49亿欧元，是加入欧盟前的2003年出口总额8.146 6亿欧元的3.64倍；贸易逆差为552.645 48亿欧元，出口与进口比率为36.0%，出口贸易价值对GDP的贡献为15.4%。这些对比数据表明，塞加入欧盟后，无论其进口贸易还是其出口贸易均成倍增长，对外经济有很大发展。

其次，进出口产品类型有明显变化。一方面，半成品进口逐渐减少。1985—2003年，半成品占进口消费品总额的比例从年均37.5%，下降为2005—2017年的25.4%，其中2014—2017年，分别为19.8%、19.8%、19.4%、19.5%，均在20%以下。另一方面，运输设备的进口逐年增加。1985—2003年，运输设备占进口消费品总额的比例从年均14.8%，而2014—2017年，分别为22.4%、29.9%、37.1%、36.0%，年均超过30%，达到了31.35%。这可能说明加入欧盟后，塞浦路斯运输业快速发展，特别是转口贸易快速发展。

再次，初级农产品出口有明显减少，而加工农产品出口显著增加。1985—2003年，初级农产品出口总额占国内出口产品总额的比例从年均20.6%，下降为2005—2017年的16.3%，其中2014—2017年，分别为13.4%、10.8%、10.8%、8.0%，年均为10.75%。相应地，加工农产品出口增加，1985—2003年，加工农产品出口总额占国内出口产品总额的比例从年均12.1%，增加为2005—2017年的17.3%，其中2014—2017年，分别为18.9%、19.6%、20.3%、18.5%，年均达19.3%。这说明农产品出口中加工农产品逐渐增加。另外值得注意的是，近年来，塞矿产品加工出口显著增加，1985—2014年，矿产品加工出口额占国内产品出口总额的比例年均为2.92%，而2015—2017年则分别增至14.0%、26.7%、36.8%，增加速度惊人。

最后，贸易伙伴的变化。塞与欧盟的经济关系更加密切。1995—2003年，塞进出口总额是4129.85亿欧元，年均45.887亿欧元，其中与欧盟成员国之间的贸易总额是2153亿欧元，占塞进出口贸易总额的52.13%。而加入欧盟后，2005—2017年，塞进出口贸易总额达10446亿欧元，年均80.354亿欧元，其中与欧盟成员国之间的贸易总额是6419.72亿欧元，占贸易总额的61.46%。显然，塞与欧盟成员国之间的贸易进一步增加。在塞与欧盟成员国贸易中，塞从欧盟成员国进口商品总额增加明显。1995—2003年，塞从欧盟成员国进口商品总额为1 744.04亿欧元，年均进口量为19.378亿欧元，占塞进口商品总额的53.65%；而2005—2017年，塞从欧盟成员国进口商品总额是5407.77亿欧元，年均进口41.598亿欧元，比入盟前增加2倍多。更值得关注的是，塞与欧盟成员国贸易中，对欧盟成员国的出口量一直较小，贸易逆差较大。1995—2003年，塞对欧盟成员国出口总额为4089.6亿欧元，年均出口额为45.44亿欧元，2005—2013年，对欧盟成员国出口总额为5660.7亿欧元，年均出口额62.897亿欧元。但近年来，塞对欧盟成员国出口额有较快增加，仅2014—2017年，塞对欧盟成员国出口总额达445.88亿欧元，年均超过111.47亿欧元，年均增长超过77.23%。塞与欧盟成员国的贸易伙伴关系也发生了一些变化。1995—2003年，塞从欧盟成员国进口商品量较大的国家依次是英国、希腊、意大利、德国、法国、西班牙、爱尔兰等；2005—2017年，塞从欧盟成员国进口商品较大的国家依次是希腊、英国、德国、意大利、法国、爱尔兰、西班牙等；而加入欧盟后，塞从希腊的进口显著增加。塞向欧盟国家的出口，1995—2006年，英国一直是塞最大出口国，其次是希腊、德国、意大利、爱尔兰、法国、西班牙等，但2007—2017年，希腊成为塞最大出口国，其次是英国、德国、意大利、爱尔兰、法国、西班牙等。

塞与非欧盟成员国贸易也发生了一些变化。1995—2001年，美国一直是塞最大贸易进口国，其次是日本、俄罗斯、以色列、中国、泰国等，其后塞从美国的进口不断减少，而以色列跃居塞最大进口国，其次是日本、中国、俄罗斯、美国等。值得注意的是，从2014年至今，中国成为塞最大进口国，其次是以色列、美国、俄罗斯、挪威等。塞对外贸易出口中，欧盟国家与非欧盟国家差异不大，1995—2003年，塞对欧盟国家出口总额为408.96亿欧元，对非欧盟国家出口额为399.2亿欧元。加入欧盟后，2005—2017年，塞对欧盟国家出口总额为1011.95亿欧元，对非欧盟国家出口总额为914.1亿欧元。但近年来，塞对非欧盟国家出口增长较快，2014—2017年，塞对欧盟国家出口总额为445.88亿欧元，而对非欧盟国家出口总额达到560.64亿欧元，超过了对欧盟国家的出口，但出口国家波动性较大，没有形成相对稳定的出口伙伴。

塞浦路斯的对外经济关系中，英国占有举足轻重的地位，塞浦路斯政府在伦敦设有"塞浦路斯高级委员会伦敦贸易中心"，是塞浦路斯共和国在海外设立的促进对外贸易的13个中心之一，由塞能源、商业、工业与旅游部负责。该中心的主要目标是协助塞浦路斯企业努力在英国建立新的和发展现有的商贸关系，特别是促进提升出口能力，促进发展服务业，鼓励引进投资。其核心目标是促进英国和塞浦路斯企业之间的联系；发展英塞企业之间的商品和服务贸易；推动塞浦路斯成为国际商业和投资中心；研究英国市场并提供可靠信息；在英国组织商业活动、贸易代表团，新闻现场采访、参加商品交易会和展览会。①

塞浦路斯与亚美尼亚、白俄罗斯、比利时、卢森堡、保加利亚、中国、捷克、埃及、希腊、匈牙利、印度、伊朗、以色列、意大利、约旦、黎巴嫩、马耳他、黑山、波兰、卡塔尔、罗马尼亚、塞尔维亚和塞舌尔等国缔结了多项双边投资条约。

❧ 二、外国援助

塞浦路斯共和国自成立以来，长期接受外国援助。1960—1962年，塞浦路斯政府接受美国提供援助1700万美元。1974—1979年，塞浦路斯政府接受无偿援助1.179亿塞镑，其中包括希腊赠款5430万塞

---

① 塞浦路斯高级委员会伦敦贸易中心（Cyprus high commission trade centre in London），其网址是 http://www.cyprustrade.co.uk/

镑、主要由美国提供的难民救济款3320万塞镑、联合国和西方国家提供的财政技术援助3040万塞镑。1984年，塞浦路斯政府接受国际复兴开发银行和国际开发协会援助4380万美元。

在塞加入欧盟进程中，塞浦路斯政府与欧盟签订了一系列的财政与技术援助协定。从1997年开始，塞浦路斯政府与欧盟相继签订了四个财政与技术援助协议，塞浦路斯政府获得欧盟提供的援助总计2.1亿欧元[1]，帮助塞浦路斯政府进行财政经济改革，以适应欧盟准则。第一个和第二个财政协议提供7000万欧元，帮助塞浦路斯政府发展引水工程、污水处理、电力供应以及有利于希、土两民族的尼科西亚城墙的修复和保护工程。第三个财政援助协议提供约6200万欧元，帮助塞浦路斯政府实施塞浦路斯与欧盟签订的关税联盟协议，建立与欧盟国家的贸易伙伴关系。第四个财政援助协议提供约7400万欧元，用于推动塞浦路斯的社会经济发展，促进塞经济向欧盟标准转变，支持塞浦路斯问题的解决。2000—2004年，塞浦路斯政府又获得欧盟提供的大约5700欧元的财政援助，支持塞浦路斯政府加强与欧盟的联系，实施《准成员国框架协议战略》。[2]

自20世纪70年代中期以来，美国向塞两民族提供了5亿多美元的援助，这种援助提供了人道主义救济，建立了卫生设施和学校，并向数以千计的学生和专业人员提供了培训和奖学金。自20世纪90年代末以来，美国的援助旨在促进两个地理上分离的族区之间的合作，支持在双区、两民族联邦框架的基础上实现政治解决。2011年，美国将提供大约800万美元，继续缓解紧张局势，促进两民族之间的和平与合作。[3]

塞浦路斯政府每年从欧盟、希腊获得的援助资金分别为3600万美元、2000万美元。2004年，欧盟通过其2004—2006年《乡村发展计划》，向塞浦路斯政府提供1.439亿欧元，以帮助塞浦路斯政府发展农业。2007年欧盟批准2007—2013年欧洲渔业基金（EFF）执行准则，

---

① 2001年10月的外汇比价是1塞镑≈1.74欧元≈1.58美元。

② *Cyprus: On the Way to EU Membership*, The Press and Information Office of Republic of Cyprus, 2002, p.21.

③ "U.S.-Cyprus relations", Background Notes on Countries of the World: Republic of Cyprus, 10/31/2011.

向塞浦路斯政府提供1750万欧元援助。2011年，塞与俄罗斯签订总额为25亿欧元的政府贷款，贷款期限为4.5年。2013年3月25日，欧盟同意向塞提供100亿欧元金融救助贷款，帮助塞浦路斯政府摆脱金融困境。

下 篇

第十章　同中国关系

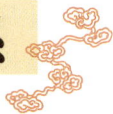

20世纪以来的中塞关系

一、中塞政治交往

　　中国和塞浦路斯之间的交往，最早始于1952年9月，塞浦路斯代表团参加在北京举办的亚非及太平洋区域和平会议，代表团受到中国政府和人民的热烈欢迎。应中华全国总工会邀请，1954年9月，塞工会代表团来京参加国庆观礼和参观访问；塞劳动人民进步党总书记埃柴吉耶斯·巴巴耶诘致电毛泽东主席，祝贺中华人民共和国诞生5周年，而且在贺电中赞扬"中国的解放鼓舞着所有殖民地和附属国的人民"[1]。1957年2月21日，中华全国民主妇女联合会致电塞妇女团体，声援塞人民争取民族自决权的斗争。1958年10月10日，塞劳进党的机关报《黎明报》发表评论，痛斥美国向中国挑衅[2]。

　　1960年8月16日，塞浦路斯共和国成立，中国国务院总理周恩来致电祝贺，副总理兼外交部部长陈毅致电宣布承认塞浦路斯共和国，并希望发展两国友好关系。塞浦路斯共和国首任总统马卡里奥斯大主教致电周恩来总理，感谢中国政府的祝贺和支持。但塞浦路斯政府并

---

① 参见1954年10月3日人民日报第4版："塞浦路斯劳动人民进步党总书记给毛主席的贺电"。

② "塞浦路斯'黎明报'斥美国向我国挑衅"，《人民日报》1958年10月22日第4版。

没有沿着正确方向发展，而在9月与台湾当局"建交"，伤害了中国政府和人民的感情。1961年，某些敌视新中国的势力把"西藏问题"提交联合国大会讨论，塞浦路斯政府代表团竟然支持了诬蔑中国的决议①。尽管如此，中国政府和人民仍然一如既往地支持塞浦路斯的独立、主权和领土完整。1963年年底，中国舆论旗帜鲜明地反对英美干涉塞浦路斯。1964年2月，中国青联和学联致电塞统一民主青年组织、塞全国学生会联合会及塞留英学生联合会，强烈谴责英国和美国企图军事干涉塞浦路斯，同时反对安理会通过决议向塞派遣联合国驻塞浦路斯维持和平部队②，希望塞希、土两民族协商解决。在此期间，塞劳进党追随苏联，终止了与中国共产党的联系。1966年5月，中国工会代表团访塞。1967年，中国记者赴塞首都尼科西亚采访，塞民众对中国人民和毛泽东主席表示无限崇敬③。

1971年10月25日，在联合国大会表决恢复中国在联合国合法席位的决议时，塞浦路斯投了弃权票。11月，塞外长基普里亚努在联合国总部，向出席第26届联大的中国代表团团长乔冠华副外长表达了希望与中国建交的愿望。12月14日，中塞建交。1972年1月12日，中塞两国政府发表了中塞建立正式外交关系的联合公报。次日，台湾地区外交机构被迫宣布终止与塞外交关系，但在塞仍保留着台湾商务办事处。6月，中国在塞设立大使馆，并派驻临时代办。1974年5月，塞总统马卡里奥斯访华，受到了中国领导人毛泽东、周恩来、邓小平的接见，周恩来总理还向马卡里奥斯总统阐明了中国政府希望塞两民族团结和和平解决争端的立场。④

马卡里奥斯总统访华回国后不久，就发生了希腊军政府策划的军事政变以及随之而来的土耳其的出兵和占领。在安理会召开紧急会议

① 王泰平：《中华人民共和国外交史》（第三卷1970—1978年），世界知识出版社1999年版，第146。

② "安理会决定派兵去塞浦路斯"维护和平，《人民日报》1964年3月6日第4版；"安理会竟决定继续干涉塞内部事务，第四次延长联合国军留驻塞浦路斯的期限"，《人民日报》1965年3月22日第5版。

③ "毛主席是世界人民伟大英明的领袖！塞浦路斯劳动人民热爱毛主席，赞颂中国文化大革命"，《人民日报》1967年2月28日第5版。

④ 王泰平：《中华人民共和国外交史》（第三卷1970—1978年），世界知识出版社1999年版，第162页。

讨论塞问题时，中国代表庄焰发言表示："中国政府一向主张塞浦路斯的独立、主权和领土完整，应得到世界各国的尊重。我们坚决反对任何外来势力对一个主权国家的侵略和颠覆。塞浦路斯问题应当由塞浦路斯人民自己来解决。目前特别要警惕超级大国利用塞浦路斯局势乘机插手，浑水摸鱼。"中国政府和人民坚决支持由塞浦路斯合法的国家元首——大主教马卡里奥斯总统领导的塞浦路斯人民所进行的正义斗争，坚决反对对塞浦路斯主权、独立和领土完整的破坏"。1974年7月20日，中国副外长乔冠华也明确表示，"马卡里奥斯总统是合法的塞浦路斯国家元首和塞人民的代表"。9月，中国红十字会两度向塞难民捐赠物资，并及时运往塞浦路斯的利马索尔港，帮助塞人民恢复正常生活。

1981年6月，塞浦路斯政府任命塞驻澳大利亚高级专员兼任驻华大使，在中国未设使馆。同月，塞外长洛兰季斯访华。1984年6月，中国国家主席李先念在会见塞第二任总统基普里亚努时再次表示，中国政府一贯主张通过谈判解决塞问题，中国也不赞成土耳其族宣布独立。

80年代后期，塞各政党逐渐恢复了与中国共产党的交往。1985年5月，塞社会党率先与中国共产党建立了关系。次年5月，应塞社会党邀请，中联部顾问张香山率中共代表团访塞。1987年3月，塞劳进党政治局常委、中央书记范蒂斯和检委主席奥林皮奥斯率劳进党代表团访华，双方友好地相互通报了各自的情况，但在对待苏联等重大国际问题上仍存在严重分歧，双方在求同存异的基础上继续推进交往。1988年11月，中联部副部长李淑铮率中共代表团访塞。1990年1月，中联部副部长李成仁访塞。5月，塞浦路斯政府最终关闭了台湾驻塞商务办事处，为中塞关系的全面发展扫清了障碍。7月和10月，中国共产党和塞劳进党代表团再次实现互访，两党关系有所发展。

冷战结束后，中塞两国高层互访频繁，政治关系加强，在重大问题上相互支持。1993年5月，塞劳进党政治局常委、中央国际部书记赫里斯托菲尼斯访华。同年，中国人大副委员长王丙乾访塞，增强两国在立法部门的合作。1995年4月，中国司法部部长肖扬访塞，双方在塞首都尼科西亚签署了《中华人民共和国和塞浦路斯共和国关于民事、商事和刑事司法协助的条约》。5月，塞民主大会党代表团访华。

1997年9月16日，塞常驻机构联合国代表在第52届联大总务会议上发言，坚决支持一个中国的立场，拒绝把台湾问题列入联大议程中的提案。[①]1999年6月，塞总统克莱里季斯对中国进行国事访问，与中国国家主席江泽民就双边关系和共同关心的国际问题深入交换了意见，并达成了广泛共识，全国人大常委会委员长李鹏、国务院总理朱镕基分别会见了克莱里季斯总统。同年，中国人大副委员长田纪云访塞，增强两国在立法部门的合作。2000年6月，塞第四任总统克莱里季斯访华时强调，塞浦路斯政府不支持台湾在任何国际组织中谋取席位[②]。在北约轰炸中国驻南联盟使馆后，塞议会、塞浦路斯政府劳进党总书记季米特里斯·赫里斯托菲亚斯发表声明并致函江泽民主席，谴责这一违犯国际法准则的暴行，并在人权问题上对中国给予支持。2001年9月，中塞两国共同签署了《中华人民共和国民政部与塞浦路斯共和国内政部在民防和基层选举管理领域的合作协议》。

❀ 二、中塞文化交流

　　中塞建交后，两国重视文化交流。1973年3月，北京杂技团首次赴塞演出，受到塞浦路斯人民的欢迎。1976年10月，中国在塞举办剪纸艺术展。12月，塞新闻代表团访华，受到中国文化部副部长何英的接见。1978年8月，北京杂技团再次访塞，受到了塞众议院议长的接见，塞代总统基普里亚努亲自观看了北京杂技团的演出。

　　为促进文化交流，两国签订了一系列文化交流协定。1980年7月，中国文化部副部长姚仲明与塞浦路斯外交部秘书长乔治·贝拉德亚斯，在北京签署了《中华人民共和国政府和塞浦路斯共和国政府文化合作协定》。为实现本协定，双方相继连续签订了中塞文化协定1982—1983年执行计划、1984—1985年执行计划、1986—1987年执行计划、1988—1989年执行计划、1990—1992年执行计划、1993—1995年执行计划、1996—1997年执行计划、1998—2000年执行计划。1992年9月，塞南部港口城市利马索尔与我国的南京市结为姐妹城市。另

①　中华人民共和国外交部政策研究室：《中国外交》（1998年版），世界知识出版社1998年版，第144页。

②　中华人民共和国外交部政策研究室：《中国外交》（2000年版），世界知识出版社2000年版，第136页。

外，两国还签订了旅游合作协定、新闻合作协定、中国广播电影电视部与塞浦路斯广播公司合作议定书。在此基础上，两国文化交流逐渐增多，两国文化新闻艺术团体相继互访，举办演出和展览，扩大交流、增进了解、加强友谊，特别是在2000年11月，塞在中国成功举办"塞浦路斯文化周"，将两国文化交流推向更深层次发展。另外，中塞两国已互派有留学生。

❖ 三、中塞经济贸易

中塞两国不断密切的政治交往和文化交流，促进了两国经贸关系的发展。1973年8月，塞工商部部长米切尔·科洛卡西德访华，并签订了《中华人民共和国和塞浦路斯共和国贸易和支付协定》，为两国经贸发展铺平了道路。同年9月，中国首次参加塞浦路斯国际博览会，展出了2000多种中国产品，其中包括纺织品、食品、轻工业品和手工艺品，塞总统马卡里奥斯、议长格拉弗科斯·克累里德斯和内阁部长们饶有兴趣地参观了中国馆。1981年2月，中国贸易代表团访塞，签订了两国新的贸易协定，并将记账贸易改为现汇贸易。1982年11月，塞工商部部长安德列乌率贸易代表团访华，进一步促进了两国经贸发展。这一时期，中国进口商品主要有铬矿砂、羊皮、废船、葡萄干等，出口以纺织品、工艺品、轻工产品和粮油等为主。据中国海关统计，1989年，双方进出口贸易总额为1 917万美元，其中中方出口额为1 431万美元。

1990年8月，塞浦路斯第三任总统瓦西里乌访华，并对中塞浦路斯政府和工商界人士做了《塞中贸易前景广阔》的演讲，认为两国有"进一步扩大贸易往来的巨大潜力"。瓦西里乌总统在与中国国家主席杨尚昆和国务院总理李鹏的会谈中，讨论了建立合资企业的可能性和进行运输合作等事宜。1990年10月，在北京召开了中国和塞浦路斯第二次经济贸易和科技混合委员会会议，双方签订了旨在促进双边经济、贸易和科技合作关系的议定书，并签署了《中华人民共和国政府和塞浦路斯共和国政府关于对所得和财产避免双重征税和防止偷漏税的协定》。双方经贸合作范围迅速扩大。1991年，中塞贸易总额已达6344万美元，是1989年的3倍多。

冷战后两国经贸关系进一步加强。1999年6月，中国与塞浦路斯经贸研讨会在北京举行，中国财政部部长项怀诚会见塞财政部部长塔基斯·克莱里季斯，外经贸部部长石广生会见塞商业、工业和旅游部部长尼科斯·罗兰季斯，双方就双边经贸关系等问题交换了意见。

中国充分利用塞海运业发达、拥有商船数量居世界第六的优势，已有中国商船在塞注册。同时，中国通信公司已在塞广泛开展业务。据中国海关总署统计，2001年，中塞贸易总额为1.17亿美元，其中中国出口额为1.16亿美元，进口额为133万美元。2008年，中塞贸易总额已达11.34亿美元，其中中方出口11.24亿美元，进口0.11亿美元。

四、21世纪初的中塞关系

进入21世纪，随着世界多元化趋势的不断发展和中国在国际事务中作用的日益增强，塞浦路斯更加重视发展与中国的友好合作关系，中塞关系步入全面发展的新阶段。

中塞两国领导人更加重视双边关系，高层互访频繁。2001年1月，中国国家副主席胡锦涛访塞，在尼塞首都尼科西亚双方签订了多项经济和文化合作协定。2003年10月，中共中央政治局常委吴官正访塞。2004年11月，全国人大副委员长乌云齐木格访塞。2006年6月，全国人大副委员长王兆国应邀对塞进行友好访问。2006年12月，塞总统塔索斯·帕帕佐普洛斯访华，中国国家主席胡锦涛、人大常委会委员长吴邦国、国务院总理温家宝分别与帕帕佐普洛斯总统会见和会谈。2002年5月和2007年2月，塞议长赫里斯托菲亚斯两度访华。2008年8月和10月，塞总统赫里斯托菲亚斯两次来华，出席北京奥运会开幕式和第七届亚欧首脑会议。2011年1月，塞议长马里奥斯·卡洛扬率议会代表团访华。2007年11月，国务院副总理回良玉访塞，与塞总统帕帕佐普洛斯等领导人会谈。2009年9月，全国人大常委会副委员长华建敏访塞，塞总统赫里斯托菲亚斯在会见时说，塞中两国关系发展势头很好，双方在平等、互利基础上开展了卓有成效的合作。同年12月，全国政协副主席厉无畏访塞，会见了塞代总统、议长卡洛扬。2010年6月，中共中央政治局委员、全国政协副主席王刚访塞，会见了塞总统赫里斯托菲亚斯和议长卡洛扬，并与塞劳进党总书记基普里亚努举行了会谈。2011年12月，双方共同庆祝建交40周年，胡锦涛主席与赫里斯托菲亚斯总统互致贺电。2012年4月国务委员刘延东访塞，并与塞总统赫里斯托菲亚斯共同见证两国教育部签署《中塞高等教育合作协议》。6月，全国政协副主席陈宗兴访塞，与塞总统赫里斯托菲亚斯和议长奥米鲁会谈。

近年来，中塞两国政府签订了一系列协定或协议，巩固和加强双方合作。2001年1月，两国签订了《中华人民共和国政府和塞浦路斯共和国政府关于相互促进和保护投资协定》。2003年12月，中国交通部副部长洪善祥访塞，双方签署了《中华人民共和国政府与塞浦路斯共和国政府海运协定修改议定书》，进一步扩大和保护两国海运合作领域。2006年8月，中国商务部部长助理陈健抵达塞浦路斯，参加两国经贸科技合作联委会第五次会议，双方签署了《中国—塞浦路斯经贸科技合作联委会第五次会议议定书》和《中国与塞浦路斯经济合作协定》。根据合作协定，双方将在平等互利的基础上进一步加强双边经济、产业及科技合作，合作领域涉及工业、农业、科学技术、通信、运输、环保和在第三国的合作等，双方成立经济合作委员会，以具体负责监督协定的实施，解决协定实施过程中可能出现的问题，并提出有助于实现协定目标的各种建议。2007年，中塞两国签订了《中华人民共和国农业部与塞浦路斯共和国农业、自然资源和环境部关于在农渔业领域科技合作的谅解备忘录》《中华人民共和国国家环境保护总局与塞浦路斯农业、自然资源和环境部关于在环境保护领域合作的谅解备忘录》。2008年，两国签署了《中塞关于防止盗窃、盗掘和非法进出境文物的协定》。2013年10月29日，在塞首都尼科西亚国际会议中心，中国文化部副部长励小捷与塞交通和工程部部长塔索斯·米佐普洛斯分别代表两国政府签订新的《关于防止盗窃、盗掘和非法进出境文化财产的协定》。

中塞在能源和投资领域合作加强。2011年2月20日，塞浦路斯银行与中国发展银行签订了《谅解备忘录》，根据该备忘录，中国发展银行将支持塞在渔业、新能源和基础建设领域的投资项目。[①]2013年10月—11月，塞浦路斯能源、商业、工业及旅游部部长乔治斯·拉科特里皮斯率塞企业代表团访问中国，参加在北京举行的"塞浦路斯作为国际商务中心"商务论坛，并与中国政府相关部门负责人和中国企业

---

① Bank of Cyprus signs MoU with China Development Bank, EquityBites (M2), Jan 20, 2011.

代表举行了会谈，会谈内容覆盖了拉科特里皮斯主管的能源、商业、工业和旅游四个领域。塞浦路斯专属经济区海域被发现有巨大的天然气储量，谈到两国的能源合作，拉科特里皮斯说："这也是我们此行重要议题之一，塞方希望能够通过此次访问继续推动中塞两国在天然气等能源方面的合作。中国是能源消耗大国，需要长期稳定的能源供应国，而塞浦路斯则具备这样的条件。"拉科特里皮斯同时指出，中国在能源开发领域拥有许多先进技术和丰富经验，塞方也欢迎中方企业参与塞专属经济区的天然气开发。拉科特里皮斯高度评价中塞双方在能源领域合作的巨大潜力和广阔前景。

两国教育合作不断发展。2012年，两国签署了《中塞高等教育合作协议》，双方教育部积极探讨在塞建立孔子学院，并初步协商学历学位互认事宜。2013年12月，塞教育与文化部部长科内维泽斯访华，双方签署了《关于塞浦路斯和中国两国政府加强文化合作的谅解备忘录》。2014年1月，文化部部长蔡武回访并签署了《中华人民共和国政府和塞浦路斯共和国政府2014年至2018年文化合作执行计划》。10月，"塞浦路斯-中国文化节"在塞成功举办，塞首家孔子学院在塞浦路斯大学揭牌成立。2015年3月，"欢乐春节"活动首次赴塞，"舞蹈门"艺术团演出、"秦汉文明缩影-中塞文化对话"文物展等先后在塞举办。9月，科技部部长万钢访塞，双方签署了《中塞科技创新合作协定》，建立中塞浦路斯政府间科技创新合作机制。2017年5月，教育部部长陈宝生会见了来访的塞教育与文化部部长科斯塔斯·卡迪斯，双方共同签署了《中华人民共和国教育部和塞浦路斯共和国教育与文化部关于相互承认高等教育学历和学位的协议》，根据该协议，中国与塞浦路斯的大学将互相承认所授予的学位。这意味着，未来中塞两国留学生可以互相交换，中国留学生留学欧洲有了更多选择。教育合作的积极推进将为中塞两国的教育带来巨大帮助。卡迪斯部长欢迎中国文化部在尼科西亚开设中国文化中心。

中塞两国在卫生领域的合作也不断加强。两国在1999年签署了卫生合作协定，在2006年12月签署了2006—2009年卫生合作计划，在2010年签署了2010—2015年卫生合作计划。中塞在世卫组织中合作良好，双方保持卫生部间及医学专家考察组互访与交流。

中塞两国领导人的频繁友好互访和一系列合作协定的签署，标志着中塞关系进入了一个新的发展阶段。随着中国经济实力的不断增强和塞浦路斯成为欧盟正式成员，中塞两国在政治、经济、文化等领域的合作将进一步扩大，中塞关系将进一步巩固和发展。

第二节　"一带一路"视域下的中塞关系

一、塞浦路斯在"一带一路"建设中的战略地位

早在唐代，就有关于"拂林"之地塞浦路斯的传说。中国古代称拜占庭为"拂林"。唐代名相张说（667—730 年）曾著有笔记小说《梁四公记》，如今只有在《太平广记》中能见到这本小说的一点残卷。张说写道："西至西海，海中有岛，方二百里。岛上有大林，林皆宝树。中有万余家。其人皆巧，能造宝器，所谓拂林国也。岛西北有坑，盘拗深千余尺。以肉投之，鸟衔宝出。大者重五斤，彼云是色界天王之宝藏。"[1]从中国出发，经印度洋和阿拉伯海至地中海东岸，此处"西海"，可能是指地中海；"海中有岛"，可能就是塞浦路斯岛。塞浦路斯岛东西最长处约241千米，南北最宽处97千米，最窄处仅37千米，大约也就"方二百里"。岛的西南部是特罗多斯山，森林茂密，是拜占庭帝国的木材生产地。7世纪中叶，阿拉伯帝国的伍麦叶王朝建立后，东方离拜占庭最近之地便是位于东部地中海的塞浦路斯岛，岛西南部的特罗多斯山脉与北部的凯里尼亚山脉之间是迈萨奥里亚平原，其地势为低山丘陵；西北部是褶皱状的凯里尼亚峡谷、帕福斯峡谷和克里索克乌峡谷，也许就是所谓的"岛西北有坑"。7世纪末至8世纪初，拜占庭属地塞浦路斯不断受到阿拉伯人袭扰，居民多逃往叙利亚和小亚细亚，当时在岛上的居民可能仅"万余家"。阿拉伯人对塞浦路斯的袭扰长达三个多世纪，其间也有阿拉伯人在岛上定居。关于塞浦路斯的情况，也许可能是通过阿拉伯人传到中国的，也可能是通过印度传到中国的，因为这一时期，阿拉伯人也不断进行着对印度的征服。张说对塞浦路斯的简单记述，正是古代丝绸之路上文化传播的

---

[1]　李昉编：《太平广记》卷第八十一，梁四公，中华书局，2016年，第520页。

见证。

1985 年，考古学家在塞浦路斯等地，发掘出中国瓷器。说明中国瓷器通过丝绸之路到达了塞浦路斯。13 世纪末，塞浦路斯是巴黎低档丝绸的第三个供给地之一，"塞浦路斯的丝绣著名于巴黎"。14 世纪上半叶，塞浦路斯还生产薄纱。[1]"塞浦路斯是连接意大利向地中海航路与土耳其和叙利亚的陆上丝绸之路的衔接点。""蔗糖起源于印度，由阿拉伯人在 7 世纪或 11 世纪传入塞浦路斯。""塞浦路斯的养蚕业的传播，肯定与丝绸之路这个远距离的文明交往有关。""法国历史文献中，记载了塞浦路斯的鲁西格南王朝豪华宫廷在 15 世纪向西方传播中国唐朝服饰。""圆锥形女式高帽和尖长的翘头鞋经塞浦路斯西传。"[2]塞浦路斯是古丝绸之路上东西方交往的重要桥梁。

塞浦路斯位于亚、欧、非三大洲的交汇处，是天然的节点枢纽。水路上扼守东地中海水上交通要冲，是享誉世界的国际航运中心；航空上可快速便利地通往欧洲、中东及北非地区，从塞浦路斯到欧洲各国首都机场的飞行时间为 1.5~4.5 小时，抵达所有中东国家首都机场飞行时间为 0.5~3.0 小时。同时，塞与周边国家始终保持良好的政治经贸关系（塞是该地区唯一与以色列和阿拉伯国家关系友好的国家）。从区位特点看，塞可以成为我国投资者进入欧洲、俄罗斯、中东和北非的具有战略意义的通道和跳板，优越的地理位置是塞能够成为战略支点国家的最大优势所在。塞于 2004 年 5 月 1 日正式加入欧盟，于 2008 年 1 月 1 日顺利加入欧元区，遵循欧盟统一标准和规则，享有在欧盟区内自由平等活动的权利。塞是欧盟的东大门，基于塞对我国投资贸易等活动的欢迎程度，以其为突破口将进一步助推我国投资者进入欧盟市场。特别值得注意的是，2011 年，塞浦路斯政府推出公民身份投资计划和永久居住权政策，为我国投资者在欧盟区域内自由活动和发展业务提供了更大便利。塞的金融、保险、服务及旅游业等较为发达，而且监管规范，较高的存款利率和地中海旅游岛国的优势，使其迅速发展成为国际离岸金融中心之一。塞劳动力素质较高，大学毕业生比例

---

[1]　Sharon Farmer, "Medieval Paris and the Mediterranean: The Evidence from the Silk Industry", *French Historical Studies*, Vol. 37, No. 3 (Summer 2014).

[2]　彭树智："编后记"，源自彭树智主编，何志龙著：《中东国家通史·塞浦路斯卷》，商务印书馆，2008 年，第 401 – 402 页。

居全球第三、欧洲首位，专业技术人才丰富。塞拥有较为完善和高竞争力的税收体系，是欧盟内公司税率最低的国家之一（仅为12.5%），且营业费用允许抵税；已与55个国家签订了避免双重征税协定；在航运上实行欧盟吨位税制。塞是具有吸引力的旅游胜地，历史文化积淀悠久，自然景色优美，社会环境稳定安全。塞已经与中国签订有《避免双重征税协定》等18个有关税收、贸易、旅游和技术的双边协定。塞浦路斯所拥有的这些特点和优势，必将使它成为"一带一路"建设中的跳板型战略支点国家。

二、塞浦路斯对"一带一路"的认知

"一带一路"倡议提出后，塞浦路斯政府和学者及企业界给予了高度关注和积极回应。2015年10月14日，塞总统阿纳斯塔夏季斯受邀出席10月14日至16日在北京举行的亚洲政党丝绸之路专题会议。访华前，阿纳斯塔夏季斯总统在接受新华社记者专访时表示，"一带一路"将活力无限的东亚经济圈同欧洲经济圈连接在一起，并为沿线国家和地区创造了一个共赢的局面，塞浦路斯将积极参与并推广"一带一路"倡议的核心价值。"塞浦路斯会同中国以及亚洲、欧洲的伙伴们一起，积极参与支持'一带一路'倡议"，塞浦路斯是地中海岛国，地处亚欧非三大洲的交通要冲，更加关注"21世纪海上丝绸之路"这一战略构想。"我们一贯支持鼓励塞中经贸合作，特别是在交通、旅游、能源和电信等领域。"访华期间，阿纳斯塔夏季斯总统在中国人民大学发表演讲时强调，他坚信习主席2013年提出的"一带一路"倡议是一个伟大愿景，该倡议重启了两千年前连接亚洲与欧洲古丝绸之路，为今天世界多边经济秩序提供了有力的支撑，为各国间贸易和交流的方式增加了新的维度。他认为，"一带一路"倡议的提出对塞浦路斯来说恰逢其时，塞浦路斯愿意成为"一带一路"的一份子。位于欧盟最南端的东部边界，处在欧洲、亚洲和非洲的路口上的塞浦路斯，可以为推动"一带一路"扮演积极角色。塞浦路斯可以作为"一带一路"海上贸易路线的经停点，帮助推进海上丝绸之路的发展。他强调，塞浦路斯有多重理由期盼"一带一路"，欧洲也有多个理由拥抱这一创想。中国和欧盟是紧密的经济合作伙伴，这种坚实稳定的关系从中欧40年的外交中得以反映，中欧双方应该为此感到自豪。未来中欧应继续推进并扩大其战略伙伴关系，包括在由"一带一路"带来的新领域进行合作，这将形成一个双赢的局面。

2015年11月5日，阿纳斯塔夏季斯总统又撰文指出，"中国引领的'一带一路'倡议，其目的就是要推动亚洲、欧洲以及大洋洲各国之间经济合作发展，加强不同文明之间的交流与互鉴，并促进世界和平与发展。'一带一路'倡议建立在两千年以前的古丝绸之路基础之上，这条古丝绸之路连接了亚洲与欧洲，涉及六十多个国家，代表了世界经济总量的三分之一。'一带一路'倡议将打造一个互利共赢的框架，把充满活力的东亚经济圈与欧洲经济圈连接在一起，致力于推动沿线各国的经济发展，加强各国贸易及投资合作，推动技术和创新发展，手段之一就是打造铁路交通网络等基础设施以及海洋等基础设施。'一带一路'倡议尊重各国主权和不干涉他国内政的原则，鼓励国家自区域和跨区域的各种倡议。我们可以利用现有的机制最终实现'一带一路'倡议，而且我们在加强合作方面有很大的潜力和空间。塞浦路斯是打造海上丝绸之路重要的一个中转岛。每天我们都能看到悬挂塞浦路斯国旗的船只在亚洲与欧洲之间穿梭，推动着亚欧之间的合作。中国和塞浦路斯是长期的、可信赖的朋友与伙伴，塞浦路斯作为一个在欧盟成员国内部有着独特的地理位置、悠久的历史和灿烂的文化，以及提供金融服务方面有经验丰富的国家，可以在推动海上丝绸之路倡议、实现海上丝绸之路价值方面发挥积极的作用。我们愿意更紧密地与中国及亚洲和欧洲伙伴进行合作，支持这个倡议。"[①]11月9日，由塞浦路斯商工会和塞中商会主办的主题为"中国的'一带一路'建设与塞浦路斯的参与"的研讨会在塞首都尼科西亚举行，阿纳斯塔夏季斯总统在贺信中强调，古丝绸之路的意义影响深远，在各国人民建设美好未来的道路上发挥了重要作用。相信通过"一带一路"这一伟大愿景提供的机遇，塞浦路斯能改善目前经济不佳的状况。12月21日，阿纳斯塔夏季斯总统在尼科西亚会见到访的中国外长王毅时再次表示，塞方热切希望参与中国"一带一路"建设，吸引更多中国公司来塞投资。2016年12月13日，阿纳斯塔夏季斯总统在出席塞中建交45周年庆祝活动时说，中国提出的"一带一路"倡议正是中国参

---

① 尼科斯·阿纳斯塔夏季斯："塞浦路斯：愿积极打造海上丝绸之路的重要中转岛"，《当代世界》2015年第11期，第24－25页。

与世界治理的良好典范，是中国旨在深化经贸合作、加强互联互通、增进双向理解、谋求提高人民福祉和促进发展的重要表现。塞浦路斯作为欧盟成员国和海运强国，愿意成为"一带一路"的积极参与者和建设者，愿同中国以及欧洲各国一起努力。同时作为"21世纪海上丝绸之路"在欧洲的重要节点国家，塞浦路斯愿意同沿线各国一道共同实现"一带一路"的价值和目标。

2017年11月，塞议长西卢里斯率团访问中国，对"一带一路"倡议做出高度评价，认为该倡议是开放包容的国际合作平台，从远大理念变为切实行动，取得了实实在在的成果。2018年4月，塞议会向中国全国人大提出签署"一带一路"立法机构合作的谅解备忘录。2018年6月27日，亚洲议会大会经济与可持续发展常务委员会开幕式在塞浦路斯海滨城市利马索举行，大会由19个国家立法机构的90多名代表出席。西卢里斯在致辞中表示，中国政府提出"一带一路"倡议，重点是加强欧亚国家之间的互联互通和互利合作，塞也希望成为这一倡议的积极参与者，在欧盟内发挥作用，促进地中海与"海上丝绸之路"的航海通道和跨境基础设施建设。西卢里斯还表示，亚洲能源市场蓬勃发展，塞浦路斯也可以成为欧洲和亚洲之间的能源枢纽之一。

2015年12月17日，塞驻华大使阿伊斯·罗伊祖在接受中国国际广播电台记者专访时表示，塞独特便利的地理位置、完善的基础设施以及在航运税收等方面的优势，都决定了塞在中国"一带一路"建设中将发挥积极作用。2017年5月2日，塞执政的民主大会党议员马里奥斯·马夫里代斯接受新华社记者采访时说，中国提出的"一带一路"倡议成为连接中国和欧洲的重要纽带，将为双方创造更多合作机会和双赢局面。"一带一路"倡议是一个宏大、充满雄心且具备可行性的计划，有助于进一步推动自由贸易和全球化进程，并将成为世界经济一个新的增长源。2017年5月13日，塞文化与教育部部长科斯塔斯·卡迪斯在华参加"一带一路"峰会期间，接受中国国际广播电台记者专访时表示，各国不仅要在经贸领域进行合作，还应积极加强人文教育领域的沟通，使各国民心相近，而"一带一路"倡议对此有着重要的促进作用，拉近所有周边国家的距离。塞致力于打造国际化的高等教育，而与中方在"一带一路"框架下的相关合作，也支持了塞在高等教育领域的发展目标，因此塞将全面支持"一带一路"倡议及互联互通、教育国际化等相关理念。

　　塞学者也密切关注和高度评价“一带一路”倡议。2017年5月22日，塞欧洲大学校长古里亚莫斯接受新华社记者采访时说，“中国提出的‘一带一路’倡议是加强国际经济、文化合作的最佳途径”。“‘一带一路’不止是物理上的连接，也有助于建立金融、贸易合作以及社会、文化交流的平台，这一现代化平台将把中国同世界众多地区和国家紧密联系在一起。”他强调，塞连接亚欧非三大洲，同时也是欧洲门户、欧盟成员国，拥有地缘政治和文化优势。塞迫切希望能够成为“一带一路”建设的积极参与者。古里亚莫斯说：“‘一带一路’倡议有助于促进塞浦路斯同中国的金融和经贸合作，特别是在天然气等能源勘探开发领域。塞浦路斯拥有丰富的天然气储备，希望中国企业能够在‘一带一路’框架内和塞进行能源合作。在文化交流方面，古里亚莫斯说，塞欧洲大学目前有大约60名中国留学生，是拥有中国留学生最多的塞浦路斯大学，但中国留学生占学生总数比例并不高。希望塞中在教育领域进一步加强合作，促进塞中文化交流。我对中国、中国人民和中国文化都有着深厚的感情，能够与中国开展合作也让我感到荣幸，希望两国全方位合作能够不断迈上新台阶。”

　　塞商界高度评价“一带一路”倡议。2017年10月6日，塞浦路斯中国商业协会主席潘尼科斯·考里斯在接受采访时表示，塞可以成为中国通向欧盟、俄罗斯、中东和北非市场的桥梁，为中国“一带一路”倡议做出贡献。考里斯认为，中国是世界上最大的对外投资国之一，塞浦路斯政府和商界应对中国市场加大资源投入，吸引中国投资者来塞。塞具有战略地理位置，可以提供国际商务中心的优质服务，能够帮助中国企业在“一带一路”沿线开展投资。同时，塞浦路斯本国经济也存在投资机遇，包括能源、旅游和建筑领域等。

❦ 三、中塞对“一带一路”的推进

　　塞浦路斯政府以实际行动积极参与支持“一带一路”倡议。2015年12月25日，亚洲基础设施投资银行（AIIB，以下简称“亚投行”）成立，总部设在北京，其初始股本为1000亿美元，中国为第一大股东。亚投行的宗旨是为亚洲大陆的项目融资或其他大陆的项目融资，以促进与亚洲的联系，主要将资金投在能源、水、环境项目的基础设施上，以及参与公司股本和提供担保。2017年5月13日，塞浦路斯等新一批7个成员国获批加入亚投行。塞财政部部长哈里斯·乔治亚（Javis Georgiades）表示："塞浦路斯加入亚投行是一件具有政治和经济意义的大事，塞浦路斯有意加强与亚洲经济体的联系。我们通过加入亚投行扩大了金融外交领域，同时获得投资基金的前景。"

塞商界积极参与支持"一带一路"活动。2016年5月12日，塞商会、英中贸协和英国中国商会共同主办塞浦路斯"一带一路"伦敦推荐会，旨在吸引在英中资企业和英国企业到塞浦路斯开展投资活动。

塞文化艺术旅游界积极参与支持"一带一路"倡议。2015年6月15日，第四届"敦煌行·丝绸之路"国际旅游节在甘肃张掖开幕，塞浦路斯等19个沿线国家代表参加了活动。2016年5月8日，中国华文教育基金会"华文教师完美远程培训""一带一路"沿线第19个国家——塞浦路斯开课仪式在北京四中网校和塞浦路斯中文学校同步举行，该项目旨在促进"一带一路"沿线国家教育合作，加强教育互联互通。2016年9月20日下午2时，敦煌文博会分论坛五召开，法国吉美博物馆馆长苏菲·马卡列乌发言时表示，作为亚洲传入欧洲纺织品的代表纳石失，体现出丝绸之路对其贯穿性的影响。纳石失是一个大的类别，它包括了所有由金丝织成的提花织锦，即以锦缎织成的中世纪圆形织物和一些有丝带的织品，以及用金丝交织在锦缎上剪裁而成的织物。这些织品的图样被各个地方接连仿织，通过丝绸之路传入了欧洲、中亚、伊朗和亚兹德，尤其是盛产丝绸的塞浦路斯，在那里这种带有纳石失标签的织品开始普及。在其发源地问题上，即中国元朝时期，织金绮工人的迁移促成了艺术的交流，流传于丝绸之路上的金丝织物就是一个很好的体现。2016年11月13日，塞浦路斯代表应邀参加了经国务院同意、由国家旅游局和福建省人民政府共同举办的第二届"海上丝绸之路"（福州）国际旅游节。2018年3月30日，"丝绸之路国际剧院联盟"是由中国对外文化集团公司在原中国文化部的支持和指导下倡议发起的大型多边性国际化演艺产业平台。塞浦路斯阿依纳帕市剧院加入丝绸之路国际剧院联盟签约仪式在广州大剧院实验剧场举行。塞阿依纳帕市市长伊安尼斯·卡鲁索出席并签署入盟协议书，塞阿依纳帕市下属剧院成为丝绸之路国际剧院联盟第87个成员单位。阿依纳帕市是塞重要的文化和旅游城市，拥有修道院广场古剧场、古希腊式露天剧场等多个非常有特色的表演场所。

中国政府十分重视"一带一路"在塞浦路斯落地生根，为此精心组织了一系列推介活动。2016年11月7日，湖北卫视"一带一路"中塞经贸投资促动峰会在塞浦路斯首都尼科西亚希尔顿大酒店隆重召开，活动首站：走进塞浦路斯，系统呈现欧亚桥头堡塞浦路斯在教育、金融、旅游、生活等领域的独特优势。塞前总统乔治·V. 瓦西里乌出席并致开幕词。2017年5月9日，中国驻塞大使黄星原在接受记者采访时表示，中塞在"一带一路"框架下的合作为塞社会经济发展带来了新的机遇和动力，而塞凭借自身的独特优势可在"一带一路"建设中发挥战略支点作用。2017年5月18日，中国驻塞浦路斯大使黄星原在使馆举办"一带一路"专题吹风会，塞通社、塞国家广播公司、无线电视台、西格玛电视台、塞中文网络电台、新华社等10余家媒体和10多位塞自由撰稿人出席。黄星原大使全面介绍了"一带一路"国际合作高峰论坛会议主题、主要成果、重要意义，以及在"一带一路"框架下推进中塞各领域务实合作的发展思路、使馆开展2017年中塞"心相通"系列文化活动的具体规划。2017年6月7日，中国驻塞大使馆举办"一带一路"专题研讨会，塞文化与教育部部长、塞中商会主席和中塞两国企业代表及学者近百人参加了研讨会。塞文化与教育部部长卡迪斯说，"一带一路"倡议旨在为沿线国家人民谋福祉，保证这些国家可持续的均衡发展，通过提升发展过程中的包容性，从而取得互利互惠的发展成果。塞通讯社董事会主席拉尔古说，继续推进全球化不是一个选择，而是应对全世界面临的各种挑战的唯一方法。中国的"一带一路"倡议对世界各国的可持续协调发展至关重要，它帮助各国在发展的道路上寻找新的伙伴。中国提出的政策沟通、设施联通、贸易畅通、资金融通、民心相通，正是世界各国所需要的。2017年6月17日，中塞旅游文化促进委员会以"共享、共创、共赢'一带一路'欧盟商机新纪元"为主题，赴塞浦路斯展开为期五日的商务考察新纪元之旅，擘画中塞发展新蓝图。2017年9月，由环球丝路商会（Global Silk Road General Chamber of Commerce）与拉纳卡市政府联合主办的2017年中国&塞浦路斯"一带一路"倡议暨首届中塞文化艺术交流展，在塞第三大城市拉纳卡市的文化厅惊艳亮相。2017年9月15日，由中塞经济文化交流协会主办、MMIG首席赞助的塞浦路斯首届中国文化节在利马索老码头展厅和广场拉开帷幕。文化节作为"一带一路"民心相通建设的重要组成部分，以丝绸之路为精神纽带，打造两国开展文化交流合作的重要平台，成为塞浦路斯人民了解中国悠久的人文历史和灿烂的饮食文化的重要窗口。此次文化节在利马索尔老码头举行，意在为"一带一路"海上丝绸之路的建设起到积极的推动作用。

"一带一路"倡议推动了中塞实质性经济合作。2017年5月14日，随着中塞两国"一带一路"合作的不断深入，中塞浦路斯政府间往来越来越密切，民间资本也不例外。在塞的中资企业数量逐年增加，包括华为、美的、海尔、中海油、中远集团等，其中，华为2015年在塞浦路斯的盈利超过2000万欧元。中国企业达华智能以5亿元人民币收购了塞星轨公司100%股权，获得了该公司三条卫星轨道的运营权。中航工业旗下幸福航空投资组建的塞深蓝航空公司已于2016年7月正式运行，现已开通中塞直航。2018年2月21日，中税[①]·塞浦路斯办公室与"欧中'一带一路'商品交易中心"完成签约。该中心是第一家由中国企业家作为主投资人，并筹划在塞浦路斯监管市场上市且迈出实质性第一步的第一家中资私有企业。中税咨询集团将尽全力根据塞浦路斯监管市场对上市企业的要求，做好辅导工作，帮助该中心在塞成功上市。另外，太阳城项目是塞国第一家由中国人控股投资的超五星级酒店，总占地面积为44 432平方米，共290间客房，是塞黄金海岸最大的华人开发商项目。近年来中国在塞投资主要有两种形式：一种是中外企业，另一种则是独资企业。后者主要是出口企业，当然对于较小的投资还会有其他形式。塞浦路斯正在利用其优惠且完善的税收体系吸收中国投资。[②]而且在塞投资200万欧元购置不动产的投资者，可获得全家欧盟公民身份，免签150多个国家和地区，在27个欧盟国家自由出入，还可在瑞士、挪威等国自由定居，享有教育、医疗、税收等多项福利，可作为投资者实现事业全球拓展和资产全球配置的跳板。

[①] 中税企业咨询有限公司，简称中税咨询集团，是总部设在北京的中国的一家为各行业客户提供专业财税服务的全国性咨询机构。

[②] Michalis Zambartas, "Cyprus: Cyprus-China bilateral relations", *International Tax Review*, Oct. 2012, Vol. 23, Issue 8, p.9.

中塞两国元首重视推进"一带一路"深化发展。2019年4月25日至27日，塞浦路斯共和国总统阿纳斯塔夏季斯参加中国在北京主办的第二届"一带一路"国际合作高峰论坛，国家主席习近平在人民大会堂会见阿纳斯塔夏季斯总统。习近平指出，中塞两国都拥有悠久的历史和文明，在国际社会树立了大小国平等相待和互利合作的典范。新的历史条件下，双方要继续相互支持彼此核心利益和重大关切，拓展双边合作领域，挖掘人文合作潜力。塞浦路斯地处欧亚非三大洲枢纽位置，是共建"一带一路"的重要参与者，中方愿同塞方深化港口、海运、基础设施建设等各领域合作，并探讨在地中海区域开展第三方合作，希望塞方继续为促进中欧关系发展发挥积极作用。阿纳斯塔夏季斯总统表示，塞方感谢中方长期以来给予的宝贵支持，塞方将坚持一个中国政策，积极参与共建"一带一路"，促进欧亚联通，实现互利共赢。塞方将继续是中国在欧盟的重要伙伴，希望中方支持联合国维和部队继续在塞执行任务。会见后，两国元首共同见证了中国政府与塞浦路斯政府共建"一带一路"谅解备忘录的签署。①中塞两国元首的高度重视，必将推动中塞关系向更高水平发展。

---

① 习近平会见塞浦路斯总统阿纳斯塔夏季斯，参阅习近平会见塞浦路斯总统阿纳斯塔夏季斯－新华网 http://www.xinhuanet.com/2019-04/25/c_1124416919.htm 参阅时间：2019-08-02。

参考文献

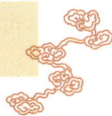

[1] ALASTOS, DOROS. Cyprus in History: A Survey of 5,000 Years. ZE-NO, 1955.

[2] EDEN,ANTHONY. The Memoirs of Sir Anthony Eden. Full Circle. London: Cassell. 1960.

[3] ATTALIDES, MICHAELA.. Cyprus: Nationalism and International Politics.New York: St. Martin's Press, 1979.

[4] BITSIOS, DIMITRI S.. Cyprus: The Vulnerable Republic.Thessaloniki: The Institute for Balkan Studies, 1975.

[5] BLUM,GABRIELLA. Islands of Agreement. Harvard University Press, 2007.

[6] BOLUKBASI, SUHA. The Superpowers and the Third World: Turkish-American Relations and Cyprus. Lanham: University Press of America, 1988.

[7] BREWIN, CHRISTOPHER. The European Union and Cyprus. Cambridgeshire: Eothen Press, 2000.

[8] BURY, J.B.. A History of Greece. London: Macmillan, 1966.

[9] CESNOLA, ALEXANDER PALMA DI; F.S.A.. Salaminia: The History, Treasures, & Antiquities of Salamis in the Island of Cyprus, Second Edition. London: Whiting Co., Lim., 30 & 32, Sardinia St., Lincoln's Inn Field, 1884.

[10] CESNOLA, LUIS PALMA DI. Cyprus: Its Ancient Cities, Tombs, and Temples.London: Whiting Co., Lim., 30 & 32, Sardinia St., Lincoln'

s Inn Field, 1877.

[11] DENKTASH, R. R.. The Cyprus Triangle. London: George Allen & Unwin, 1982.

[12] ERTEKUN, NECATI M.. The Cyprus Dispute and the Birth of the Turkish Republic of Northern Cyprus.Nicosia: K. Rustem & Brothers, 1984.

[13] EURACONSULT LTD.. Cyprus and the European Community.Nicosia: Parognosis Publishing House, 1991.

[14] EUROPEAN COMMISSION. Regular Report from the Commission on Cyprus's Progress Towards Accession. Office for the Official Publications of the European Communities, Luxembourg, 2003.

[15] EUROPEAN COMMISION. The Challenge of Enlargement: Commission Opinion on the Application by the Republic of Cyprus for Membership.Bulletin of the European Communities, 1993.

[16] FOLEY, CHARLES. Legacy of Strife: Cyprus from Rebellion to Civil War. London: Penguin, 1964.

[17] FOLEY, Charles. The Memoirs of General Grivas[M]. London: Longmanns, 1964.

[18] GEORGHALLIDES, G.S.. A Political and administrative History of Cyprus 1918—1926.Nicosia: Cyprus Research Centre, 1979.

[19] GREEN, PAULINE,COLLINS.Ray, Embracing Cyprus: The Parth to Unity in the New Europe. I. B. Tauris, 2003.

[20] Dodd, Clement H.. The Cyprus Imbroglio. England: The Eothen Press, 1998.

[21] HADJIDEMETRIOU, KATIA. A History of Cyprus (Translated by Costas Hadjigeorgiou) .Hermes Media Press Ltd., 2002.

[22] HATZIVASSILIOU, EVANTHIS . The Cyprus Question 1878 — 1960: The Constitutional Aspect.Modern Greek Studies Program of University of Minnesota, 2002.

[23] HILL,GEORGE. A History of Cyprus (4 Volume) . Cambridge: Cambridge University Press, 1940—1952.

［24］ HITCHENS, CHRISTOPHER. Hostage to History: Cyprus from the Ottomans to Kissinger.New York: The Noonday Press, 1989.

［25］ HITCHENS, CHRISTOFER. Cyprus.Cambridge: Cambridge University Press, 1952.

［26］ HUNT, DAVID. Footprints in Cyprus: an illustrated history.London: Trigraph, 1984.

［27］ JENNES, DIAMOND. The Economic of Cyprus.London: Longmanns, 1973.

［28］ JOSEPH. Cyprus: Enthnic Conflic and International Politics: From Independence to the Threshold of the European Union.London: Macmillan Press Ltd., 1997.

［29］ KARAGEORGHIS, VASSOS. Ancient Cyprus: 7,000 Years of Art & Archaeology.Lbaton Rouge: Louisiana State University Press, 1981.

［30］ KARAGEORGHIS, VASSPS. The Cyprus: Ancient Monuments.C. Epiphaniou Publications Ltd., 1989.

［31］ KARPART, KEMALH.. Turkey' s Foreign Policy in Transition 1950—1974 .Leiden: E.J. Brill, 1975.

［32］ KER－LINDSAY,JAMES; HUBERT FAUSTMANN;FIONAL MULLEN. An Island in Europe: The EU and Transformation of Cyprus. New York: Palgrave Macmillan, 2011.

［33］ KRANIDIOTIS,YANNONS. Greek Foreign Policy: Thoughts and Quandaries on the Eve of the 21st Century. Athens: Sideris, 1999.

［34］ KYRRIS, COSTAS P.. History of Cyprus: With an Internation to the Geography of Cyprus. Nicosia: Nicocles Publishing House, 1985.

［35］ LUKE, SIR HARRY. Cyprus Under the Turks, 1571–1878: A Record Based on the Archives of the English Consulate in Cyprus Under the Levant Company and After. London: Oxford University Press 1969.

［36］ MALLINSON, MILLIAM. Cyprus: A Modern History. London: I. B. Tauris & Co Ltd., 2005.

［37］ MICHAEL, MICHALIS N.; KAPPLER, MATTHIAS; GAVRIEL, EFTIHIOS. OTTOMAN CYPRUS: A Collection of Studies on History and Culture. Otto Harrassowitz Verlag, 2009.

［38］　MIRBAGHERI, FARID. Cyprus amd International Peacemaking, London: Hurst & Company, 1998.

［39］　MOGABGAB, THEOPHILUS. Excerpts on Cyprus 1. Nicosia, 1941—45.

［40］　NEWMANN,BRIAN D.. Greece: Background, Debt and Cyprus Issue. New York: Nova Science Publishers, 2010.

［41］　ORR, CHARLES WILLIAM JAMES. Cyprus under British Rule. London: ZENO, 1972.

［42］　Pancyprian Association for the Protection of Human Rights. The Continuing Violation of Human Rights By turkey in Cyprus. Theopress Ltd., 2003.

［43］　PANTELI, STAVROS. A New History of Cyprus: From the Earliest Times to the Present Day. London and Hague: East–West Publications, 1984.

［44］　PAPADOPOULLOS. TH.. Social and Histrical Data on Population. Nicosia: Cyprus Research Center, 1965.

［45］　PELTENBURG, EDGAR. Early Society in Cyprus. Edinburgh: Edinburgh University Press, 1989.

［46］　POLYVIOU. POLYVIOS G. Cyprus: The Tragedy and The Challenge. Washington DC: American Hellenic Institute, 1975.

［47］　REDDAWAY, JOHN. Burdened with Cyprus: The British Connection with Cyprus Since Independence. Oxford: K. Rustem & Brother, 1986.

［48］　REDMOND,JOHN. The Next Mediterranean Enlargement of the European Community: Turkey,Cyprus and Malta. Aldershot: Dartmouth, 1993.

［49］　SEPOS,ANGELOS. The Europeanization of Cyprus: Polity, Policies and Politics. Basingstoke: Palgrave Macmillan, 2008.

［50］　SONYEL, SALAHI R.. Cyprus: The Destruction of a Republic: British Documents 1960—1965. England: The Eothen Press, 1977.

［51］　SPYRIDAKIS, C.. A Brief History of Cyprus (3rd ed.). Nicosia: Zavallis Press, 1964.

[52] STERN, L.. The Wrong Horse: The Politics of Intervention and the Failure of American Diplomacy. New York: Times Books, 1978.

[53] STEARNS, MONTEAGLE. Entangled Allies: U.S. Policy Toward Greece, Turkey, and Cyprus. New York: The Council on Foreign Relations, 1992.

[54] STEFANIDIS, IOANNIS D.. Isle of Discord: Nationalism, Imperialism and the Making of the Cyprus Problem. New York: New York University Press, 1999.

[55] STEFANOU,CONSTANTIN. Cyprus and the EU: The Road to Accession. Aldershot: Ashgate, 2005.

[56] TATTON-BROWN, VERONICA. Ancient Cyprus (Second edition). British Museum Press, 1997.

[57] THE ATTORNEY-GENERAL OF CYPRUS ALECOS MARKIDES. Cyprus and European Union Membership: Imeortant Legal Documents. The Press and Information Office of Republic of Cyprus, 2002.

[58] The Press and Information Office of Republic of Cyprus, About Cyprus. The Press and Information Office of Republic of Cyprus, 2004.

[59] The Press and Information Office of Republic of Cyprus, About Cyprus. The Press and Information Office of Republic of Cyprus, 2001.

[60] The Press and Information Office of Republic of Cyprus. Cyprus: On the Way to EU Membership. The Press and Information Office of Republic of Cyprus, 2002.

[61] The Press and Information Office of Republic of Cyprus. European Stand on the Cyprus Problem. The Press and Information Office of Republic of Cyprus, 2001.

[62] The Press and Information Office of Republic of Cyprus. Report: On the Demographic Structure of the Cypriot Communities. The Press and Information Office of Republic of Cyprus, 2000.

[63] The Press and Information Office of Republic of Cyprus. Resolutions

Adopted by the United Nations on the Cyprus Problem 1964-2001. The Press and Information Office of Republic of Cyprus, 2002.

[64] The Press and Information Office of Republic of Cyprus, The Government of Cyprus. The Press and Information Office of Republic of Cyprus, 2006.

[65] The Press and Information Office of Republic of Cyprus, The Position of the EU on Cyprus: References. The Press and Information Office of Republic of Cyprus, 2002.

[66] The Press and Information Office of Republic of Cyprus, The Republic of Cyprus: An Overview. The Press and Information Office of Republic of Cyprus, 2003.

[67] TSARDANIDIS,C, PIFESTOS. The Relationship of Cyprus with the European Communities: 1927—1990. Athens: Papazisis Publications, 1991.

[68] USLU,NASUH. The Cyprus Question as an Issue of Turkish Foreign Policy and Turkish-American Relations 1959—2003. New York: Nova Science Publishers, Inc., 2003.

[69] USLU, NASUH. The Turkish-American Relationship Between 1947 and 2003: The History of a Distinctive Alliance. New York: Nova Science Publishers, Inc., 2003.

[70] VASSILIOU, G.. Cyprus – European Union: From the First Steps to Accession. Athens: Katanioti,2004.

[71] XYDIS, STEPHEN G.. Cyprus: Reluctant Republic. The Hague: Mouton, 1973.

[72] YENNARIS, COSTAS. From the East: Conflict and Partition in Cyprus. Elliott & Thompson, 2003.

[73] BOLUKBASI, SUHA. The Johnson Letter Revisited, Middle Eastern Studies. 1993(7):3-29.

[74] BRANDS, H.W..America Enters the Cyprus Tangle, 1964, Middle Eastern Studies. 1987(7):3-23.

[75] BREWIN, CHRISTOPHER. European Union Perspectives on Cyprus

Accession, Middle Eastern Studies. 2000(1):1-36.

[76] COUGHLAN, REED & WILLIAM MALLINSON, ENOSIS. Socio-Cultural Imperialism and Strategy: difficult Bedfellows, Middle East Studies. 2005(7):4-4.

[77] GOKTEPE, CIHAT. The Cyprus Crisis of 1967 and Its Effects of Turkey's Foreign Relations, Middle Eastern Studies. 2005(5):3-41.

[78] MUFTULER- BAC, MELTEM & AYLIN GUNEY. The European Union and the Cyprus Problem 1961—2003, Middle Eastern Studies. 2005(3):2-41.

[79] OZERSAY, KUDRET & AYLA GUREL.Proterty and Human Rights in Cyprus: The European Court of Human Rights as a Platgorm of Political Struggle, Middle Eastern Studies. 2008(3):2-44.

[80] RICHMOND, OLIVER P., ETHNO- NATIONALISM. Sovereignty and Negotiating Positions in the Cyprus Conflict: Obstacles to a Settlement, Middle Eastern Studies]. 1999(7)3-35.

[81] WALKER, ANITA M.. Enosis in Cyprus: Dhall, A Case Study, Middle East Journal. 1984(7)3-38.

[82] YUVA, MEHMET. The History of the Partition of Cyprus and President Makarios in Context of International and Arab Relations (1878—1974). University of Damascus, 1997.

[83] [英]休特利•达比,克劳利•伍德豪斯.希腊简史.中国科学院世界历史研究所翻译小组,译. 北京:商务印书馆, 1974.

[84] [英]迈克尔•李,汉卡•李.塞浦路斯北京师范学院《塞浦路斯》翻译小组,译. 北京:北京人民出版社, 1977.

[85] [塞浦]C•斯布达里奇. 塞浦路斯简史 北京第二外国语学院英语系翻译组,译. 北京:北京人民出版社, 1973.

[86] 王泰平. 中华人民共和国外交史(第三卷1970—1978年). 北京:世界知识出版社, 1999.

[87] 姜士林,陈玮. 世界宪法大全. 北京:中国广播电视出版社, 1989.

[88] 赵国忠. 简明西亚北非百科全书. 北京:中国社会科学出版社, 2000.

[89] 彭树智, 何志龙. 中东国家通史•塞浦路斯卷. 北京:商务印书馆, 2005.

[90] 彭树智, 黄维民. 中东国家通史•土耳其卷. 北京:商务印书馆, 2002.

[91] 韩文宁, 洪霞. 塞浦路斯、马耳他. 成都:四川人民出版社, 2002.

[92] 世界知识年鉴. 北京:世界知识出版社, 2008.

[93] [英]伯纳德•刘易斯. 现代土耳其的兴起. 范中廉,译.北京:商务印书馆, 1982.

[94] 何志龙. 列国志•塞浦路斯. 北京:社会科学文献出版社, 2011.

[95] 陈健民. 当代中东. 北京:北京大学出版社, 2002.

[96] 左文华, 肖宪. 当代中东国际关系. 北京:世界知识出版社, 1999.

[97] 彭树智. 中东国家和中东问题. 开封:河南大学出版社, 1992.

[98] [美]斯坦福•肖著. 奥斯曼帝国.许序雅, 张忠祥, 译. 西宁:青海人民出版社, 2006.

[99] 肖宪, 伍庆玲, 吴磊. 土耳其与美国关系研究. 北京:时事出版社, 2006.

[100] 陈惠芳.塞浦路斯问题与土耳其加入欧盟研究. 陕西师范大学硕士学位论文,2011.

[101] 刘超. 塞浦路斯加入欧盟问题研究. 陕西师范大学硕士学位论文,2014.

[102] 屈晓英. 1974年塞浦路斯危机与希土关系. 陕西师范大学硕士学位论文, 2012.

[103] 刘磊. 联合国在塞浦路斯的维和行动研究. 陕西师范大学硕士学位论文, 2013.

[104] 丁艳. 塞浦路斯问题与土美关系研究(1960—1970). 陕西师范大学硕士学位论文, 2008.

[105] 邓宁. 塞浦路斯劳动人民进步党的发展历程研究. 陕西师范大学硕士学位论文, 2011.

[106] 张爱云. 塞浦路斯危机与约翰政府的对策(1963—1964). 东北师范大学硕士学位论文, 2009.

[107] 方明松. 欧盟在塞浦路斯问题上的政策. 外交学院硕士学位论

文, 2009.

［108］ 周建国. 塞浦路斯民族冲突的历史历史渊源. 世界历史，1993 (5).

［109］ 韩志斌. 冷战期间的塞浦路斯民族问题与联合国的斡旋. 世界民族, 2004(3).